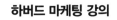

하버드 마케팅 강의

세상이 변해도 늘 통하는 마케팅은 없을까?

하버드 마케팅 강의

HARVARD

하버드 공개 강의 연구회 지음 | 송은진 엮음

BOOK AGIT

하버드 마케팅 강의

초판 1쇄 발행 · 2019년 08월 26일
개정 1쇄 발행 · 2024년 01월 28일

지은이 · 하버드 공개강의연구회
옮긴이 · 송은진
펴낸이 · 김승헌

펴낸곳 · 도서출판 작은우주 | 주소 · 서울특별시 마포구 양화로 73, 6층 MS-8호
출판등록일 · 2014년 7월 15일(제2019-000049호)
전화 · 031-318-5286 | 팩스 · 0303-3445-0808 | 이메일 · book-agit@naver.com

| 북아지트는 작은우주의 성인단행본 브랜드입니다. |

　미국 하버드 대학은 세계 최고의 학부로 높은 명성과 영향력을 자랑한다. 그중에서도 마케팅 이론은 가장 인기 있고 유명하며, 전 세계 기업인들의 큰 관심을 받는 강의 중 하나다. 경제지 〈포춘(Fortune)〉에 따르면 미국 500대 기업을 이끄는 경영인의 20%가 하버드 비즈니스 스쿨 출신이다. 한 기업인은 매우 벅찬 표정으로 그때의 경험을 이야기했다. "제 인생에서 가장 훌륭한 교육을 받았죠! 훌륭한 교수, 학생, 그리고 커리큘럼까지……, 제 인생을 바꾼 경험이었습니다."

　이 책은 현재 하버드 학술연구의 최전방에 있는 '마케팅 혁신'을 둘러싸고 전개된다. 수많은 마케팅 관리자가 체계적이고 전면적으로 마케팅 관련 지식을 익힐 수 있도록, 그들의 편에 서서 유명한 수업 내용과 사례를 소개했다. 또 하버드 비즈니스 스쿨의 경영관리 이론과 방법을 담았으며, 세계적인 기업가와 경영자들의 저술을 인용했다. 그리고 수차례 수정을 거쳐 기업의 마케팅 관리자, 마케터들이 반드시 읽어보아야 할 책으로 완성하였다.

《하버드 마케팅 강의》는 총 다섯 가지 주제, 마케팅 인식, 마케팅 계획, 마케팅 포인트, 마케팅 전략, 마케팅 관리를 중심으로 구성되었다. 구체적으로 다음과 같은 특징이 있다.

1 | 풍부한 사례

이 책의 가장 큰 특징은 바로 풍부한 사례를 소개했다는 점이다. 실제 마케팅 현장에서 만날 수 있는 각종 문제를 거의 모두 다루어 이론을 쉽게 이해할 수 있도록 했다. 사례들은 모두 일반적이고 유명한 것으로, 아마 일부 마케팅 관리자에게는 익숙한 내용도 있을 것이다. 사례를 통해 쉽게 익히고, 실제 상황에서 융통성을 발휘해 적용한다면 더 수월하고 여유롭게 마케팅할 수 있다.

2 | 맞춤 설명

기업의 마케팅 관리자와 마케터를 주요 독자로 삼아 그들의 편에 서서, 그들의 눈으로 마케팅 이론과 내용을 설명했다. 마케팅 현장에서 참고로 삼을 만한 일종의 '마케팅 지침서'로 볼 수 있다.

3 | 높은 가독성

이전의 마케팅 관련 서적과 달리 가독성이 뛰어나다. 이 책은 내용 선택과 배열에 있어 하버드 대학의 커리큘럼을 따랐으며 너무 어려워 이해하기 어려운 내용은 최대한 쉽게 풀었다. 세부적이지만 지엽적이지 않게, 그러면서도 핵심을 잃지 않고 설명했다.

물론 자신과 기업에 가장 알맞은 마케팅 시스템을 건립하는 일은 하루아침에 되지 않고 끊임없는 학습과 노력이 필요하다. 많은 독자가 이 책을 '마케팅 비서'로 삼아 탁월한 성과를 거두기 바란다.

마케팅 인식 ──
고객의 머릿속에 침투하라

마케팅 계획 ——
전략적으로 미래를 그려라

Part 3
마케팅채널 ──
길을 아는 자가 시장을 장악한다

하버드 마케팅 강의

Part 4

마케팅 전략 ——

빈틈없이 시장을 공략한다

Part 5 마케팅 관리 ——

마케팅도 사람이 하는 일이다

PART

1

HARVARD MARKETING LECTURE

마케팅 인식

◆

고객의
머릿속에
침투하라

우리의 마케팅이 실패하는 이유

정보화, 경제적 세계화, 세계 경제 통합의 시대다.

이제 전통적 마케팅은 더 이상 전 세계 수많은 소비자를 상대하는

유일한 방식이 될 수 없다. 인터넷의 힘이 나날이 강력해지는 오늘날,

전통적 마케팅의 실패는 이미 기업 발전을 가로막는 커다란 위협으로 작용하고 있다.

어떻게 해야 상황을 바꾸어 눈앞에 놓인 난제를 해결할 수 있을까?

대체 어디서부터
잘못된 걸까?

◆

    세계적인 마케팅 전략가 알 리스Al Ries는 "마케팅은 상품이 아니라 인식의 전쟁이다."라고 말했다. 그의 말은 현대 경제시장의 마케팅 현실을 정확히 반영한다. 이제는 기업의 인식이 마케팅 전략과 집행을 결정하며, 전체 마케팅 행위의 성패를 좌우한다. 낙후한 인식은 마케팅 과정뿐 아니라, 결과에도 직접 영향을 미쳐 '단 한 번의 악수惡手로 판 전체를 내어줘야 하는' 상황을 초래한다.

    문제는 기업들이 종종 사이비似而非에 가까운 인식에 휩싸여 마케팅의 본질을 오해한다는 점이다. 대체 마케팅이란 무엇이고 어떻게 이해해야 할까? 미국 경영학자이자 현대 경영학의 창시자인 피터 드러커Peter Drucker는 "기업이 성과를 올리는 데 필요한 것은 마케팅과 혁신 단 두 가지뿐이다. 다른 활동들은 모두 비용이다."라고 말했다. 마케팅 인식은 언제나 완전히 새로워야 하며, 반드시 가치와 부로 전환할 수 있어야 한다.

마케팅 인식은 단순히 마케팅 행위와 전략, 기술, 수단을 의미하지 않는다. 마케팅 인식은 기업이 시장을 바라보는 사고방식이며, 기업 경영활동의 밑바탕이 되는 주요 지침이다.

미국 철도운수업의 쇠퇴는 '마케팅 근시marketing myopia'의 전형적인 사례로 꼽힌다. 1960년에 하버드 대학Harvard University 시어도어 레빗 Theodore Levitt 교수는 〈하버드 비즈니스 리뷰Harvard Business Review〉에 발표한 논문 '마케팅 근시'에서 미국 철도운수업계를 예로 들어 기업, 더 나아가 업계 전체가 크게 번영한 후에 몰락의 길을 걷는 이유를 분석했다.

미국 철도운수업은 19세기에 뛰어난 효과와 효율을 무기로 이전 형태의 육상운수업을 대체했다. 이후 20세기 초에 자동차 시대가 열렸는데, 이때만 해도 자동차와 트럭은 무척 비싸고, 기술이 좋지 않았으며 구하기조차 힘들었다. 하지만 잠재적 가능성이 큰 것만은 분명했다. 무엇보다 자동차나 트럭 한 대만 있으면 육상 이동에 대한 개인의 결정권이 크게 확대되었다. 원할 때 언제든지 이동할 수 있으며, 자유롭게 여행할 수도 있었다.

이 가능성을 포착한 헨리 포드Henry Ford는 자동차 양산화 시대를 열었고, 이때부터 철도운수업계는 내리막길을 걷기 시작했다. 1950년대까지 화려하게 빛났던 철도운수업계는 순식간에 몰락이 머지않은 상황을 맞이하고 말았다.

대체 어디서부터 잘못된 걸까? 레빗은 철도운수업계가 자신들의 산업을 '운수 서비스'로 보지 않고 단순히 '철도운송'으로만 보았기 때문에 몰락했다고 분석했다. 그들은 시장이 끊임없이 변화한다는 사실을 인지하지 못했다. 그들은 철도보다 더 새롭고, 더 편리한 운송수단이 생겨나면 소비자가 그쪽으로 몰릴 것이라고 예상했어야 했다. 만약 철도운수업계가 상품이 아니라 서비스에 더 집중하고 좀 더 소비자 지향적이었다면, 새로 등장한 자동차라는 운송수단과 생산적으로 결합해서 더 나은 운수 시스템을 건립할 수 있었을지도 모른다. 정리하자면 미국 철도운수업의 쇠퇴는 결국 시장을 멀리 바라보지 못했기 때문이었다.

미국 철도운수업계를 몰락하게 만든 '마케팅 근시'는 안타깝게도 아주 흔한 질병이다. 간단히 말해서 마케팅 근시는 시장 수요가 아니라 상품에만 집중하는 증상을 가리킨다. 장기적인 관점이 부족해서 상품의 품질에만 신경쓰고, 시장 수요의 변화를 알아차리지 못하는 것이다. 상품 지향적 경영에 치중하는 기업은 마케팅 근시에 빠져 스스로 곤경에 빠진다. 자기 상품에 과도하게 집중하는 그들은 정작 가장 중요한 시장 수요의 변화를 무시하는 오류를 범한다. 그러면서 세상에 자기 상품보다 더 좋은 건 없으며 소비자들이 보기만 해도 사랑에 빠질 거라고 굳게 믿는다.

마케팅 인식은 새롭게 앞서나가는 경영철학이자 경영문화다. 마케팅 인식을 더 명확하게 하는 일은 현대 기업계에서 이미 새로운 흐름으로 자리 잡았다. 기업의 마케팅 인식이 항상 파릇파릇하고 시들지 않으려면 살아 움직이는 사회 변화에 적응할 줄 알아야 한다. 적자생존은 시장경제의 영원불변한 법칙이다.

'마케팅의 아버지'라 불리는 필립 코틀러Philip Kotler는 이렇게 단언했다. "마케팅의 핵심은 판촉이 아니다! 판촉은 마케팅의 빙산의 일각에 불과하다. 판촉은 마케팅의 여러 기능 중 하나일 뿐이며, 가장 중요한 기능은 더더욱 아니다. 중요한 것은 소비자 수요를 정확하게 알아차리는 일이다. 소비자 기호에 알맞은 상품을 개발하고 합리적인 가격을 책정해서 효과적인 영업활동을 더한다면 상품은 알아서 팔려나갈 것이다." 여기에서 알 수 있듯이 마케팅은 고객을 중심으로 시장과 고객의 수요에 집중하며, 어떻게 해야 기획, 제조, 판매를 통해 고객의 수요를 만족시킬 수 있을지에 주목한다. 반면에 상품 위주인 판촉은 어떠한 방법과 경로로 상품을 팔아 자금으로 전환할 수 있을지를 고민한다.

매출에 문제가 발생한 기업들은 대부분 경영 지침이나 관리 수준 등 내부 요소에서 문제를 찾는 대신 마케팅 전략 전문가가 일러주는 몇 가지 묘수를 이용해서 최대한의 '단기 수익'을 얻는 단발성 거래를 시도한다. 운이 좋았는지 이렇게 해서 실제로 효과를 본 기업도 있기는 하다. 하지만 기업의 진정한 성공은 '마케팅의 절대 묘수'가 아니라, 기업 전체의 소질 및 그에 상응하는 실력에 근거해야 한다.

나날이 경쟁이 치열해지면서 마케팅은 기업 경영의 핵심이 되었다. 그러나 기업이 순조롭고 효과적으로 경영 목표를 달성하려면 훌륭한 마케팅 전략 하나만으로는 부족하며, 내부 조직의 효율과 경영관리의 수준이 전체적으로 상향되어야 한다. 우수한 상품, 합리적인 가격이 없으면 천하의 마케팅 고수가 와도 살릴 방법이 없다.

이미 많은 기업이 '고객 지향'을 최고 경영 지침으로 내세우고 있다.

기업의 발전은 성공적인 마케팅만으로 되는 일이 아니다. 끊임없이 상품을 혁신하고 품질을 개선해야 한다. 그래야만 고객의 선택을 받고 새로운 시장을 열어 발전을 거듭할 것이다.

고객은
왕이 아니다

◆

개혁개방 시기, '고객은 왕'이라는 서양의 경영 이념이 처음 중국에 유입되었다. 왕을 모시듯이 고객을 대하라는 말은 중국에도 소비자 시대가 시작되었음을 의미했다. 이후 중국 시장이 더 크고 깊게 발전하면서 기본적인 고객 서비스가 자리 잡았다. 과거에는 '무리한 요구'라 여겨졌던 서비스, 예컨대 미소 띤 얼굴, 철저한 사후처리 등이 당연한 일이 된 것이다. 그런데도 여전히 고객에게 왕의 신분을 부여할 필요가 있을까?

기업에 있어 고객의 중요성은 말로 다 할 수 없을 정도로 크다. 그래서 최선을 다해 고객을 유지, 확대하는 일은 현대 기업 마케팅 활동의 중요한 목표 중 하나다. 이렇다 보니 '고객은 왕', '고객은 언제나 옳다!' 같은 구호들이 난무한다. 그런데 정말 고객은 왕일까? 고객은 언제나 옳다는 신념을 포기해서는 안 되는 걸까? 이런 태도가 기업에 어떠한 영향을 줄까?

간단한 사례를 들어 이야기해보자. 어느 대형 가전업체의 매장, 한 고객이 물에 젖어 완전히 망가진 전자레인지를 가져와서 교환을 요구했다. 고객이 말한 상황대로라면 업체는 규정에 따라 교환해줄 의무가 없었다. 하지만 고객은 막무가내로 깜박 잊고 수도꼭지를 안 잠갔을 뿐이니 반드시 교환해달라는 이야기만 반복했다.

이런 상황에서도 기업은 '고객의 왕', '고객은 언제나 옳다!' 같은 원칙 혹은 태도를 고수해야 할까? 당연히 아니다. 이 두 가지 구호는 절대 지침이 될 수 없다. 고객 지향에 과도하게 주력하는 마케팅은 단방향 이익에만 집중할 뿐, 기업과 고객의 양방향 공동 이익은 무시한다. 만약 기업이 양방향 공동 이익을 강화한다면 서로 좋은 영향을 주고받는 기업과 고객만 남을 것이 다.

중국 산둥성山東省의 **둥어**東阿 **아교 주식회사**는 중의학 제조약, 생물약, 건강 보조식품, 의료기기 등 여섯 개 분야에서 100여 종에 달하는 상품을 생산한다. 생산량과 수출량은 각각 중국 전역의 75%와 90% 이상을 차지한다. 그들이 만든 아교는 멀리 동남아 각국과 유럽, 미국 시장에까지 수출되고 있다.

둥어 아교 주식회사의 성공은 훌륭한 마케팅과 탁월한 경영뿐 아니라 효과적인 고객 관리 덕분이다. 그들은 경험을 통해 고객을 새롭게 바라보고, 고객의 지위를 합리적으로 조정했다.

처음에는 그들 역시 다른 기업과 마찬가지로 단순히 '고객은 왕'이라는 구호를 내세우며 크고 작은 고객을 많이 유치했다. 그런데 고객이 늘어나면서 차츰 문제가 드러나기 시작했다. 고객은 왕이니까 계속 무조건 고객의 이익을 보호해야 하는데 이 때문에 일종의 '특권층 고객'이 생겨난 것이다. 이런 고객들은 합작의 책임을 두루뭉술하게 넘기고, 어떠한 제약도 받지 않으려고 했다.

회사는 점차 지쳤고, 내부에는 '고객은 왕인 동시에 악마'라는 말까지 돌았다. 그들은 회사와 소매상, 소매상과 고객이 공동의 이익으로 튼튼하게 연결되어 어느 한쪽이 쩔쩔매면서 다른 한쪽을 받들어 모시는 관계여서는 안 된다는 데 의견을 모았다. 1999년, 둥어 아교 주식회사는 전매방지 조치, 신규고객 유치 기준을 새로 만들고 현금 거래의 액수와 횟수, 결제 시기 등도 양측의 이익을 고려해 꼼꼼히 조정했다. 그랬더니 고객 중 3분의 2가 순식간에 떨어져 나갔다.

큰 폭으로 몸집이 줄었지만, 실질적인 타격은 그다지 크지 않았다. 시장점유율은 그대로였고, 몸이 가벼워지니까 경영도 순조로웠다. 새로운 조치와 규정은 표면적으로 고객을 제한하는 것처럼 보였지만, 실제로는 고객을 위한 더 나은 경영 환경을 조성했다. 오히려 고객들이 더 적극적으로 거래의 질과 수준을 높이고, 자정 노력을 아끼지 않았다. 둥어 아교 주식회사는 그동안 고객에게 씌웠던 '면류관'을 과감하게 벗겼다. 그들은 고객을 이익 공동체로 만듦으로써 이른바 '윈-윈win-win'을 이루었으며, 나아가 지금의 놀랄만한 성공을 거두었다.

둥어 아교 주식회사의 사례는 마케팅 인식이 고객의 수요를 기업 경영의 출발점으로 삼아야겠지만, 그렇다고 기업의 실제 상황과 자원 조건까지 무시하라는 이야기는 아님을 잘 보여준다.

경제학에서 기업과 고객은 어느 한쪽이 다른 한쪽을 우러러보거나 내려다보는 관계가 아니다. 기업은 고객을 위해 가치를 담은 상품을 창조하고 고객은 돈을 가지고 와서 그 가치로 교환할 뿐, 양자는 백성과 왕의 관계라 할 수 없다. 사실 고객에게는 충성스러운 백성보다 자신의 문제를 해결할 효과적인 방안을 제시해주는 사람이 더 필요하다. 당신이 그런 사람 혹은 조직이 된다면 굳이 고객을 왕으로 모실 필요는 없다. 그러지 않아도 고객은 기꺼이 지갑을 열 것이기 때문이다.

이제 '고객은 왕'이라는 인식을 버려야 한다. 시장의 다변성과 고객 수요의 복잡성 탓에 고객은 기업에 정확한 의견을 전달하지 못하고 기업도 고객의 의중을 파악하기 어렵다. 기업은 고객의 의견을 선택적으로 청취하고, 다양한 고객을 구별해서 대하는 방식을 채택할 필요가 있다. 이를 통해 고객과 장기적이고, 평등하며, 윈-윈할 수 있는 파트너십을 성실하게 구축해야 한다.

우아한 경쟁

◆

적자생존, 우승열패優勝劣敗, 약육강식……, 모두 시장경쟁의 기본
법칙이다. 치열한 전쟁터에서 승리를 쟁취하기 위해 경쟁의 형태와 형
식 역시 나날이 다양해지고, 변화를 거듭하며 더욱 치밀해지고 있다.
흔히 볼 수 있는 광고전, 가격전 등 어떠한 전쟁이라도 핵심은 결과일
뿐, 이념 따위는 전혀 중요하지 않다. 전쟁에는 승자와 패자만 있으며
적을 철저하게 파괴해서 완전히 소멸시켜야만 한다.

마케팅의 경우, 소프트웨어 경쟁이 하드웨어 경쟁보다 더 은밀하
고, 훨씬 치열하다. 대신 일단 한 번 시장을 장악하면 쉽게 밀려나지
않을 수 있다. 소프트웨어와 하드웨어, 즉 관념과 실물의 경쟁은 각기
특징이 있다. 예전에는 하늘에 태양이 두 개일 수 없다는 생각이 지배
적이어서 '너 죽고 나 살자!', '사방에 적'이라는 생각이 팽배했다. 그러
다 보니 경쟁의 결과는 늘 참혹했으며, 엄청난 인력과 비용이 소모되

어 이겼어도 크게 웃지 못했다. 좀 더 건강하고 장기적인 관점에서 경쟁하지 않으면 소탐대실을 면치 못하며, 승자 없는 전쟁으로 마무리될 가능성이 크다.

중국 유제품 시장에서 **멍뉴**蒙牛가 **이리**伊利의 강력한 경쟁자로 떠올랐다. 두 기업은 생산방식, 가격, 포지션, 심지어 경영 모델까지 같은 방향성을 띠고 있어서 경쟁을 피할 수 없는 상황이었다.

이 경쟁에서 새로 부상한 멍뉴는 '시장 침략자', 이미 시장을 장악하고 있었던 이리는 '시장 주도 기업'이었다. 아마 왜 이리가 처음부터 멍뉴를 기를 꺾어 놓아서 감히 도전할 엄두도 못 내게 만들지 않았는지 궁금할 것이다. 사실 두 기업 사이에 마찰이 없었던 것은 아니었다. 가장 먼저 원유 문제로 한 번 부딪혔지만, 결과적으로 서로 큰 싸움을 벌이지 않고 마무리했다. 이것이 바로 그들이 얼마나 현명한가를 보여주는 일이다.

멍뉴가 처음 시장에 들어섰을 때, CEO 뉴건성牛跟生은 멍뉴를 '중국 유제품 시장을 재건립하는' 기업으로 포지셔닝하고 업계의 파이를 키우는 데 주력했다. 그는 소비자들이 멍뉴를 기존 시장을 비집고 들어와서 점유율을 차지하려고 안간힘쓰는 기업으로 보기를 원하지 않았다. 당시 뉴건성이 말한 '명언'은 지금도 유명하다. "국민 여러분, 우유를 마셔야 합니다. 꼭 멍뉴가 아니어도 좋습니다. 여러분이 우유만 마신다면 우리는 그것으로 충분합니다."

동시에 멍뉴는 '우유의 수도'라는 말을 만들어 대대적으로 홍보했다. 네이멍구內蒙古 자치구의 수도이자 멍뉴의 본사가 있는 후허하오터

呼和浩特는 원유 품질이 전국 최고이고, 1인당 우유 보유량 역시 전국에서 가장 높다. 2001년 6월, 멍뉴는 '우유의 수도, 후허하오터'를 테마로 한 네온 광고물을 후허하오터의 주요 거리에 빽빽하게 설치했다. 이후 '우유의 수도'라는 말은 정부 기관과 언론매체에서도 인용해서 쓸 정도로 대중의 큰 지지를 얻었다.

멍뉴와 이리가 상대방의 판매량 곡선을 시시각각 주시하고 있기는 하지만, 양측은 모두 경쟁의 규칙을 준수하며 '건강한' 경쟁 활동을 벌였다.

최근 몇 년 동안 멍뉴의 판매량은 쭉 상승곡선을 그렸다. 설립 첫해인 1999년의 매출액은 4,365만 위안元이었다. 다음 해인 2000년에는 제2기 생산 공정 조정으로 우유와 아이스크림 생산량을 각각 20만 톤 규모로 늘려 매출액이 2억 9,400만 위안영업세 4,000만 위안까지 대폭 상승했다. 2001년에는 8억 5,000만 위안의 매출을 올렸으며, 제3기 생산 공정 조정을 단행한 2002년에는 20억 위안을 돌파했다. 멍뉴의 맹추격을 받은 이리 역시 매년 100% 가까이 성장을 거듭했다.

가장 크고 무시무시한 경쟁자를 마주했음에도 멍뉴와 이리는 시종 우아한 모습을 잃지 않았다. 특히 이리는 마치 '멍뉴가 우유 시장의 파이를 키우는데 우리가 기분 나쁠 일이 뭐 있겠습니까?'라고 생각하는 듯했다. 사실 기업 두 곳이 중국 유제품 시장의 '빅4'에 포함될 정도로 성장한 데는 지방정부의 지원이 크게 작용했다. 두 기업의 건강한 경쟁은 유제품 업계의 전국 시장점유율을 확대했고, 멍뉴와 이리의 원-윈을 넘어 많은 관련 업체를 크게 성장시켰다. 일례로 멍뉴는 허린현 和林縣의 낙농업 발전을 주도했다. 현재 이 지역은 젖소 5만 6,000두로 매일 1,000여 톤에 달하는 우유를 생산해서 월 평균 2,000여 만 위안을 벌어들인다. 젖소 한 마리당 연 평균 수입은 3,000~5,000위안 정도로 우유 판매는 지역 농민의 주요 수입원이 되었다. 이처럼 멍뉴와 이리의 경쟁은 현지 경제의 발전으로 이어졌고, 지방경제 발전의 한 축으로 자리매김했다.

멍뉴와 이리는 명실상부한 중국 유제품 시장의 양대 산맥이다. 양측은 제품 형식, 가격, 포지션뿐만 아니라 경영 방식에서도 상당히 유사하다. 시장침략 이론에 따르면 멍뉴와 이리는 절대 양립할 수 없고, 한쪽이 다른 한쪽을 완전히 박살내서 시장에 발도 못 붙이게 할 때까지 싸워야 한다. 하지만 실제 상황은 전혀 그렇지 않았다. 멍뉴와 이리는 모두 순조롭게 발전했고, 중국인이라면 모르는 사람이 없을 정도의 브랜드로 성장했다.

멍뉴와 이리의 사례는 시장경쟁이 반드시 '너 죽고 나 살자!'이지 않아도 된다는 사실을 잘 보여준다. 모든 시장경쟁이 그토록 잔혹하고 무정할 필요는 없다. 물론 시장경쟁은 배척과 제거의 성격이 있지만, 동시에 서로 소통하고 지원하며 공동의 이익과 책임을 다하는 면도 분명히 있다. 비즈니스 전쟁은 각 기업이 얼마나 잘났는지 뽐내는 게임이 아니다. 기업이 쌓아 올린 경험과 강점, 자원들을 이런 소모전에 낭비해서는 안 된다. 그래서 기업가라면 반드시 '경쟁대상이란 무엇인지, 경쟁이란 무엇인지, 경쟁사가 없다면 어떻게 될지, 왜 경쟁에 뛰어들어야 하는지'를 깊이 사고해야 한다.

적중률을 높이는
마케팅 환경 분석

◆

마케팅 환경marketing environment이란 기업 외부에 존재하는 통제 불가능한 혹은 통제하기 어려운 요소와 역량을 가리키는 말이다.

마케팅 환경은 기업에 큰 영향을 미친다. 그중 기업의 마케팅 활동에 불리하게 작용하는 요소는 기업에 위기를 초래할 수도 있다. 만약 신속하게 대응하지 않는다면 기업 경영 전반을 위협하는 상황에까지 몰릴 것이다. 동시에 마케팅 환경은 기업에 유리하고 매력적인 분야를 탄생시켜 새로운 기회를 가져다줄 수도 있다. 이 기회는 기업 경영의 새로운 국면을 여는 초석이 될 것이다. 그러므로 기업은 반드시 마케팅 환경 분석을 강화해서 기회가 출현했을 때 즉각 반응하고 기회를 잡아 발전을 도모해야 한다.

해외 시장을 개척할 때, 기업이 가장 먼저 해결해야 하는 난제는 바로 현지 사회문화와 전통이다. 이 보이지 않는 압박을 무난히 잘 넘길 수 있는가가 해외 마케팅의 성패를 결정한다. 1991년 인도 총리 P. V. 나라시마 라오P. V. Narasimha Rao는 인도에 투자하는 해외 기업에 대한 각종 제재를 전부 철회했다. 하지만 사회 전반의 분위기는 사뭇 달라서 해외 기업이나 외국인을 경계하고 배척하는 사람이 대부분이었다. 인도인들은 외국 음식이 '불필요한 사치'이며 인도 문화를 해친다고 믿었다. 이 때문에 세계에서 가장 유명한 다국적 음료 제조업체인 코카콜라조차 처음 인도에 진출했을 때 싸늘한 반응을 면치 못했다.

1995년 6월, KFC가 방갈로르Bangalore에 인도 최초의 패스트푸드 매장을 열었다. 하지만 곧 조미료를 너무 많이 사용한다는 비판에 직면했고, 거의 매일 수많은 인도인이 매장 입구에서 위협적인 항의 시위를 벌였다. 1996년 1월 30일, 이 매장은 대량 광고 선전물에 분노한 인도 농민 150명의 습격을 받고 처참하게 무너졌다.

KFC는 인도에 진출하기 전, 현지 마케팅 환경을 제대로 분석, 판단하지 않았다. 그 바람에 마케팅 전략과 현지 소비자 수요에 심각한 괴리가 있었고, 결과적으로 엄청난 손실이 발생했다. 새로운 마케팅 환경을 마주했을 때, 기업은 반드시 그 특징을 치밀하게 분석해서 마케팅 활동을 진행해야 한다. 그래야만 해당 시장에 연착륙할 수 있다.

치열한 시장경쟁 상황에 놓인 기업들은 자신을 둘러싼 마케팅 환경을 분석하는 힘을 끊임없이 강화해야 한다. 또 그 정확도를 최대한 높여 효과적인 조처를 해야 KFC와 같은 실수를 저지르지 않을 수 있다.

마케팅 환경을 구성하는 요소는 크게 '중점 요소'와 '일반 요소'로 나눌 수 있다. 전자는 경쟁대상에 대한 분석이고, 후자는 예컨대 인구, 자연환경, 문화 등에 대한 분석이다.

마케팅 환경 분석은 반드시 전면적이고 체계적인 공정을 거쳐야 하며, 각각의 요소가 기업에 가져올 수 있는 영향을 기업의 각 방면에서 변증법적으로 분석할 필요가 있다. 그런데 일부 기업들은 마케팅 환경을 분석하면서 단편적으로 중점 요소에만 치중하고 일반 요소는 무시하는 실수를 저지른다. 이는 향후 기업에 중대한 위협으로 작용할 수 있다.

한 패스트푸드 업체는 모 지역에 진출한 후, 현지의 민속 문화에 대한 분석을 진행하지 않았다. 현지인들은 이 업체의 음식을 배척하고 심지어 혐오하기까지 했다. 아마 음식에 사용된 재료가 현지인들이 한 번도 접해보지 못한 것일지도 모른다. 어쩌면 전통적으로 금기시하는 동물, 예컨대 닭, 오리, 돼지, 말 등을 재료로 사용했기 때문일 수도 있다. 이런 실수는 기업을 진퇴양난에 빠뜨린다.

마케팅 환경에는 경제, 법률, 자연, 경쟁 등 제어할 수 없는 수많은 요소가 존재한다. 기업은 이런 요소들을 바꿀 수 없으며 방법은 하나, 그에 맞추는 것뿐이다. 다행히 마케팅 환경에는 제어 가능한 요소도 존재한다. 그 대표적인 예가 바로 시장 수요다. 알다시피 시장 수요는 기업에 영향을 미치는 매우 중요한 환경 요소다. 모든 상품의 마케팅은 고객의 수요를 만족하는 데서부터 출발해야 한다. 기업이 소비자의 수요, 숨겨진 수요까지 정확히 이해하기만 한다면 그에 부합하는 상품을 생산 혹은 제공할 수 있다. 기업은 수동적인 상태에 머물러 있지만 말고, 스스로 변화를 시도해서 시장 수요가 자신에게 유리하게 작용하도록 만들어야 한다.

소비 추세는 수많은 '추종적 투자자'를 불러 모은다. 사람들은 보통 소비 추세를 근거로 투자를 결정하고, 사회의 소비 추세가 곧 기업의 투자 방향이라고 생각한다. 실제로 중국에서는 어떤 상품이 좀 팔리는 것 같으면 투자하겠다는 사람이 그야말로 인산인해를 이룬다. 많은 투자를 유치한 덕에 이 인기 상품은 방방곡곡 없는 곳이 없게 되지만, 얼마 못 가 물어보는 사람 하나 없는 신세로 전락하기 일쑤다.

경영자라면 현 상황의 수요와 소비 추세를 고려할 뿐 아니라, 시장에 잠재된 수요까지 고려해서 상품을 개발하고 생산할 줄 알아야 한다. 또 경쟁업체의 상황을 주시하면서 시장의 수요 공간 및 미래의 수요량을 따져보고, 여기에 자기만의 특색을 담은 상품과 서비스를 개발할 필요가 있다. 다시 말해 기업은 반드시 마케팅 환경의 현재와 미래를 동시에 분석해야 한다. 인문, 지리, 자원, 상품, 브랜드, 기술, 인재 등 다양한 방면에서 비교 분석해서 자신의 생존 및 발전에 가장 적합하고 효과적인 길을 찾아내야 한다.

일부 경영관리자는 마케팅 환경을 분석하면서 정량분석quantitative analysis, 定量分析에만 치중하고 정성분석qualitative analysis, 定性分析을 무시하는 실수를 저지르곤 한다. 정량분석은 마케팅 환경의 각종 변수 및 변수 사이의 양적 관계를 명확하게 하는 분석법이며, 정성분석은 지식, 능력, 경험을 총동원해서 확보한 마케팅 환경 정보와 자료를 연구하는 분석법이다.

이 두 가지 분석법은 확연하게 다르다. 정량분석은 수학과 통계학을 이용하지만, 정성분석은 이보다 좀 더 민감한 개인 혹은 집단의 경험, 지식, 능력을 주요 분석 수단으로 삼는다. 특히 경험은 매우 귀중한 자료로 기업은 이를 통해 마케팅 환경의 핵심을 바로 알아차릴 수 있을 뿐 아니라, 마케팅과 경영 전략까지 도출할 수 있다.

　마케팅 환경을 분석할 때는 정량분석과 정성분석 두 가지를 적절히 결합해야 제대로 된 효과를 볼 수 있다.

마케팅에
새로운 옷을 입혀라

◆

인터넷의 힘이 나날이 강력해지는 오늘날에는 브랜드와 상품에 대한 의존성이나 익숙함이 크게 약화되었다. 고객에게 최대한 많은 상품과 서비스를 제공할 것을 강조하던 경영 이념도 이제 의미를 잃었다.

전통적 마케팅은 생산 및 공급 과정, 즉 공급 사슬supply chain이 과도하게 길었다. 상품은 수많은 단계를 거친 후에야 비로소 소비자의 손에 들어갈 수 있었다. 그 바람에 전통적 마케팅은 그 힘이 점차 줄어들고 있으며, 오히려 기업의 이윤을 천천히 갉아먹고 있다. 전통적 마케팅의 실패는 이미 기업 발전을 가로막는 커다란 위협이다. 어떻게 해야 상황을 바꾸어 눈앞에 놓인 난제를 해결할 수 있을까? 여기에서는 다음의 두 가지 질문으로 그 해법을 찾아본다.

첫째, 전통적 마케팅은 왜 실패의 길을 걷고 있을까?

'직접 만나서 판매하는' 전통적 마케팅 수단은 이미 구식이 되었다. 대신 소셜미디어를 합리적으로 이용하면 소비자가 지역 커뮤니티에서 자사 상품의 구매 경험을 더 많이 찾아보게 유도할 수 있다. 지금은 더 창의적이고, 현대적이며, 마케팅 환경에 부합하고, 과학기술 발전에 발맞춘 새로운 마케팅 모델이 그 뒤를 잇고 있다. 이것이 바로 현대 기업들이 당면한 새로운 마케팅 환경이다.

전통적 마케팅에서 소비자 충성도는 상품과 브랜드를 꾸준히 발전시키는 중요한 기초로 큰 비중을 차지하고 있었다. 하지만 인터넷이 비약적으로 발전하면서 소비자들이 상품 및 구매 정보를 손쉽게 얻을 수 있게 되었고, 소비자의 브랜드 체험 수준 역시 완전히 달라졌다.

또 현대의 소비자들은 상품 자체뿐 아니라 그 안에 담긴 문화와 생각까지 함께 구매한다. 단순히 상품 소비에만 주력하는 전통적 마케팅은 이러한 현대 마케팅 환경에 부합하지 않기에 실효성이 크게 낮아졌다. 현대 마케팅의 핵심은 소비자가 받아들일 수 있는 가장 높은 가격에 상품을 판매하는 것이다. 그 안에는 상품 이외에도 브랜드, 문화, 아이디어의 가치가 모두 포함되어 있다. 기업들은 이러한 '상품 외의 가치'에서 얻을 수 있는 이윤에 주목하고, 브랜드가 아니라 이 가치에 대한 소비자 충성도를 강화하는 데 주력해야 한다.

한편 광고는 기업이 소비자들에게 자신의 실력과 상품, 그리고 브랜드 가치를 알리는 매우 중요한 수단이다. 전통적인 '주입식 광고'는 점차 소비자들의 외면을 받고 있다. 상품 광고의 핵심은 이미 과거의 브랜드 지명도 확대에서 흥미와 창의성의 경쟁으로 전환되었다.

광고물로 도배를 하는 전략은 매력이 크게 하락해서 더는 소비자를 유혹하지 못한다. 안타깝게도 일부 기업의 몇몇 광고는 영향력이 크게 떨어지고 있지만, 해당 기업은 뭐가 문제인지조차 모른다. 심지어 문제를 해결해보겠다고 광고 노출 빈도를 더 올리는 실수를 저지르기까지 한다. 이는 엄청난 비용 소모를 가져오고, 이런 실수를 아무렇지 않게 넘길만한 기업은 거의 없다.

또한 상품의 생명 주기가 줄어들었다. 이는 곧 해당 기업의 마케팅이 실패했다는 의미다. 시장 포화도가 매우 높은 이 시대에 전통적 마케팅은 판매 저하와 재고를 발생시키는 결과를 낳을 뿐이다. 근본적인 원인은 마케팅 전략기획 단계가 너무 짧다는 데 있다. 기업이 이 진짜 문제를 알아보지 못하고 계속 기존 방식대로 판촉 활동을 펼친다면 소비자의 머릿속에 얼마 남지도 않은 브랜드이미지마저 사라질 것이다. 기업에 있어 이보다 더 끔찍한 재앙은 없다.

전통적 마케팅의 최우선 목표는 상품 판매다. 판매와 이윤에만 집중하는 기업은 집행력이 낮아지고, 임무와 책임이 모호해져 각 부서가 서로 유기적으로 결합하지 못한다. 이윤을 내지 못하는 부서는 발언권도 사라지기 때문에, 부서끼리 서로 의심하고 적대시하며 책임을 떠넘기고 공로를 가로채려고 한다. 이런 상황에서 기업이 어떻게 시시각각 변화하는 시장 수요에 융통성 있게 대처하겠는가? 이런 기업이 과연 소비자를 만족시킬 수 있는가?

전통적 마케팅을 고수하는 기업은 언제나 자기 위주여서 고객의 의견이나 제안을 무시하곤 한다. 그러다 보니 서비스 수준도 늘 상품 판매단계에 머물러 있다. 하지만 선택 가능한 서비스가 무궁무진한 현대에 기다랗게 줄을 서서 상품을 구매하려고 혈안이 된 소비자는 없다. 그들은 이미 주도적인 지위를 차지하고 있기 때문이다. 이것이 바로 기업이 서비스를 최우선 목표로 삼아야 하는 이유다.

전통적 마케팅은 고객과의 관계 유지에 무척 취약하다. 고객 네트워크는 기업의 장기적인 발전에 꼭 필요하며 이는 결코 쉬운 일이 아니다. 고객을 유지하는 대가로 대량의 자원과 서비스를 투입해야 하는데 전통적 마케팅을 고수하는 기업은 이 일의 중요성을 이해하거나 감당하지 못한다. 쭉 해온 대로 단발성 거래만 하면 서비스 문제로 말미암은 각종 귀찮은 일들을 피할 수 있기 때문이다. 하지만 계속 이렇게 했다가는 고객이 줄어들고 마케팅 비용도 오히려 더 상승해서 결국에는 더 커다란 대가를 치러야 할 것이다.

둘째, 그렇다면 기업은 어떻게 이 문제를 해결해야 할까?

우선적으로 '고객 지향'이 현대 기업 마케팅의 핵심이다. 서비스 마케팅을 잘한다는 말은 곧 상품 서비스가 좋다는 이야기다. 상품 서비스란 상품 판매를 지원하기 위해서 소비자들에게 제공되는 부가 서비스를 가리킨다. 판매원의 친절한 응대부터 AS 서비스 등이 여기에 속한다. 기업이 안정적으로 발전하려면 우선 상품이 좋아야 한다. 상품만 좋으면 판매는 고객을 향한 '인성화 서비스humanized service', 즉 인간적인 서비스로 판가름 난다. 그러므로 기업은 소비자의 편에 서서 더욱 능동적이고 완벽한 상품 서비스를 제공해야 한다.

또한 마케팅 집행력을 향상한다. 마케팅 집행력은 실행 가능하고 구체화된 지침으로 기업의 마케팅 활동 전체를 제어하는 힘이다. 현대 기업의 마케팅 전략은 각종 방안과 정책을 확정하고 실행해서 소비자의 인정을 얻은 후, 구매행위를 유도하는 방식으로 집행된다. 이는 기업의 안정적인 발전에 꼭 필요한 과정이며, 여기에서 마케팅 집행력이 매우 중요하게 작용한다.

다음으로는 마케팅 전문 인재를 육성한다. 기업 경쟁은 곧 인재 경쟁이라고 해도 과언이 아니다. 마케팅 전문 인재는 크게 마케팅 전략 전문가와 마케팅 기술 전문가로 나뉜다. 마케팅 전략 전문가는 기업의 마케팅 전략을 결정하는 핵심으로 기업을 위해 마케팅 이론 기초와 전략적 발전계획을 제공하는 임무를 맡는다. 특유의 창의성과 혁신성을 갖춘 그들은 지식과 행위를 효율적으로 결합해서 가장 유리한 출발점을 찾아낸다. 마케팅 기술 전문가는 기업 마케팅 시스템의 브레인을 구성 하는 사람으로 마케팅 활동의 핵심 인재라 할 수 있다. 그들은 기업의 실제 상황에 근거해서 마케팅 전략을 예측, 조정한다.

마지막으로 부서 간 응집력을 강화한다. 부서 간 응집력을 강화하려면 우선 기업 문화부터 시작해서 기업 전체의 목표와 발전 방향까지 확고하게 세워야 한다. 그러면 이 큰 틀에 따라 부서별로 저마다의 목표를 세울 것이다. 하는 일은 다르지만, 어차피 하나의 목표와 방향을 바라보고 나아가므로 각기 따로 노는 일이 사라진다.

기업에 있어 마케팅의 실패는 끔찍한 악몽과 같은 일이다. 마케팅 실패의 원인을 분석해 더 효과적인 마케팅 활동을 위한 이론과 실천의 기반을 다지자. 기업은 각 원인에 상응하는 조처를 하고, 끊임없이 기업 가치를 높여서 더 건강하게 성장할 수 있도록 노력해야 한다.

록펠러의 탁월한 수완, 저가 마케팅

석유왕 록펠러J. D. Rockefeller는 별명에서도 알 수 있듯이 석유로 큰 돈을 벌었다. 남북전쟁이 끝나고 불경기가 시작되면서 미국의 수많은 정유공장이 파산했다. 꿋꿋하게 버틴 록펠러는 역시 살아남는 다른 회사와 시장을 차지하기 위해 치열하게 경쟁했다. 록펠러는 운명이 달린 이 문제를 어떻게 해결했을까?

우선 록펠러는 커다란 산림을 사서 창고를 만들고, 각종 기계를 들여놓고 운수 차량까지 완벽하게 준비했다. 동시에 록펠러는 회사를 완전히 새롭게 바꾸었다. 1867년에 헨리 플래글러Henry M. Flagler, 새뮤얼 앤드루스Samuel Andrews와 손을 잡았으며 세 사람은 3년 후인 1870년에 스탠더드 오일Standard Oil을 설립했다.

사실 록펠러뿐 아니라 석유 사업에 조금이라도 관련 있는 사람이라면, 누가 더 좋은 운송 서비스를 제공하느냐로 성공 여부가 판가름 난다는 사실을 잘 알고 있었다.

당시 유전과 동부 항구를 지나는 철도 운송수단은 모두 펜실베이니아 철도Pennsylvania Railroad가 독점하고 있었다. 록펠러가 생산하는 각종 상품과 석유를 미국 동부 시장으로 운송하려면 꽤 많은 돈을 펜실베이니아 철도에 지급해야 했다. 이 상황이 마음에 들지 않았던 록펠러는 방법을 찾다가 뉴욕 센트럴 철도New York Central Railroad Company를 떠올렸다. 당장 뉴욕 센트럴 철도를 찾아간 록펠러는 운송비용을 할인해주면 매일 열차 60칸 분량의 화물 운송을 맡기겠다고 말했다. 뉴욕 센트럴 철도로서는 마다할 이유가 없는 제안이었다. 얼마 지나지 않아 펜실베이니아 철도회사의 독점도 완전히 깨졌다. 이렇게 해서 록펠러는 '석유 전쟁'에서 유리한 고지를 선점했다. 하지만 그는 멈추지 않았다. 얼마 후, 록펠러는 남부개발회사South Improvement Company를 설립하고, 이 회사를 내세워 펜실베이니아 철도, 뉴욕 센트럴 철도, 이리 철도Erie Railroad와 석유 운송 계약을 체결했다. 이로써 록펠러는 배럴당 24달러라는 파격적인 대우를 받아 운송원가를 대폭 낮추었다.

운송비를 줄이기 위한 록펠러의 노력은 여기서 끝이 아니다. 아예 직접 송유관을 만들기로 한 것이다. 1876년에 스탠더드 오일은 총 길이 400마일에 달하는 송유관을 건설하고, 석유 비축량이 50배럴에 달하는 종착역을 건립했다.

록펠러는 늘 비용을 한 푼이라도 줄일 방법을 생각하고 또 생각했다. 그는 매일 아침에 출근하자마자 전날 회사 전체의 수입과 지출을 기록한 표를 보고하도록 했다. 그리고 비용이든 수입이든 자기 회사를 거치는 모든 돈은 반드시 소수점 뒤 셋째 자리까지 일일이 확인했다.

사례 분석 경쟁을 빼놓고는 시장경제를 이야기할 수 없다. 이 경쟁에서 승리하려면 반드시 탁월한 '수완'을 발휘해야 하는데 그 대표적인 예가 바로 저가 마케팅이다.

저가 마케팅을 시도할 때는 두 가지에 유의해야 한다. 하나는 상대 기업의 시장점유율을 정확하게 파악하는 것이고, 다른 하나는 그들의 상품 가격에 비집고 들어갈 틈이 있는지 확인하는 것이다. 물론 스스로 비용을 줄일 여지가 있는지, 시장잠재력이 유리하게 작용할지도 확인해야 한다.

시장경제가 발전하면서 경쟁은 점점 더 치열해지고, 수단도 나날이 다양해지고 있다. 이런 상황에서 저가 마케팅은 자칫 나와 상대가 모두 스스로 무덤을 파고 들어가는 일이 될 수 있다. 실제로 지금은 많은 기업이 웬만해서는 저가 마케팅을 경쟁수단으로 삼으려고 하지 않는다.

마케팅을 다시, 제대로 알자

상품 판매형 기업은 시장경쟁을 상품의 경쟁으로 보기 때문에

제조나 가공 실력으로 마케팅의 성패가 결정된다고 생각한다.

그러므로 치열한 경쟁에서 살아남으려면 꾸준히 좋은 상품을 내놓아야 한다고 굳게 믿는다.

물론 틀린 이야기는 아니다. 다만 또 다른 마케팅 경쟁을 무시하고 있을 뿐이다.

마케팅 경쟁은 크게 두 가지, 바로 상품의 경쟁과 인식의 경쟁으로 나눌 수 있다.

마케팅은
인식의 전쟁이다

◆

　상품 판매형 기업은 시장경쟁을 상품의 경쟁으로 보기 때문에 제조나 가공 실력으로 마케팅의 성패가 결정된다고 생각한다. 그러므로 치열한 경쟁에서 살아남으려면 꾸준히 좋은 상품을 내놓아야 한다고 굳게 믿는다.

　물론 틀린 이야기는 아니다. 다만 또 다른 마케팅 경쟁을 무시하고 있을 뿐이다. 마케팅 경쟁은 크게 두 가지, 바로 상품의 경쟁과 인식의 경쟁으로 나눌 수 있다.

　일반적으로 상품의 경쟁은 하드웨어실물 경쟁, 인식의 경쟁은 소프트웨어 경쟁이라 불린다. 소프트웨어 경쟁은 하드웨어 경쟁보다 상대적으로 더 은폐되었고, 훨씬 치열하지만 대신 일단 한 번 시장을 장악하면 쉽게 밀려나지 않는 장점이 있다. 두 가지는 뚜렷한 차이점이 있다. 일반적으로 상품의 경쟁은 겉으로 드러나고, 잔혹하며, 상대적으로 빠르게 시장을 얻거나 잃고, 큰 투자가 필요하다. 반면에 인식의 경쟁은 보이지 않고, 잔혹하지 않으며, 시장을 얻거나 잃는 속도가 느리고, 적은 투자로도 가능하다.

기업 마케팅은 인식의 경쟁으로 전환되고 있다. 상품의 경쟁과 인식의 경쟁에 관해서 다음의 몇 가지를 반드시 기억하자.

1 | 가격을 낮춘다고 잘 팔리는 것은 아니다.

가격전쟁, 즉 저가 마케팅은 가장 흔하고 꽤 효과적인 판매 방식이다. 기업은 할인된 가격으로 고객의 소비를 유도하고 상품을 팔아 치운다. 하지만 여기에는 분명히 한계가 있다. 사실 "저렴하면 잘 팔린다."라는 말은 절반만 맞는 말이다. 판매란 저렴한 가격 하나만이 아니라 고객의 수요, 상품의 용도, 구매 횟수, 시장 상황 등이 모두 종합적으로 작용해서 결정되는 일이기 때문이다.

중국 소비자는 자동차를 구매할 때, 싸고 좋은 물건을 찾기보다 조금 비싸더라도 여러 가지 면을 고려해서 마음에 들고 '체면이 서는' 상품을 찾는다. 이 때문에 품질이나 성능, 가성비 면에서 중국차가 수입차에 크게 뒤지지 않고, 더 나은 면도 분명히 있는데도 싸고 좋은 물건이 오히려 더 팔리지 않는 이상한 현상이 발생한다. 이유는 바로 극명한 가격차이다. 가격이 너무 저렴하면 소비자들의 마음속에 물건이 별로라는 근거 없는 의심이 생겨난다. 또 무턱대고 수입 제품을 좋아하는 사람도 있다. 물건이 좋지 않으면 수입했을 리가 없다고 생각하는 것이다.

깜짝 놀랄 정도로 비싼 물건을 파는 유명 브랜드를 보라. 그들은 가격에 대해서 이러쿵저러쿵 말이 없고, 언제나 도도하게 '절대 할인하지 않겠다'는 자세를 유지한다. 소비자들은 그런 상품을 흠모하고 간절히 바란다. 그리고 마침내 얻게 되면 그렇게 자랑스러울 수가 없다.

애플APPLE이 처음 중국에 진출했을 때, 아이폰은 순식간에 젊음의 상징이 되었다. 손에 아이폰이 없는 젊은이는 자신이 늙고 유행에 뒤처졌다고 느꼈다. 그러다가 마침내 아이폰을 손에 넣으면 다시 젊어지고 삶도 활기가 넘쳤다. 이런 이유로 가격이 아무리 비싸도 어떻게든 손에 넣으려고 그렇게 안달하는 것이다. 이는 아이폰이라는 상품의 실용성과는 아무런 관계가 없는 이야기다.

사실 '싸고 좋은 물건이 안 팔리는' 현상은 크게 이상한 일이 아니다. 소비자는 가격이 저렴하다는 이유로 좋은 물건을 의심하고, 판매자 역시 가격이 저렴하다는 이유로 마케팅을 소홀히 하기 때문이다. 강조하건대 가격과 마케팅은 모두 똑같이 중요하다.

2 | 가장 좋은 물건은 없다. 더 좋은 상품만 있을 뿐이다.

상품은 소비자 경험을 결정한다. 오직 좋은 상품만이 냉혹한 경쟁 속에서 꿋꿋이 버텨 승리를 쟁취한다. 하지만 세상에 영원한 것은 없으며 언젠가는 더 나은 상품으로 대체되기 마련이다. 시장에는 가장 좋은 상품이 아니라 더 좋은 상품만 있다. 어제까지 전 세계를 휩쓸며 엄청난 인기를 누린 상품도 오늘 도태될 운명에 놓일 수 있다. 지금은 적시에 더 새로운 마케팅을 펼친 상품만이 기회를 잡을 수 있고, 기회를 잡아야 시장을 장악할 수 있는 시대다. 엄밀히 말하면 좋은 상품이 시장을 장악한다기보다, 시장을 장악해야 좋은 상품이 될 수 있다.

가장 좋은 상품이란 상품이 실제로 그렇다는 게 아니라, 해당 상품에 대한 소비자의 생각이 그렇다는 것이다. 어떤 상품을 가장 좋은 상품이라고 인정하는 과정에서 가장 중요한 것은 사용자의 직접 경험이다. 특히 잠재고객에게는 기존 사용자의 경험이 크게 작용한다.

마케팅에서 기존 및 잠재고객의 머릿속에 '꼭 필요한 거야!'라는 생각이 들게 했을 때, 해당 상품은 비로소 '가장 좋은 상품'이 될 수 있다. 그러므로 마케팅을 제대로 하려면 일단 사람들의 생각을 연구해서 어떻게 머릿속의 생각을 만들어낼지 고민해야 한다. 이 문제를 마케팅 활동의 중심으로 두어야만 마케팅의 주도권을 쥘 수 있다.

3 | 고객은 인식을 함께 구매한다.

상품에 대한 인식이 상품의 기능보다 우선할 때가 있다. 특히 사회 경제적 수준이 높을수록 상품에 대한 인식을 더 추구하는 경향이 있다. 그들은 만족감을 얻거나 자신을 빛나게 하려고 유명 브랜드의 비싼 상품을 사는데 익숙하다. 상품을 사면서 상품에 대한 인식까지 함께 사는 것이다.

4 | 상품 인식이 승부를 결정한다.

상품 인식이란 일종의 선입견으로 특히 자주 구매하지 않는 제품은 더욱 강하게 작용한다. 상품 인식은 수많은 감각과 지각적 요소가 종합적으로 작용해서 형성되는 것으로 고가의 물건일수록 영향을 미치는 요소가 더 많다. 또 한 번 확정되면 바꾸는 일이 처음부터 새로 만들기보다 훨씬 어렵다. 소비자들은 상품을 특정한 방식으로 인식하면 이후에는 좀처럼 생각을 바꾸지 않는다. 그러므로 기업은 상품 개발과 더불어 더 긍정적인 상품 인식이 형성되도록 노력해야 한다.

5 | 최종 목표는 브랜드 인식이다.

시장을 확보하려면 우선 고객의 인정을 받아야 하고, 고객의 인정을 받으려면 그들의 머릿속에 '명품 브랜드'로 인식되어야 한다.

마케팅에서 명품 브랜드 전략의 실시는 매우 시스템화된 공정이다. 기업들은 명품 브랜드를 만들고, 보호하고, 선전하고, 발전시키는 활동을 정확한 시스템에 따라 체계적으로 운영한다. 여기에서 가장 중요한 부분은 바로 전체 전략의 기초인 명품 브랜드를 만드는 일이다.

브랜드는 상품과 서비스에서 볼 수 있는 특유의 상징이자 상품의 기준이고 일종의 보장이다. 또 기업이 시장에 들어가는 통행증이며, 기업과 소비자를 잇는 다리 역할을 한다. 시장에서의 포지션 역시 브랜드가 결정한다. 이런 이유로 아주 특수한 무형 자산인 브랜드는 오히려 기업이 보유한 유형 자산보다 더 가치가 높다고 할 수 있다.

나날이 경쟁이 치열해지는 시장에서 경영자는 상품 인식이 소비자에게 미치는 영향과 작용을 아는 동시에 상품의 경쟁과 인식의 경쟁, 양자의 관계를 정확하게 이해해야 한다. 상품과 인식은 마케팅을 성공시키는 '하드웨어'와 '소프트웨어'로 모두 중요하다. 두 가지를 모두 잘 계획하고 실행해야 치열한 경쟁 속에서 자신의 브랜드를 명품 브랜드로 만들 수 있다.

고객 사랑의 일인자,
아마존

◆

1990년대 중반에 전 세계 인터넷이 상업화되면서 상호interactive 네트워크 방식의 정보 교류와 소통 시스템이 점차 발전했다. 덕분에 소비자들은 시장 정보를 접할 기회가 더 많아졌으며, 시장 권력이 기업에서 소비자에게로 옮겨가는 현상은 피할 수 없는 흐름이 되었다. 이는 전통적 마케팅에 대한 도전이자 충격이었다. 이런 상황에서 '고객지향' 마케팅은 점점 더 많은 관심과 주목을 받았으며, 마케팅 이론 연구의 선두에 나서며 그야말로 '핫이슈'로 떠올랐다.

세계적인 전자상거래 기업 아마존Amazon은 대표적인 고객 지향형 기업이다. 그들은 고객의 도서 구매 이력을 연구하고, 구매 성향과 습관에 근거해서 비슷한 유형의 다른 책을 추천했다. 이런 방식으로 아마존은 고객의 소비 심리를 완전히 파악해서 판매량을 크게 늘렸다.

이런 일을 제대로 해내려면 방대한 정보가 뒷받침되어야 한다. 아마존은 컴퓨터 제조업체 델DELL에 고객의 소비 정보를 기록하는 컴퓨터를 대량으로 주문 제작했다. 그들은 고객 개인 웹페이지를 만들어 후속 주문을 더 단순하게 했으며, 네트워크나 다른 경로를 통해 실시간으로 고객 반응을 수집했다.

하지만 아마존의 성공 요인을 강력한 정보 처리 능력이라고만 보기는 어렵다. 그들이 고객 지향 마케팅 전략만으로 480억 달러의 판매액을 자랑하는 기업으로 성장했다면 같은 전략을 추구하는 다른 전자상거래 기업들이 왜 따라잡지 못하겠는가?

고객 지향 외에 아마존의 성공 요인은 바로 CEO, 제프 베조스Jeffrey Bezos다. 베조스는 조그마한 온라인 서점에 불과하던 아마존을 세계 최고의 기업으로 성장시킨 인물이다. 그는 최고의 고객 지향 마케팅을 추구했으며 그의 생각은 이미 아마존 곳곳에 완벽하게 녹아들었다.

아마존 각 분야와 부서를 담당하는 관리직 직원들은 고객 지향 마케팅을 완벽하게 이해하고 있다. 이는 아마존의 '비어 있는 의자'에서도 엿볼 수 있다. 베조스는 회의할 때 일부러 의자 하나를 비워두고 참석자들에게 항상 '저 의자에 앉은 고객'을 생각하라고 주문한다. 그는 늘 의자를 가리키며 "이 방에서 가장 중요한 분입니다!"라고 강조한다고 한다. 이처럼 베조스는 "고객은 언제나 옳다!"라는 말을 그야말로 '신봉'하는 사람이다.

베조스는 자기 직원보다 고객을 더 사랑하는 CEO다. 사실 아마존은 다소 독특한 기업이다. 대부분 IT 기업이 서로 인재를 빼가며 발전을 꾀하는데도 베조스는 줄곧 자기만의 원칙, 바로 1억 6,400만 명의 고객을 열렬히 사랑하는 데만 몰두하기 때문이다. 직원 5만 6,000명은 누가 빼가든지 말든지 신경도 쓰지 않는다.

고객을 향한 그의 '지독한 사랑'은 헛되지 않았다. 미시간 대학 University of Michigan은 매년 미국의 대기업 225개를 대상으로 고객 만족도를 조사한다. 이 조사의 전자상거래 분야에서 아마존은 수년째 선두를 차지하고 있으며 고객 만족도가 가장 높은 10대 기업 명단에도 자주 이름을 올린다.

이처럼 아마존은 고객의 구매 경험과 느낌을 매우 중시한다. 그들은 고객 지향 마케팅을 신봉하며 더 완벽해지려고 노력한다. 그랬기에 전세계 전자상거래 분야를 좌지우지하는 대기업으로 성장할 수 있었다.

고객 지향이란 조직의 모든 사고와 행동의 중심을 고객에게 둔다는 말이다. 기업이 생존하려면 우선 고객이 무엇을 원하는지 파악하고, 그들의 수요를 만족시킬 상품을 만들어야 한다. 그런 후에 고객이 받아들일 수 있는 가격과 방법으로 판매를 진행한다. 마지막으로 상품과 판매방식에 대한 고객 반응을 확인하고 그 결과를 다음 마케팅 활동에 반영해야 한다.

피터 드러커는 일찍이 1954년에 고객의 수요가 모든 기업 활동의 중심이자 출발점이 되어야 한다고 역설했다. 그에 따르면 기업이 상품을 생산, 판매하고 마케팅하는 최종 목적은 고객의 수요를 만족시키기 위해서다. 이후 1990년에 스탠리 슬래터Stanley F. Slater와 존 나버John C. Narver는 고객 지향 마케팅의 핵심은 '현재 및 잠재된 수요 정보에 대한 이해'라고 지적했다. "고객 지향 마케팅은 기업과 고객의 관계를 발전시킴으로써 수요를 정확하게 이해할 수 있도록 한다." 이후 시간이 흐르면서 고객 지향 마케팅의 효과를 검증한 사례가 하나둘 생겨났다. 이를 본 기업들이 고객 지향 마케팅을 본격적으로 실행한 때는 2003년이 되어서다. 필립 코틀러는 저서 《마케팅관리론Marketing management》에서 이렇게 단언했다. "기업의 고객 인식은 일종의 마케팅 철학으로 '고객이 자신의 수요를 정확하게 이해하는' 기초 위에 건립된다."

기업이 생산한 상품이나 서비스는 반드시 고객이 필요하거나 선택한 것이어야 한다. 또 기업이 하는 모든 일은 반드시 고객이 중심이어야 하며, 마케팅 관련 부서뿐 아니라 모든 부서가 힘을 합쳐 고객 지향 역량을 발휘해야 한다. 이때 다음의 몇 가지를 기억하자.

첫째, 고객 점유율에 주목한다. 고객 점유율이란 시장에서 특정 상품을 구매하거나 소비하고자 하는 충성 고객의 수가 기업이 목표한 전체 고객의 수에서 차지하는 비율을 가리킨다. 이제 기업은 마케팅 초점을 시장점유율이 아니라 고객 수요의 변화를 따라잡을 수 있는지, 충성 고객을 얼마나 확보할 수 있는지에 두어야 한다. 즉 동태적이고 지속적인 경쟁우위를 확보해서 생산 및 연구개발을 시작하고 진행해야 한다.

둘째, 고객을 위해 가치를 창조한다. 기업은 고객을 모든 마케팅 활동의 출발점으로 삼고 마케팅 활동으로 발생한 가치를 고객에게 양도함으로써 고객 만족도를 상승시켜야 한다. 고객을 위해 가치를 창조하는 기업만이 충성 고객을 확보할 수 있으며 치열한 경쟁에서 오랫동안 경쟁우위를 유지할 수 있다.

셋째, 고객을 중심으로 사고한다. 기업은 고객 가치를 경영 전략 방향으로, 고객 가치 혁신을 주요 수단으로 삼고 경쟁에 임해야 한다. 마케팅의 핵심은 고객 수요에 대한 분석과 반응이어야 하며, 이렇게 해야만 고객과의 관계를 튼튼히 유지할 수 있다. 다시 말해 기업은 고객의 수요를 즉각적으로 파악해 이해하고 끊임없이 반응을 보임으로써 고객이 '기대하는 물건을 제공'해야 한다.

넷째, 고객 내부화와 고객 자산화를 실현한다. 고객 지향 마케팅이 더 발전한 형태가 바로 고객 내부화와 고객 자산화다. 고객 내부화란 고객 가치를 기업 가치의 구성 성분으로 보면서 기업의 모든 업무가 고객 가치를 둘러싸고 전개되는 경영 전략이다. 또 고객 자산화는 고객을 기업 이윤이 발생하는 진정한 원천으로 보고 고객 가치 혁신, 고객과의 관계 유지 등에 끊임없이 투자함으로써 보답을 얻는 경영 전략을 가리킨다.

고객 지향 마케팅 이론의 기초는 '고객의 수요는 천차만별이고, 기업은 반드시 고객의 수요를 만족해야 한다'이다. 또 활동의 기초는 나날이 다원화, 개성화하는 고객의 소비 심리와 행위이며, 기본 모델은 현대 과학기술을 활용한다. 이러한 기초 위에 전개되는 고객 지향 마케팅을 통해 기업은 고객의 수요에 근거해서 상품이나 서비스를 설계, 제작하고, 상응하는 마케팅 전략을 실행한다. 여기에는 통신 기술, 전자 상거래, 네트워크 기술 등이 동원되어 진정한 고객 지향 마케팅을 실현하는 플랫폼을 제공한다.

4C로 사고하고
4P로 행동하라

◆

4P는 미국 경영학 교수 E. 제롬 맥카시E. Jerome McCarthy가 1960년에 내놓은 마케팅 전략 모델이다. 당시는 마케팅 전략의 분류와 연구가 체계적으로 되어있지 않고, 마케팅이라는 개념 자체가 생소했던 때였다. 맥카시의 4P는 이후 마케팅 이론과 실천 연구에 큰 영향을 미쳤다.

4P의 구체적인 내용은 다음과 같다.

상품Product

기업이 표적시장◆target market에 제공하는 유형의 물질과 서비스를 가리킨다. 종류, 품질, 특징, 포장, 상표, 수리, 설치, 사용, 환불 등 상품이 보장하는 내용까지 모두 포함한다.

◆ 기업이 시장세분화를 통해 마케팅 목표로 삼은 시장

유통Place

기업이 상품을 표적시장에 진입시키기 위해서 조직, 실시하는 각종 활동을 가리키며, 여기에는 경로, 단계, 장소, 저장, 운송 등이 있다.

판촉Promotion

기업이 상품을 선전하는, 고객을 설득해서 구매하게 만드는 각종 활동이다. 광고와 마케팅 등이 여기에 포함된다. 경영자에게 각종 수단을 선택해서 고객의 구매 활동을 촉진하도록 요구한다.

가격Price

가격 수준, 할인, 지불과 신용 등을 가리킨다. 경영자는 고객의 수요를 예측하고, 비용을 분석하고, 정가에 영향을 미치는 각종 요소를 고려해서 고객이 납득할 만한 합리적인 가격을 선택해야 한다.

4P(상품, 유통, 판촉, 가격)는 기업이 마케팅 과정 중에 제어할 수 있는 요소로 마케팅 전략을 구상할 때 이 네 가지의 구체적인 운영을 염두에 둔다. 오늘날 대부분 마케팅 서적이 마케팅 4P 이론을 기초로 삼았다고 해도 과언이 아니다. '마케팅 4P를 어떻게 운용할 것인가?'는 기업이 마케팅 전략을 확정할 때 가장 먼저 던져야 하는 질문이다.

하지만 나날이 경쟁이 치열해지고 정보의 전파 속도가 빨라지면서 4P는 다소 '시대에 뒤떨어지게' 되었고, 새로운 이론의 필요성이 대두되었다. 1990년, 로버트 로터본Robert Lauterborn이 4P를 대체할 이론으로 '4C'를 제시했다. 로터본은 고객 지향 마케팅이 "고객 여러분, 주목하세요!"가 아니라 "고객 여러분에게 주목합시다!"가 되어야 한다고 보았다. 그에 따르면 기업은 여전히 고객 만족을 최우선으로 추구하는 동시에 고객의 구매 비용을 낮춰야 한다. 즉 상품과 서비스를 연구 개발할 때 고객의 구매력까지 충분히 고려해야 한다는 것이다. 또 구매 과정 중의 편의성에 주목하고, 고객을 둘러싸고 효과적인 마케팅 소통을 진행할 것을 강조했다.

4P를 대체한 4C의 구체적인 내용은 다음과 같다

소비자Consumer

4C는 소비자를 기업 경영활동의 핵심으로 본다. 상품이 아무리 중요해도 기업이 가장 먼저 주목해야 할 대상은 고객이지 상품이 아니다. 소비자 시장만이 상품의 최종 귀결점, 즉 최종 시장이기 때문이다. 생산, 상업, 서비스업 등 어떤 기업이든, 또 소비자에게 직접 서비스하든 하지 않든 모든 기업은 반드시 소비자를 연구 주제로 삼아야 한다.

비용Cost

4C는 가격 요소를 생산 및 경영 과정 전체에 들어가는 비용으로까지 확장했다. 여기에는 기업 생산 비용과 소비자 구매 비용이 포함된다.

'소비자가 받아들이는 가격-적당한 이윤=비용 상한', 이는 최근 등장한 새로운 상품 가격 책정 모델이다. 여기에서 결정요소는 '소비자가 받아들이는 가격'이 된다. 그러므로 기업이 고이윤을 추구하려면 반드시 비용을 낮추는 방법을 끊임없이 모색해야 한다.

편의성Convenience

전체 마케팅 과정 중에 편의성 원칙은 항상 존재한다. 4C 이론은 서비스 단계를 더 중시하며 기업이 판매하는 것은 상품뿐 아니라 서비스임을 강조한다. 물론 소비자 역시 상품을 구매할 뿐 아니라 편의성까지 누릴 수 있다.

소통Communication

4C는 판촉 대신 소통할 것을 강조한다. 기업은 고객과의 양방향 소통에 집중하고, 공동 이익을 추구하면서 이전과 다른, 완전히 새로운 기업-고객 관계를 건립해야 한다.

4P와 4C는 다음의 두 가지 차이점이 있다.

첫째, 4P는 기업이 중심이 되어서 소비자가 아니라 상품을 지향한다. 4C는 그 반대다. 4P는 기업이 상품을 생산하면 벌이게 되는 일련의 활동이다. 가격 전략을 세우고, 판촉 수단을 활용하고, 어떠한 경로를 통해서 소비자의 손안에 이 상품이 들어갈 수 있도록 최선을 다한다. 이런 활동들은 모두 상품을 위한 일이지 소비자를 위한 일이 아니다. 즉 4P도 고객을 만족시키기는 하지만, 진정한 고객 지향 마케팅이라고 할 수 없다.

둘째, 4C는 소비자를 마케팅 중심으로 두고, 모든 활동이 소비자를 출발점으로 삼아 진행된다. 고객의 총가치상품 가치, 서비스 가치, 직원 가치, 이미지 가치를 상승시키고, 고객의 총비용화폐 비용, 시간 비용, 정신적 비용, 체력적 비용을 낮춤으로써 고객에게 양도하는 가치를 최대도로 키운다.

4C는 소통을 강조한다. 고객과의 소통을 통해서 기업은 더 깊이 고객을 이해하며 더 나은 서비스를 제공할 수 있다.

4P와 4C가 완전히 다르다고 말할 수는 없다. 4P는 고객 수요의 각도에서 상품을 어떻게 디자인하고 개발할지 고민하고, 4C는 고객 비용의 각도에서 어떻게 가장 합리적인 가격을 책정할지 생각한다. 물론 고객 수요도 상품 가격에 직접적인 영향을 미친다. 고객과 어떻게 소통할 것인가로 기업의 판매 및 판촉 방식을 사고할 수 있고, 고객의 편의성을 고민하면서 기업이 나아갈 방향을 확정할 수도 있다. 다시 말해 4P와 4C는 기업의 마케팅 중에 광범위하게 응용되고 있다.

4P와 4C는 서로 보완하기 때문에 두 이론을 모두 적용해야만 제대로 된 마케팅이 가능하므로 기업은 4P와 4C 관계를 명확히 이해해야 한다. 특히 4P는 기업 마케팅의 기본을 모두 포함하며 기업의 입장에서 마케팅을 바라보는 이론이다. 4P는 기업 마케팅에서 절대 배제할 수 없는 중요한 이론이다.

4P는 기업 입장에서, 4C는 소비자 입장에서 각각 마케팅을 바라본다. 이 두 가지는 출발점이 다를 뿐, 둘 다 맞는 이야기다. 기업이 4C를 무시하고 4P만 내세운다면 현실을 무시하고 독불장군처럼 구는 것과 마찬가지다. 그 결과는 황당한 상품, 우스꽝스러운 판매 전략, 한심한 판촉 수단일 뿐이다. 반대로 기업이 4P를 무시하고 4C만 내세운다면 소비자 수요를 만족할지는 모르나 비용이 불필요하게 상승해서 득보다 실이 많은 결과를 낳을 것이다. 너무 앞선 상품을 출시하거나 스스로 파산으로 내모는 판매 전략을 내놓을 수도 있다. 그러므로 상품 포지션, 판매 전략, 판촉 활동을 계획할 때 4C를 분명히 고려해야 하지만 집행할 때는 반드시 기업의 실제 상황에 근거해서 조정할 필요가 있다. 정리하자면 기업이 4C로 사고하고, 4P로 행동할 때 가장 이상적이라 할 수 있다.

월마트, 고객을 만족시켜라!

　세계 최대의 소매유통업체 월마트Wal-mart의 시작은 작은 잡화점이었다. 1945년, 샘 월튼Samuel Walton은 저축한 돈을 모두 털어 작은 마을에 잡화점을 열었다. 장사가 아주 잘 되어서 월튼은 10여 년이 흐른 후에 작은 가게 여러 개를 운영하게 되었다. 1962년이 되자 월튼은 자신의 가게들에 '월마트'라는 이름을 새로 붙였다. 월마트는 1970년부터 미국 전역으로 확대되었으며, 얼마 지나지 않아 전 세계에 분점이 생겨났다.

　월마트가 상품을 공급할 때 가장 중요하게 생각하는 요소는 바로 '소비자 수요'다. '고객을 만족시켜라!'는 월마트의 첫 번째 목표이며, '고객 만족은 발전과 성공을 보장하는 가장 좋은 투자'는 그들이 수십 년을 하루 같이 지켜온 경영 이념이다. 이를 위해 월마트는 '고품질 서비스'와 '무조건 환불'이라는 파격적인 구호를 내걸었다. 소비자들은 월마트에서 구매한 물건이라면 아무 이유 없이 그냥 마음에 들지 않아도, 심지어 영수증이 없어도 무조건 환불할 수 있다. 월마트는 매일 고객의 기대와 반응을 조사한다. 직원들은 컴퓨터 시스템 및 직접 조사로 수집한 정보를 바탕으로 상품 구색과 진열, 계산, 서비스 등 구매 환경을 개선한다. 매장 관리와 경영에 고객을 참여시키는 일은 월마트가 최초였다. 이처럼 파격적인 경영은 고객들을 더 크게 만족시켰다.

상품 공급은 월마트 같은 소매 유통기업의 경영 이익에 가장 직접적인 영향을 미치는 요소다. 유통기업과 공급상은 서로 의지하며 발전하는 전략적 파트너라고 해도 과언이 아니다. 월마트는 일찍이 1980년대부터 대리업체를 배제한 거래를 추진했다. 제조업체에 직접 물건을 주문하면서 대신 구매가를 2~6% 낮췄다. 이전에 대리상에게 준 만큼의 액수였다. 만약 제조업체가 직거래를 거부하면 아예 거래하지 않았다. 이런 방식은 그때만 해도 유통업의 흐름을 완전히 뒤흔드는 일이어서 월마트와 공급상의 관계가 크게 나빠졌다. 어떤 공급상들은 이 일로 언론에 월마트를 비난하는 로비 활동을 펼치기까지 했다.

1980년대 말, 기술 수준이 향상되면서 상품 제조에 들어가는 비용이 낮아지고 상품 가격도 내려갔다. 그러자 공급상들은 월마트와의 관계를 개선하고자 했다. 월마트와 공급상은 네트워크와 데이터 교환 시스템을 통해서 정보를 공유했고 다시 파트너 관계가 되었다. 월마트 역시 공급상과의 관계를 개선하기 위해 노력했다. 일례로 매장 한쪽에 제조업체가 직접 상품을 진열하고 판매할 수 있는 공간을 제공해서 소비자에게 더 전문적인 정보를 제공할 수 있는 환경을 조성했다.

샘 월튼은 고객 지향이야말로 성공의 비밀이자 반드시 따라야 하는 준칙이라고 지적했다. 제조업과 달리 유통업은 소비자와 직접 대면하는 업계다. 그러므로 발전하려면 반드시 소비자의 요구에 따라 전략을 세워야 한다. 이것이 바로 유통업계 전체가 꼭 기억해야 할 '황금 법칙'이다.

월마트의 성공은 그들이 제공한 양질의 서비스와 밀접한 관계가 있다.

**사 례
분 석** 샘 월튼은 장기간 유통업에 종사하면서 서비스 개선에 대한
확신을 얻었다. '모든 사람을 존중하라!'는 월마트 기업 문화
의 핵심이다. 샘 월튼은 작은 가게의 가장 효과적인 경쟁수단은 큰 가
게보다 더 전문적이고 훌륭한 서비스라고 보고 창업 초기에 직원들에
게 항상 이렇게 말했다. "전 세계에서 가장 친절한 점원이 되십시오.
환영의 미소를 띠고 우리 매장을 찾는 고객에게 기대를 뛰어넘는 멋진
서비스를 제공하세요. 왜냐고요? 바로 여러분이 전 세계에서 가장 훌
륭한 점원이기 때문입니다. 이렇게만 하면 고객은 분명히 다시 방문할
것입니다." 그처럼 성공하고 싶다면 확실한 경영 기조를 세우고, 직원
들을 충분히 훈련시켜서 고객에게 최고의 서비스를 전해야 한다.

열린 생각이 이윤을 만든다

경영자의 생각은 기업의 이념이고, 이는 곧 경쟁의 무기가 된다.

현대 경영학의 구루 피터 드러커는 "현대 사회에서 벌어지는 전쟁은 기술전쟁도,

소프트웨어 전쟁도 아니다. 지금은 사고의 혁명이 일어나는 시대다."라고 말했다.

정확한 생각만이 밝은 등불이 되어 자욱한 안개 속에서 기업을 희망과 광명으로 인도한다.

단돈 56달러로
포드56을 내 손에!

◆

생각의 방향, 즉 사고방식은 사람이 다양한 경험을 하면서 분석, 종합, 판단, 추리 등을 거치며 사물을 인식하고, 문제를 해결하는 궤적을 가리킨다. 현대 기업 경영에서 경영자가 무엇을 어떻게 생각하는가는 기업이 앞으로 나아가야 할 방향과 전략을 결정하므로 그 생존과 운명에 크나큰 영향을 미친다.

경영자의 생각은 기업의 이념이고, 이는 곧 경쟁의 무기가 된다. 현대 경영학의 구루 피터 드러커는 "현대 사회에서 벌어지는 전쟁은 기술전쟁도, 소프트웨어 전쟁도 아니다. 지금은 사고의 혁명이 일어나는 시대다."라고 말했다.

중국에 "생각하면 출구가 보인다. 오직 생각해야 행동할 수 있다."라는 말이 있다. 실제로 그렇지 않은가? 기업 경영에서 정책 결정자의 생각이 얼마나 정확하고, 얼만큼 앞서 있는가는 무엇보다 중요하다.

치열한 경쟁에서 살아남아 불패의 땅에 우뚝 서고 싶다면 반드시 명확하고 정확한 생각이 우선해야 한다.

1956년 미국 자동차 제조기업 **포드**Ford Motor Company가 신제품을 출시했다. 이 새로운 차종은 디자인과 성능이 모두 뛰어나고 가격까지 저렴했다. 하지만 시장의 반응은 예상과 달리 뜨뜻미지근했고, 포드 경영진은 크게 당황했다.

회사 전체가 머리를 맞대고 전략을 짜서 할 수 있는 모든 방법을 다 했는데도 판매는 여전히 지지부진했고, 이는 경영진에게 커다란 부담으로 작용했다. 이때 판매량이 전국 꼴찌인 필라델피아 지사에 이제 막 대학을 졸업한 청년 한 명이 나타났다. 바로 리 아이아코카Lee Iacocca였다.

당시 아이아코카는 포드 필라델피아 지사의 인턴 엔지니어로 자동차 판매 영업에 대해서는 전혀 경험이 없었다. 하지만 그는 회사 사람들이 모두 판매량 저조와 나날이 쌓이는 재고를 고민하는 모습을 보고서 어떻게 해야 이 자동차를 베스트셀러로 만들 수 있을지 생각하기 시작했다. 그러던 어느 날, 아이아코카의 머릿속에 기발한 아이디어가 번쩍 떠올랐다.

'단돈 56달러로 포드56을 내 손에!'

그러니까 1956년식 포드 자동차를 사려면 먼저 전체 가격의 20%만 내고, 나머지는 매달 56달러씩 갚아나가면 된다는 이야기였다. 상당히 기발하고 창의적인 아이디어였다. 지사장은 그의 제안을 받아들였고, 필라델피아 지사는 엄청난 성공을 거두었다.

그들은 이 프로모션을 시작한 지 겨우 3개월 만에 판매량 전국 꼴찌에서 '최고 판매 지사'로 변신했다. 회사는 성공의 주역 아이아코카를 주목했고, 얼마 후에 그를 워싱턴 지사의 지사장으로 발령했다.

이 사례에서 아이아코카는 스스로 새로운 생각의 문을 열어 포드의 난제를 해결하는 데 큰 공을 세웠다. 덕분에 포드는 빠른 속도로 크게 발전할 수 있었다. 혁신적인 생각은 기업 발전에 무엇보다 중요하며, 부와 명예로 통하는 문을 여는 열쇠가 된다.

물론 이런 종류의 생각이 미래를 바라보고 예측하는 일이다 보니 옳고 그름, 좋고 나쁨을 확정하기가 여간 어렵지 않다. 생각이 옳은지 그렇지 않은지 판단할 때, 다음의 두 가지를 기억하자.

먼저, 비교하면 해결책이 나온다.

무슨 문제든 비교해봐야 제대로 인식하고, 해결할 수 있다. 경영자는 꼼꼼히 평가하고, 다양한 대상과 성실히 비교함으로써 문제의 핵심과 돌파구를 찾아야 한다. 이렇게 해야만 결과도 깔끔할 수 있다. 비교할 때는 다음의 세 가지 원칙에 주의를 기울여야 한다.

첫째, 서로 반대되는 생각을 비교할 때는 하나라도 더 나은 쪽을 선택해야 한다. 둘째, 생각을 비교할 때는 '이로움이 더하고, 해로움이 덜한 쪽'을 선택해야 한다. 셋째, 생각의 현실성, 필요성, 시급성을 따져보고 세 가지를 모두 갖춘 쪽을 선택해야 한다.

그다음으로, 사물의 본질을 인식한다.

사물의 본질을 명확히 인식해야만 그 형성과 발전을 제대로 이해할 수 있다. 마찬가지로 제대로 생각하려면 반드시 처한 상황을 종합해서 문제의 본질을 정확히 보고 그 안에 내재한 관계와 규율을 파악해야 한다. 그래야만 응어리진 곳을 찾아내서 올바른 처방을 내리고 깔끔하게 환부를 도려낼 수 있다.

새턴 프로젝트로
자존심을 되찾은 GM

◆

변화무쌍한 시장경쟁 속에서 기업의 마케팅 전략 역시 끊임없이 변화하고 있다. 절대불변의 시장이란 없다. 수요가 변화해서 시장의 공간이 줄어든다면 기업은 적시에 생각을 바꿔 시장을 확대해야 한다. 그래야만 '숨도 쉴 수 없을 정도로 미어터지는' 시장 안에서 한순간에 도태되는 운명을 면할 수 있다.

수요가 변화하면 마케팅도 바뀌어야 한다. 상품이 협소한 시장 하나에만 국한된다는 생각을 버리자. 상품의 용도와 시장은 얼마든지 변화하고 확대할 수 있다. 수요에 따라 기민하게 생각을 전환하고 마케팅 혁신을 실현해야만 시장에서 소리 소문 없이 사라지지 않을 수 있다. 소비자 수요가 고정불변하지 않으며, 얼마든지 새로 발굴될 수 있음을 증명하는 사례는 많다.

일본 자동차는 낮은 연비, 저렴한 가격, 뛰어난 내구성, 철저한 애프터서비스를 내세우며 미국 시장에 진출했다. 이처럼 강력한 무기를 장착한 그들은 곧 호평 일색의 입소문을 만들어내면서 빠른 속도로 미국 자동차 시장을 장악하기 시작했다.

일격을 당한 미국 자동차 기업들은 '좋은 시절도 끝!'이라고 생각했다. 다들 손 놓고 한숨만 쉴 때, GM 회장 로저 스미스Roger Bonham Smith만이 묵묵히 새로운 계획을 진행하고 있었다. 미국 자동차 업계의 생사존망이 달린 이 엄청난 계획은 '**새턴 프로젝트**Saturn project'로 명명되었다.

로저 스미는 탁월한 전략가이자 분석 전문가였다. 그는 어떻게 해야 일본 자동차와 경쟁할 수 있을까를 고민하느라 허송세월하지 않았다. 대신 빠르게 움직여서 새턴 프로젝트의 첫걸음, 바로 도요타TOYOTA와의 합작을 추진했다. 이처럼 과감하고 대승적인 전략은 스미스만이 해낼 수 있는 일이었다. 그는 이미 일본 자동차가 미국 소비자들에게 긍정적인 평가를 얻은 상황에서 괜히 그들과 피 터지게 싸워봤자 무의미하다고 보았다. 그럴 바엔 차라리 이 강적과 손을 잡고 기회를 기다리는 편이 나았다. 이와 관련해서 스미스는 "이 좁아터진 울타리 안을 벗어나야 그들이 아는 걸 알아낼 수 있었습니다. 도요타와 합작하면 적어도 일본의 최신 자동차 기술과 경영 방식을 가장 먼저 알 수 있었죠."라고 말했다. 일단 한 번 하면 되돌릴 수 없는 일이기에 GM은 미국의 다른 자동차 기업들로부터 엄청난 압박을 받았다. 하지만 스미스는 여론 따위에 흔들릴 사람이 아니었다. 남들보다 더 먼 미래를 바라보는 그는 뜻을 굽히지 않고 강건한 태도로 이사회를 설득했다. 지금 도요타와 손을 잡지 않으면 영원히 그들을 이길 기회가 없다는 걸 잘 알고 있었기 때문이다.

이사회의 동의를 얻어낸 스미스는 새턴 프로젝트의 두 번째 단계, 바로 관료주의에 물들어 비효율적인 조직을 정비하는 동시에 30억 달러를 들여 자회사 '새턴SATURN'을 설립했다. 새턴은 기술적으로 상당히 뛰어난 생산 설비를 갖추었다. 부품 생산부터 조립까지 모두 일관된 방식을 택해서 외부에서 핵심 부품을 조달하느라 시간을 낭비하는 일이 없도록 했다. 또 모든 직원과 주문은 회사에 들어오면 최종 목적지까지 5분 이상 걸리지 않도록 배치했다.

이어서 새턴 프로젝트의 마지막 단계, 바로 노동 구조의 조정이 시작되었다. 스미스는 전체적으로 생산 비용을 낮춰야 한다고 보았다. 비용 절감이 뒷받침되지 않으면 아예 일본 자동차와 겨뤄보지도 못할 것이 분명했다. 그래서 새턴은 단체정신이 뛰어난 인재를 찾았다. 이를 위해 노사가 함께 일하고 공동으로 결정을 내리며, 수익을 균등하게 나눠 가지도록 했다. 또 사측이 마음대로 노동자를 해고할 수 없으며, 노조 측 역시 툭하면 파업하지 못하게 했다. 이처럼 복잡하고 불필요한 요소를 모두 걷어내자 많은 인재가 기꺼이 새턴에 동참했다.

새턴은 어깨 위에 미국 자동차 업계를 환골탈태시켜야 한다는 사명을 짊어지고 있었다. 결과적으로 로저 스미스의 새턴 프로젝트는 대성공을 거두었다. 그들은 일본 자동차의 독주를 무너뜨리고 빠른 속도로 시장을 되찾았다. 그리고 홈그라운드의 이점을 살려 일본 자동차에 회심의 일격을 가했다. '새턴 프로젝트'는 미국 자동차 역사에서 이정표와 같은 의미였다.

GM은 회장인 로저 스미스의 지휘 아래, 끊임없이 생각을 혁신하고 빠르게 행동해 미국 자동차 업계에서 일대 혁명을 일으켰다. 실력 차가 커서 경쟁할 방법이 없으면 GM처럼 생각을 전환해서 경쟁상대와 합작할 줄도 알아야 한다. 우선 살아남고 후에 발전을 도모하는 것이다. 기업 경영에서 관건은 두 눈을 기업의 미래에 두는 것이다. 시장의 흐름이 경쟁사에 유리할 때는 아무리 굽히지 않고 싸워봤자 계란으로 바위 치기에 불과하다. 이럴 때는 그냥 상대와 손을 잡고 그들의 기술과 경영을 배워 스스로 더욱 가다듬고 때를 기다리는 편이 현명하다.

생각의 전환이란 다양한 시각으로 사고하라는 의미다. 다중적, 다층적으로 하나의 문제를 사고함으로써 더 완전한 해결방안을 얻는 법이다. 하나의 현상을 다양한 각도로 통찰하고 발전을 추구하는 눈으로 문제를 바라본다면 더 전면적으로 상황을 인식할 수 있다.

경영자는 마케팅 법칙과 전략, 기교를 완벽하게 이해하고 잘 조합해서 시장 상황에 따라 효과적으로 배치할 줄 알아야 한다. 또 실천은 언제나 더 혁신적이면서도, 더 실용적이어야 한다. 마케팅 수준을 올리고 브랜드를 강화하려면 사전에 최선을 다해 마케팅 전략을 계획하고, 브랜드이미지 제고에 더욱 힘쓰자. 마케팅 실력을 키우면 브랜드의 영향력, 침투력, 동원력이 확대되어 자신의 시장을 더 안전하게 보호할 수 있다.

멀리 두고
길게 본다

◆

미래 발전 방향과 투자 계획은 무엇보다 중요하다. 자신의 기업을 위험한 지경에 빠뜨려 엄청난 손실을 보려는 경영자는 없다. 그래서 '심사숙고'야말로 경영자가 반드시 갖춰야 할 덕목이다. 일반적으로 기업들은 계획을 실행하기 전에 깊이 사고하고, 이 계획이 불러올 수 있는 이익과 폐해를 분석해 서로 비교한 후에 비로소 행동에 옮긴다.

필립 아머Philip D. Armour는 미국 육가공업계에서 큰 성공을 거둔 인물이었다. 그는 '좋은 머리와 멀리 보는 눈' 덕분에 기회를 놓치지 않았고, 단 두 번의 큰 사업을 벌여 무려 1,000만 달러를 벌었다.

아머는 첫 사업에서 100만 달러를 벌었다. 남북전쟁이 끝날 즈음, 돼지고기 가격이 크게 올랐다. 이전부터 꾸준히 육류업계에 몸담아 온 아머는 기회를 놓치지 않고 큰 도매상과 '신용거래'를 했다. 당시 시세보다 10% 싼 가격에 돼지고기를 대량 납품하기로 하고, 납품 일자까지 확정한 것이다.

꽤 위험한 계약이었다. 예상대로 전쟁이 끝나면 큰돈을 벌겠지만, 전쟁이 반년이나 1년가량 계속되면 납품 일자가 되어도 돼지고기 가격이 내려가지 않을 테니 큰 손해를 볼 수도 있었다. 하지만 아머는 성공했다. 계약서에 서명하고 며칠 지나자 남군이 항복한 것이다. 전쟁이 끝나자 돼지고기 가격이 크게 떨어졌고, 아머는 큰돈을 벌었다.

그는 어떻게 전쟁이 곧 끝나리라 확신했을까? 혹시 군대에 믿을만한 정보원이라도 있었던 걸까? 아니다. 그도 다른 사람처럼 정확히 아는 바는 없었다. 다만 우연히 본 신문기사에서 힌트를 얻었을 뿐이다. 그가 본 기사의 내용은 이러했다.

한 신부가 남군의 병영에서 어린이 몇 명을 만났다. 아이들은 여러 날 제대로 먹지 못해서 굶주린 상태였고, 신부에게 빵과 초콜릿을 달라고 간청했다. 신부가 아버지에 관해 묻자 아이들은 모두 아버지가 군인이라고 대답했다. 그중 한 아이는 아버지가 아주 높은 군인이라고 자랑하기까지 했다. 신부가 다시 물었다.

"아버지에게 배고프다고 말했니? 음식을 달라고 했어?"

"네, 하지만 아버지도 며칠째 아무것도 먹지 못했어요."

방금 아버지를 자랑한 아이는 이렇게 말했다.

"저번에 아빠가 말고기를 조금 가져왔는데, 너무 맛이 없었어요."

그러니까 아머가 본 기사는 남군의 식량부족 사태에 관한 것이었다. 사실 이는 모르는 사람이 거의 없을 정도로 잘 알려진 상황이었다. 하지만 오직 아머만이 남군이 이렇게 큰 식량부족 문제를 겪고 있다면 곧 항복할 거라고 확신했다.

아머의 두 번째 사업 역시 신문기사에서 시작되었다. 멕시코에서 감염병으로 의심되는 몇몇 사례가 보고되었다는 내용이었다. 그다지 심각하지 않은 어조로 간단히 언급한 기사였지만, 아머는 기사를 보자마자 가슴이 쿵쾅거렸다. 미국 밖의 일이라고 해도 멕시코는 캘리포니아와 텍사스에서 매우 가까운 곳이었다. 만약 이 기사가 사실이라면, 감염병이 캘리포니아와 텍사스로 번지는 일은 시간문제였다. 게다가 이 두 곳은 미국 최대의 육류 산지였다. 여기에 감염병이 돈다면 육류 공급에 큰 차질을 빚을 것이 불 보듯 뻔했다.

아머는 우선 이 기사의 진위를 알아보기로 했다. 그는 자신의 주치의를 멕시코로 보내 실태를 조사하게 했고, 멕시코에서 정말 감염병이 유행한다는 사실을 확인했다. 아머는 즉각 가진 돈을 전부 들여서 캘리포니아와 텍사스의 가축을 샀고, 즉시 동부로 이송했다. 얼마 후, 예상대로 미국 남부의 몇 개 주에서 감염병이 돌기 시작했다. 미국 정부는 해당 지역 가축의 외부 반출을 금지했다. 그러자 미국 전역의 고깃값이 대폭으로 상승했고, 아머는 몇 개월 사이에 900만 달러를 벌어들였다.

필립 아머는 두 번의 큰 사업에서 한 푼도 손해 보지 않고 엄청난 부를 얻었다. 현상에만 집중하지 않고, 장기 발전의 각도에서 문제를 사고한 덕이다. 그는 눈에 보이는 현상 뒤에 숨은 기회를 알아차리는 데 탁월했으며, 다른 사람보다 한발 먼저 움직여서 큰 이윤을 얻었다.

기업이 장기적으로 발전하려면 눈을 좀 더 멀리 두고, 길게 바라보아야 한다. 눈앞에 놓인 콩고물에만 정신이 팔려서 미래 전략을 무시해서는 안 된다. 훌륭한 경영자는 현재의 발전을 도모하는 동시에 미래를 계획한다. 좋은 전략은 단기간에 효과가 나지 않는다. 기업의 가까운 미래와 먼 미래를 동시에 생각하며 현재의 발전 궤도 위에 미래의 마케팅 계획까지 함께 올려두자. 그래야만 좀 더 명확한 미래 청사진을 그리고, 기업이 올바른 길로 나아가게 할 수 있다.

중국을 사로잡은 KFC의 승리 법칙

KFC는 명실상부 세계 최고의 패스트푸드 체인점이다. 그들은 표준화와 세계화된 경영관리 방식으로 세계 각국에서 빠르게 발전해 업계 최고 자리에 올랐다. 그동안 KFC의 성공 모델을 모방한 기업이 많았으나 아직 청출어람으로 불릴 만큼 성공한 곳은 하나도 없다. 중국에서도 마찬가지였다.

KFC는 중국 시장에 진출하면서 눈에 잘 띄는 로고, 깨끗한 매장, 표준된 제조방식, 친절한 서비스를 내세워 청소년을 위주로 수많은 중국인 고객을 사로잡았다. KFC가 들고 온 전대미문의 요식업 형태는 기존의 전통적인 스타일을 고수해온 중국 음식점들에 큰 충격을 안겼다.

이런 상황에서 중국 요식업계의 큰손들은 물론이고 많은 사람이 토종 패스트푸드 업체를 만들어서 KFC라는 서방에서 온 적수와 진검승부를 벌이고자 했다. 상하이의 신야新亞 그룹이 만든 '룽화지榮華鷄'도 그중 하나였다.

룽화지의 CEO는 열정만 앞서서 천하를 호령하겠다고 큰소리나 치는 허풍쟁이가 아니었다. 요식업 경영 경험이 많은 전문가인 그는 브랜드 출시 전에 KFC의 운영 방식을 면밀하게 연구하고 분석했으며, 수차례 전문기관에 의뢰해 KFC의 안팎을 샅샅이 살폈다. 또 연구와 실험을 반복해서 직접 소스를 만들고, 닭을 튀겼다.

룽화지는 중국인의 식문화에 맞춰 닭다리, 바르슈츠◆Barszcz, 중국식 풋콩무침과 초절임을 곁들인 메뉴를 내놓았다. 엄청난 준비를 거쳐 마침내 문을 열었을 때, 룽화지는 큰 호평을 받으며 성공적으로 출발했다. 그들은 토종 입맛과 상대적으로 저렴한 가격으로 소비자들의 열렬한 환영을 받았다. 매장마다 문전성시를 이루어 하루 최고 영업액이 11만 9,000위안, 월평균 최고 영업액은 150만 위안에 달했다. 사업이 번창하자 룽화지는 기세를 몰아 전국 대도시 곳곳에 매장을 열었다. 중국인의 입맛에 딱 맞춘 메뉴 덕에 매출액은 이미 KFC를 비롯한 수입 패스트푸드 업체를 모두 넘어섰다. 신야 그룹은 곧 룽화지의 해외 진출을 준비하기 시작했다.

하지만 안타깝게도 룽화지는 중국 밖으로 나가지 못했다. 중국 내에서도 어떻게 된 일인지 천천히 하강 곡선을 그리더니 경영 상태가 악화되어 2000년에 결국 문을 닫았다. 반면에 KFC는 소리 없이 꾸준히 성장을 거듭해서 매장이 400개를 돌파했다. 2001년, KFC의 중국 영업액은 40억 위안, 전 세계 총 영업액은 220억 위안이었다.

사례분석 중국에 진출한 KFC는 거센 공격과 치열한 경쟁에서 살아남아 완벽한 승리를 거두었다. 이는 그들이 사전에 분석과 연구를 반복하며 심사숙고해서 각종 계획을 세우고 미래 청사진을 명확하게 그린 덕분이었다. 그들은 엄격한 관리 규칙을 만들고, 이를 구체

◆ 절인 비트로 만든 수프

적으로 집행할 수 있도록 시스템을 만들었다. KFC는 전 세계에서 자신만의 '승리 법칙'을 따랐다. 여기에는 KFC의 경영관리에 필요한 모든 사항이 매우 상세하게 정리되어 구매, 제조, 서비스 등 각종 관련 세부사항, 품질 기준과 집행 기준이 모두 포함되었다. 이는 전 세계 KFC 매장에서 통일적으로 집행할 수 있으며, 제품과 서비스의 품질을 완벽하게 보장했다.

물론 룽화지도 허술하게 출범한 브랜드는 아니었다. 그들은 토종 입맛을 내세우며 야심차게 출발했지만, 이처럼 잘 준비된 KFC를 넘어서기에는 역부족이었다. KFC는 동종 업체들이 근처에도 가지 못할 정도로 높은 곳에 이미 도달한 상태였다.

PART

2

HARVARD MARKETING LECTURE

마케팅 계획

◆

전략적으로
미래를
그려라

네 번 째 수 업

경쟁우위가 곧 전략이다

이른바 경쟁우위란 성장과 발전, 경쟁에 유리한, 차별화된 요소를 가리킨다.

이런 의미에서 기업의 경쟁우위란 생산과 경영의 발전, 생산력 향상에 유리한

내재 자원이라 할 수 있다. 예컨대 뛰어난 연구개발 능력, 풍부한 인재,

통찰력 있는 리더, 진화한 기업 문화, 최신 설비, 효과적인 마케팅,

합리적인 인사관리 시스템, 높은 경영효율 등이 모두 기업의 경쟁우위가 될 수 있다.

미국 시장을 매료시킨
일본 자동차

◆

날로 극심해지는 경쟁 속에서 기업의 경쟁우위란 결국 우수한 자원이며, 먼저 충분한 자원을 확보한 기업만이 발전과 승리를 거머쥘 수 있다. 이른바 경쟁우위란 성장과 발전, 경쟁에 유리한, 차별화된 요소를 가리킨다. 이런 의미에서 기업의 경쟁우위란 생산과 경영의 발전, 생산력 향상에 유리한 내재 자원이라 할 수 있다. 예컨대 뛰어난 연구개발 능력, 풍부한 인재, 통찰력 있는 리더, 진화한 기업 문화, 최신 설비, 효과적인 마케팅, 합리적인 인사관리 시스템, 높은 경영효율 등이 모두 기업의 경쟁우위가 될 수 있다. 국가 정책이나 업계 환경 등은 외재 요인으로 기업의 경쟁우위라 할 수 없다.

오랫동안 세계 자동차 제조업계를 지배한 미국은 제1차 오일쇼크를 겪으며 큰 위기를 맞았다. **일본 자동차 기업들**은 이 틈을 놓치지 않고 잽싸게 미국 시장을 비집고 들어왔다. 그들은 뛰어난 연비, 저렴한 가격, 뛰어난 내구성, 철저한 애프터서비스를 내세우며 미국 본토에서 큰바람을 일으켰고, 호평 일색의 입소문을 만들어내면서 미국 자동차 시장을 장악하기 시작했다.

당시 미국 자동차 기업들은 대부분 제대로 반격하지도 못하고 무기력한 모습을 보였다. 그중에는 전 세계 최대 규모, 시장점유율 선두를 자랑하는 GM도 있었는데, 그때 이미 GM의 시장점유율이 무려 11%나 하락한 상태였다. 포드와 크라이슬러Chrysler의 상황도 더 심했으면 심했지, 낫다고 할 수 없었다.

미국 자동차 기업들은 두 눈 멀쩡히 뜬 채로 본토 시장을 빼앗길 수는 없다는 생각에 일본 자동차 기업들의 '야만적인' 행태를 비난하기 시작했다. 그들은 일본이 미국보다 인건비가 훨씬 싸다고 지적하며, 이는 일본 기업들의 태생적인 경쟁우위이니 불공정 경쟁이라고 주장했다. 또 이를 이유로 미국 정부에 일본 자동차의 수입을 제한해 달라고 강력하게 요구했다.

일본 기업들도 가만히 있지 않았다. 그들은 미국의 보호무역주의 정책, 무역적자를 구실로 한 일본차 수입 제한 조치를 피하고자 아예 미국 현지에서 생산해서 판매하기로 했다.

그 결과, 단순히 시간을 버는 데 급급했던 미국 자동차 기업들의 계책은 실패했다. 그들은 미국 본토로 밀고 들어오는 일본 자동차 기업들의 발걸음을 저지하지 못했다. 미국 소비자들은 금세 도요타의 고급 승용차 렉서스LEXUS가 BMW와 크게 다르지 않고, 일본산 인피니티Infiniti의 판매가가 독일차의 2분의 1에 불과하다는 사실을 알게 되었다. 또 혼다HONDA가 1976년부터 이미 500만 대 이상의 자동차를 생산한 사실도 알았다. 미국 자동차 기업들은 당황해서 속수무책으로 당할 수밖에 없었다. 그들은 그제야 세계 자동차 시장을 호령하던 호시절이 끝난 것을 절감했다.

일본 자동차 기업들은 연비, 가격, 내구성, 애프터서비스 등의 경쟁우위를 내세워 미국 시장을 파고들었다. 그들은 미국 자동차 시장의 잠재 수요를 만족함으로써 시장점유율을 높였다.

어떤 시장이든 나보다 먼저 자리를 잡아 승승장구하는 '강자'가 있기 마련이다. 그러므로 시장에 들어가려면 강자의 약점을 찾고, 자신의 경쟁우위를 발휘할 줄 알아야 한다. 일반적으로 생산 규모, 조직구조, 노동 효율, 브랜드, 품질, 신용, 신상품 개발 및 관리와 마케팅 기술 등에서 유리한 조건들이 모여 기업의 경쟁우위를 만든다. 이는 기업 경쟁력의 전제조건이자 기초가 된다. 기업 경쟁력이란 기업이 상품과 서비스를 기획, 생산, 판매해서 시장경쟁에 참여하는 종합적 능력이다. 이렇게 중요한 능력을 기업의 경쟁우위가 결정하는 것이다.

스와치(SWATCH)의
경쟁우위

◆

　두 기업이 동시에 한 시장에서 같은 고객 집단을 대상으로 상품과 서비스를 제공할 때, 그중 한 기업이 다른 기업보다 이윤률 및 이윤 잠재력이 더 높다면 경쟁우위가 있다고 할 수 있다. 경쟁우위는 고객이 보기에 어떤 기업이 타사와 구분되는 차별화된 핵심 능력을 갖추었다는 의미다. 여기에는 경영진, 상품 구색, 규모, 품질 신뢰도, 활용성, 상품 디자인과 혁신성 등이 포함된다.

　1970년대 손목시계 시장의 주류는 전자시계와 쿼츠 시계였다. 이 두 종류의 손목시계를 제조하는 업체가 쏟아져 나오면서 그동안 시장을 독점하다시피 하던 스위스의 기계식 시계는 빛을 잃었다. 1973년부터 1983년까지 10년 동안 스위스의 세계 시장점유율은 43%에서 15% 아래로 곤두박질쳤다.

사태의 심각성을 인지한 스위스 시계 브랜드 두 곳은 일본 시계 제조업체들의 공격을 막아내고자 합병을 추진했다. 이 두 곳은 바로 오메가OMEGA를 소유한 SSIH와 라도RADO와 론진LOGINES을 소유한 ASUAG였다.

합병의 결과로 탄생한 새로운 기업 **SMH**는 초대 회장인 독일 기업가 니콜라스 하이에크Nicolas G. Hayek과 투자자들의 지원 아래, 수년에 걸쳐 연구와 개선을 거듭해서 전통적인 형태와 전혀 다른 완전히 새로운 형태의 손목시계를 출시했다. 이 시계의 가장 혁신적인 부분은 전통적으로 고수해 온 재질을 버리고 합금이나 플라스틱을 사용했으며, 부품을 시계 전면부에 두어서 뒤쪽 뚜껑이 필요 없게 한 점이다. 무엇보다 부품 수가 크게 줄어서 주문이 물밀 듯이 쏟아져 들어와도 충분히 감당할 수 있었다. 이런 변화로 생산 비용까지 낮아져서 상품 가격도 내려갔다.

그들은 이 새로운 손목시계를 스와치SWATCH라고 이름 지었는데, 첫 글자인 'S'는 생산지인 스위스와 '세컨드 워치second watch'에서 따왔다. 세컨드 워치는 사람들이 스타일과 옷차림에 신경 쓰는 것처럼, 두 개, 아니면 그 이상의 손목시계가 필요하다는 의미였다. 이는 모두 하이에크가 제안하고 주도한 일이었다. 그는 사람들이 스와치를 보고 완전히 새로운 관념, 즉 손목시계가 값비싼 사치품이나 시간을 알려주는 도구가 아니라 '손목 위의 패션'이라고 생각하기 바랐다. 저렴한 가격에 멋진 디자인까지 더해진 스와치는 젊은이들은 큰 사랑을 받았다.

1984년부터 새로 출시되는 스와치 시계들은 모두 상당히 기발한 이름을 달고 나와서 젊은 소비자들의 소비 욕구를 크게 만족시켰다.

그들은 스와치에 열광적인 반응을 보이면서 조급한 마음으로 빨리 또 새로운 디자인이 나오기를 기다렸다. 그러나 스와치는 서두르지 않고, 신상품 하나가 나오면 적어도 5개월 동안 생산을 멈췄다. 당시 많은 사람이 스와치를 하나 이상 보유했는데 시간과 장소, 상황에 따라 각기 다른 색과 디자인으로 착용하고 싶었기 때문이다.

현재 스와치는 전 세계 청소년들의 손목 위에서 가장 사랑받는 시계다. 그것은 이제 단순히 시간을 알려주는 기계가 아니라 일종의 문화와 신념을 전파하고, 패션에 대한 태도나 젊은 감각을 드러내는 상징이 되었다. 이미 상품 자체의 가치를 크게 뛰어넘은 것이다. 이에 관해 하이에크는 다음과 같이 말했다. "가장 즐거운 일은 스와치 덕에 스위스 시계 산업이 기술적으로 뛰어난 유럽과 북미를 앞섰다는 점입니다. 스위스의 전통적인 시계 제조기술을 그대로 따르면서도 말이죠. 상상력과 창의성, 반드시 성공하겠다는 의지로 스와치는 더 우수하고 실용적인 상품을 만들어냈습니다. 지금 우리 스와치는 확실한 사명이 있습니다. 계속 발전해서 더 재미있는 상품을 만들어내는 것이죠."

스와치의 사례에서 알 수 있듯이 스위스 시계 산업은 유럽, 북미, 일본 등지의 손목시계 제조사들과의 경쟁에서 승리하기 위해 다양한 방법을 모색했다. 서로 연합하기도 하고, 혁신적인 상품을 만들었으며, 마케팅에도 공을 들였다. 그 결과, 꾸준히 경쟁우위를 강화해서 최종 승리를 거두고 세계 최고의 지위를 군건히 지켜냈다.

또 끊임없이 새로운 상품과 서비스를 도입해서 기존의 것을 대체했는데, 이야말로 경쟁 구도를 바꾸고 결과에 직접적인 영향을 주는 가장 전략적이고 효과적인 방법이었다. 이렇게 하면 경쟁사가 공격적인 반응을 취하면서 경쟁우위가 약화되기 때문이다. 이 기간에 기업은 보통의 수준을 넘어서는 이윤을 얻을 수 있으므로 상당히 중요한 시기라 할 수 있다. 기업은 이 시기에 반드시 새로운 전략적 경쟁우위를 강화하면서 이전의 경쟁우위에 투자한 비용을 보상해야 한다. 그러니까 끊임없이 새로운 경쟁우위를 생성하는 것만이 기업이 할 수 있는 유일한 선택인 것이다.

기업을 하나의 정체整體로 보기 때문에 무엇이 진정한 경쟁우위인지 인식하기가 쉽지 않다. 또 경쟁우위의 근원이 워낙 광범위하다 보니 기업들이 서로 상대를 분석할 때는 통상 분야별로 비교한다. 예를 들어 상품 디자인, 제조기술, 판매경로, 브랜드 포지션, 가격 전략, 인재 구조 등을 비교하는 식이다.

기업이 경쟁우위를 유지하는 시간은 무척 중요하다. 경쟁업체가 다른 경쟁우위를 들고 나와 제대로 반격하기 전까지는 보통 수준을 뛰어넘는 이윤을 얻을 수 있기 때문이다. 이 시간의 길이는 주로 해당 업계의 상황에 따라 결정된다.

진입 장벽이 높은 분야, 예컨대 자동차, 텔레비전처럼 자금 밀집형 업계는 경쟁우위를 형성하는 데 긴 시간이 필요하다. 반면에 수리보수 및 서비스 분야는 상대적으로 짧은 시간이면 경쟁 우위를 형성하기 쉽다. 장기간 각고의 노력 끝에 일단 진입 장벽을 뚫으면 그 자체로 커다란 경쟁우위가 확보된다.

모든 면에서
경쟁우위를 확보하라

◆

기업이 생존하고 발전하려면 경쟁을 피할 수 없다. 특히 같은 종류의 대중화된 상품끼리의 경쟁은 더욱 치열한 법이다. 나날이 치열해지는 경쟁에서 승리하고 싶다면 반드시 경쟁우위를 확보하고 이를 효과적으로 발휘해야 한다. 하버드 비즈니스 스쿨Havard Business School 교수 마이클 포터Michael E. Porter는 세 가지 경쟁 전략, 즉 원가 우위Cost Leadership, 차별화Differentiation, 집중focus을 제시했다.

포터는 이 세 가지로 경쟁사들보다 더 앞서나갈 수 있다고 주장했다. 실제로 많은 기업이 포터가 제시한 세 가지 경쟁 전략을 응용, 실천하고 있다. 이는 CEO 낸시 루블린Nancy Lublin이 말한 "상품이 고유하고, 한정적이며, 월등히 좋거나 혹은 더 저렴할 때만이 최고의 자리에 오른다."와도 일맥상통하는 이야기다.

왕라오지王老吉는 홍콩에서 시작해 중국 전체로 퍼져나간 음료 브랜드다. 판매사인 광둥 자둬바오음료유한공사加多寶飮料有限公司는 1990년대 중반에 홍콩 '왕라오지 량차◆凉茶'의 라이센스를 사서 빨간색 캔에 담은 왕라오지 량차를 팔기 시작했다. 왕라오지 량차는 이전부터 광둥, 광시廣西 지역에서 인지도가 높았기 때문에 고정적인 소비자층이 꽤 되었다. 덕분에 몇 년에 걸쳐 꾸준히 판매액이 안정적으로 증가했다. 왕라오지는 초반 7년 동안 대박이 났다고 할 수는 없어도 묵묵히 이 지역의 시장을 고수하면서 자둬바오에 꽤 많은 이윤을 남겨주었다.

하지만 알다시피 기업은 늘 더 크게 발전하고자 한다. 게다가 라이센스 사용 기간이 20년인데 눈 깜짝할 사이에 벌써 7년이 흘렀으니 마음이 급했다. 이에 자둬바오는 더 커다란 시장으로 확장해서 왕라오지 브랜드를 더 성공시킬 계획을 세웠다.

그들은 자신들을 도와줄 파트너로 광저우廣州에 있는 마케팅 광고 회사 청메이成美를 찾아냈다.

청메이 회장 겅이청耿一成은 이렇게 회상했다. "처음에는 '스포츠와 건강'을 테마로 올림픽 협찬 광고 영상을 찍어달라고 하더군요. 그걸로 전국에 브랜드를 광고할 생각이었습니다. 계약하고 준비하는데, 가만히 보니까 광고 영상만 하나 찍어서 해결될 문제가 아니더라고요. 문제는 브랜드 포지션이 불명확한 점이었습니다. 왕라오지를 7년이나 팔았지만, 자둬바오는 그게 어떤 음료인지 제대로 설명하지 못했습니

◆ 체내의 열을 내리고 독을 해소할 수 있는 효과를 지닌 차. 사계절이 덥고 습도가 높은 광둥, 광시 현지인들의 일상에서 중요한 역할을 하는 음료다. 2006년에 중국의 무형문화재로 지정되었다.

다. 당연히 소비자도 뭔지 몰랐죠. 그런데도 1년에 1억 위안이 넘는 판매액을 올리는 걸 보면 분명히 시장이 존재한다는 이야기였습니다. 소비자의 어떤 수요를 만족하고 있었던 거죠. 그게 명확하게 뭔지는 몰랐지만요."

수많은 회의와 소통을 거친 후, 자뒈바오는 광고 촬영을 잠시 중단하자는 청메이의 제안을 받아들이고, 그에 앞서 왕라오지의 브랜드 포지션을 확정하는 일을 먼저 하기로 했다. 이후 두 달 동안 청메이는 시장조사와 연구를 거쳐 수백 년 역사를 자랑하는 왕라오지 량차가 '상초열* 上焦熱'을 예방하는 약효가 있는 음료임에도 이 점이 제대로 알려지지 않았다는 사실을 밝혀냈다. 소비자들은 왕라오지는 알아도 그러한 약효는 인지하지 못했다. 청메이는 '상초열 예방'이 왕라오지의 경쟁우위라고 보고, 이를 다른 음료수와 확연히 구분되는 브랜드 포지션으로 삼을 것을 제안했다.

2003년 설 연휴가 끝난 후, 청메이는 왕라오지가 다른 음료와 구분되는 브랜드 포지션으로 '상초열을 예방하는 음료'를 내세우고, 전국적인 광고 프로모션의 첫발을 내디뎠다. 그들은 소비자들이 왕라오지를 완전히 새롭게 인식하도록 기억하기 쉬운 광고 문구 '뜨거워지고 싶지 않으면 왕라오지를 마셔요!'를 내놓았다. 이 광고 문구는 왕라오지의 상품특성을 드러내는 동시에 그동안 잘못되었던 브랜드 포지션을 완전히 바꾸어놓았다.

'약이 아닌 음료로 상초열을 예방할 수 있다!' 이것이 바로 왕라오지

◆ 절한방에서 신체 위쪽으로 열이 오르는 증상을 가리키는 말이다.

광고가 표방하는 내용이었다. 이후 중국인들은 왕라오지를 가볍고 시원하며 기분 좋은 이미지로 인식하기 시작했다. 이전에 약인지 음료인지 모호했던 인식이 완벽하게 바로 잡힌 것이다.

또 자둬바오와 청메이는 왕라오지 광고에서 '상초열 예방'을 강조하고 '량차' 이미지를 약화했다. 지역색을 빼고 전국 시장을 겨냥해 좀 더 광범위한 소비자층을 공략한 전략이었다.

중국인이라면 누구나 상초열을 알고 있지만, 량차는 덥고 습한 화남華南 지역에만 국한된 음료였다. 소매가 3.5위안은 상초열 예방을 위해 기꺼이 지불할 만한 가격이었다. 경이청은 "이 광고로 중국인이 있는 곳이면 어디라도 왕라오지가 살아남을 수 있게 되었습니다."라고 자신만만하게 말했다. 기능성 음료 브랜드로 새롭게 시작한 왕라오지는 경쟁 상품과 완전히 구분해 자기만의 '상초열 예방' 기능을 강조하는 데 주력했다. 광고에는 훠궈를 먹는 모습이나 펄펄 끓는 음식을 등장시켜 소비자들이 '저런 음식을 먹을 때는 왕라오지가 필요하다'라고 생각하도록 유도했다. 이는 경쟁상품인 코카콜라나 캉스푸康師傅에게 없는 고유한 특성이었다. 이처럼 왕라오지는 자기만의 경쟁우위를 발판으로 시장세분화market segmentation에 멋지게 성공했다.

전통적인 경쟁 환경에서는 한 번 경쟁우위가 형성되면 수십 년 이상 계속되어 변화하지 않는다. 이처럼 상대적으로 안정된 경쟁 환경에서 선두기업의 목표는 자신의 경쟁우위를 유지하면서 일종의 균형 상태를 만드는 것이다. 이때 나머지 기업들은 선두기업이 '하사하는' 생존의 기회에 감사해하며 자신의 위치에 만족한다. 이런 경쟁은 한없이 평화롭다.

그러나 초경쟁 환경에서는 이처럼 평화로운 균형 상태가 오랫동안 유지되기 어렵다. 기업들은 적당한 전략과 행위로 단기적인 경쟁우위를 획득하는 동시에 시장의 균형을 흔들어 다른 기업의 경쟁우위를 파괴해야 한다.

초경쟁 환경에서 기업의 성공 여부는 하나의 경쟁우위에서 다른 경쟁우위로 신속하게 전향할 수 있는가에 달렸다. 쉽게 말해 계속 경쟁우위를 내놓아야 성공한다는 이야기다. 만약 업계의 어떤 기업이 빠르게 더 높은 수준으로 이동한다면 다른 기업들은 반드시 이를 따라 올라가야 한다. 그렇지 않으면 남은 결말은 도태와 시장 퇴출뿐이기 때문이다. 이런 이유로 선두기업은 점점 더 빠르게 높은 수준으로 올라가려고 할 테고, 비선두기업들은 이런 상황이 매우 불만족스러울 것이다. 선두기업이 자신들을 무너뜨리려고 하지 않아도 말이다.

대신 초경쟁 환경에서는 꼭 선두기업이 아니라 작은 기업도 먼저치고 나가서 업계 전체의 수준을 한 단계 높일 수 있다. 이 기업은 다른 기업들을 압박해서 배수의 일전을 치르거나 경쟁에서 도태되게 만들 것이다. 그러므로 기업들은 반드시 경쟁우위를 확보하고 최대한 길게 유지하기 위해 잠시도 노력을 게을리해서는 안 된다.

경쟁우위는 단순히 어느 부분에서 뛰어나다는 개념을 넘어서 기업 전체의 명운을 결정하는 중요한 요소다. 한두 가지 방면에서 남들보다 뛰어나봤자 큰 의미는 없다. 지금처럼 나날이 치열해지는 경쟁 환경에서는 모든 면에서 경쟁우위를 확보해서 종합적인 우위를 유지해야 비로소 효과가 나고 기업 전체의 발전을 도모할 수 있다.

마케팅 계획,
장단기를 반드시 구분한다

◆

기업의 마케팅 목표는 기간에 따라 단기 목표와 장기 목표로 나뉜다. 이 두 가지를 확정하면 여기에 근거해 다시 마케팅 전략을 세울 수 있다. 안타깝게도 많은 경영자가 마케팅 목표의 중요성을 모른다. 알더라도 장기 목표와 단기 목표를 크게 구분하지 않는데 이러면 기업 마케팅의 방향과 실제에 혼란이 발생하기 쉽다. 이 두 가지는 전혀 다른 것임을 명심해야 한다.

일단 장기든 단기든 둘 다 마케팅 목표다. 그렇다면 마케팅 목표란 무엇일까? 마케팅 목표는 마케팅 전략과 행동 방안을 모의 예측하고 이에 따라 실제 마케팅의 방향과 지침, 기간을 확정하는 것을 의미한다.

단기 마케팅 목표는 1~2년의 목표로 중장기 마케팅 목표를 구체화, 현실화, 실현 가능화한 가장 명확하게 눈에 보이는 목표라고 할 수 있다. 장기 마케팅 목표는 보통 5년 이상의 목표로 기업이 특정한 전략을 통해 기대하는 결과를 가리킨다.

간단하게 말해서 단기 마케팅 목표는 장기 마케팅 목표를 실현하는 데 필요한 물질적 보장을 유지하는 행위라 할 수 있다. 장기 마케팅 목표는 몇 개의 단기 마케팅 목표로 나뉘어 실현 가능한 계획이 된다. 이 외에 단기, 장기 마케팅 목표는 다음과 같은 관계가 있다.

첫째, 장기 마케팅 목표는 기간 제한이 없거나 뚜렷하지 않다. 반면에 단기 마케팅 목표는 기간 제한이 명확해서 일시적으로 최선을 다해 기간 안에 해내야 하고, 기간이 지나면 새로운 목표로 대체될 수 있다.

둘째, 장기 마케팅 목표는 광범위하며 포괄적인 어휘, 예컨대 기업이나 상품 이미지, 형태, 인식 등으로 표현된다. 반면에 단기 마케팅 목표는 훨씬 구체적이어서 '특정한 시간 안에 특정한 임무를 완성한다'라는 식으로 표현된다. 전자는 지속적인 특성 탓에 지금 당장 보기에는 달성하기 어려울 수도 있지만, 후자는 상대적으로 달성하기 쉬운 것이다.

셋째, 장기 마케팅 목표는 보통 관련된 외부환경의 변수를, 단기 마케팅 목표는 기업 내부의 자원 이용 방법 등을 이야기한다.

넷째, 장기 마케팅 목표는 업계나 시장의 리더가 된다거나 소비자의 인정을 얻는 것 등을 목표로 삼는다. 반면에 단기 마케팅 목표는 회사의 자원을 어떻게 이용할지를 확정하고, 이를 통해 기대한 성과를 얻기를 바란다.

기본적으로 장기든 단기든 마케팅 목표는 모두 수치화된 방식으로 표현되어야 한다. 물론 두 가지의 측정 방식은 다르며, 장기 마케팅 목표는 정확하게 계측하기 어려울 수도 있다. 예컨대 장기 마케팅 목표라면 '종합 판매의 원가율이 업계에서 가장 낮게' 등의 방식으로 표현해야 한다. 어쩌면 이것을 1년 안에 달성할 수 있을지도 모르지만, 현실에 존재하는 여러 문제 탓에 기간을 명확히 확정하기는 어렵다.

단기 마케팅 목표와 장기 마케팅 목표의 구분은 상대적인 것으로 전자가 누적되면 후자가 된다고 보면 된다. 단기 마케팅 목표는 장기 마케팅 목표의 기초가 되고, 장기 마케팅 목표는 단기 마케팅 목표에 방향을 제시한다. 목표를 실현하기 위한 마케팅 전략은 장기, 단기 마케팅 목표처럼 영감을 주는 설명일 뿐 아니라 일종의 정확한 지침을 제공해야 하는데, 이 지침은 마케팅 목표를 세움으로써 완성된다.

단기 마케팅 전략은 전체 마케팅 계획의 마지막 구성요소라 할 수 있다. 여기에는 관련 마케팅 활동 계획은 물론이고 자원을 효과적으로 운용하는 일, 실재하거나 잠재된 마케팅 기회를 개발하는 일이 포함된다. 이때 마케팅 운영자나 담당자의 능력과 효율이 상당히 중요하다. 이들은 항상 여러 종류의 수많은 활동을 직접 처리하고 궁극적으로 장기 마케팅 목표를 달성을 향한 길 위에서 단기 마케팅 목표를 하나씩 차근차근 완성해야 한다.

콧대 높은 오메가의 고객 맞춤 마케팅

오메가는 명품 시장에서도 아주 콧대 높은 최상급 브랜드다. 물론 그들의 성공은 결코 우연이 아니며 장기간 엄청난 경쟁을 통해서 소비자들의 인정을 받은 결과다.

요즘 소비자들은, 특히 명품 시장의 소비자들은 상품 자체보다 그 안에 담긴 무형의 가치에 더 주목한다. 아니 훨씬 더 중요하다고 해도 과언이 아니다. 명품 브랜드의 보이지 않는 가치는 반드시 상품의 가치보다 더 높아야 한다. 대체 어떻게 해야 무형의 가치를 높이고 더 많은 소비자의 이목을 끌 수 있을까? 어떻게 해야 치열한 브랜드 경쟁에서 살아남을 수 있을까? 오메가는 중국에 진출하면서 그 해답을 내놓았다.

단언컨대 브랜드의 성공은 소비자에 달렸다. 소비자를 매혹하려면 가장 과학적이고 창의적인 마케팅 전략이 꼭 필요하다. 마케팅 전략은 면밀한 시장 연구, 표적고객, 광고 전략은 물론이고 소비자의 성격, 취미, 라이프스타일, 습관까지 사소한 것 하나까지 전부 연계된 일종의 학문이다.

오메가는 중국 시장 진출을 준비하면서 표적고객 집단을 '25~50세의 성공한 남녀'로 확정했다. 더 자세한 시장조사 결과, 이 고객 집단은 각자의 사업이나 분야에서 번듯하게 성공했으며, 교양 있고 호들갑스럽지 않게 조용히 움직이면서도 명품 소비를 즐기는 사람들로 밝혀졌다. 사실 중국의 명품 시장은 다른 나라의 그것과 사뭇 다르다. 중국의 명품 소비자들은 화려함, 고급스러움을 추구하는 동시에 실용성도 무척 중요하게 생각한다. 아무리 돈이 많은 부유층이어도 가성비가 떨어지면 사지 않았다. 그러다 보니 수십만 위안에 달하는 오메가 시계는 중국 시장에서 상대적으로 수요가 그다지 크지 않았다.

심층 연구를 거친 오메가는 표적고객 집단을 다시 몇 개로 세분화했다. 그중에는 명품 브랜드 자체를 좋아하는 소비자도 있었고, 명품의 아름다움과 실용성을 좋아하는 소비자도 있었다.

수많은 연구와 분석 끝에 오메가는 중국 진출 계획을 최종적으로 확정했다. 그들은 우선 매장의 건축, 디자인, 인테리어 등을 통일했다. 전부 거의 똑같은 모습으로 딱 보면 오메가 매장임을 알 수 있게 했다. 매장의 인테리어나 주요 색감과 분위기가 소비자의 구매 결정에 많은 작용을 하기에 포인트는 중국인들의 기호에 맞춰 붉은색으로 했다. 매장의 상품 진열대와 조명 박스까지 전부 붉은색과 흰색을 조화롭게 써 열정적이고 우아한 브랜드 스타일을 드러냈다. 또 오메가는 중국 현지의 소비 능력과 경제 수준을 고려해 매장을 신중하게 배치했다. 이렇게 해서 상하이에 두 곳, 베이징과 선양瀋陽에 각각 한 곳씩 오메가의 대형 플래그 숍이 열렸다.

광고에도 여력을 아끼지 않고 충분히 투자했다. 통계에 따르면 중국 인쇄 매체에 등장한 손목시계 브랜드 광고의 25%가 오메가의 광고라고 한다. 오메가는 모든 중국 소비자가 이 브랜드를 알기를 바랐으므로 광고모델이나 홍보대사 역시 각각의 소비자층이 선호하는 사람으로 다양하게 내세웠다. 특히 홍보대사 선정에 공을 들이는 걸 보면 그들이 광고에 얼마나 공을 들이는지 알 수 있다.

스포츠 시계의 경우, 40세 정도의 성공한 남성을 타깃으로 'F1 황제' 카레이서 미하엘 슈마허Michael Schumacher를, 더 젊은 층을 공략할 때는 세계적인 수영선수 알렉산더 포포프Alexander Popov를 내세웠다. 여성용 손목시계의 홍보대사는 미녀 테니스 선수 안나 쿠르니코바Anna Kournikova를 기용했다. 각 분야의 슈퍼스타를 홍보대사로 모시는 동시에 브랜드 자체의 문화와 혁신성 향상에도 집중한 것이다. 이야말로 무엇보다 중요한 무형의 가치였다.

오메가가 여러 홍보대사를 기용하고 다양한 광고 활동을 진행한 까닭은 소비자를 세분화해서 각각의 수요에 맞춰 공략하고자 했기 때문이다. 그들은 시장을 전방위적으로 세분화한 덕분에 이미 커다란 경쟁 우위를 안고 광활한 중국 명품 시장을 개척할 수 있었다.

 다음은 오메가가 중국 명품 시장에 성공적으로 착륙할 수 있었던 이유다.

1. 훌륭한 상품
2. 꾸준한 디자인과 그 안에 담긴 문화의 통일성
3. 과감한 브랜드 광고 투자
4. 명확한 상품 및 브랜드 포지션 구분
5. 능수능란한 마케팅과 서비스 시스템

명품 시장에서는 상품이나 브랜드의 '캐릭터'를 쌓는 일이 가장 중요하다. 여기서 말하는 캐릭터란 이 명품에 대한 이해와 인식을 가리킨다. 사실 소비자는 자신이 무엇을 원하는지 정확히 모른다. 소비자들의 선택은 수시로 외부 세계의 영향을 받으므로 기업은 브랜드 문화를 전파함으로써 그들에게 영향을 미칠 수 있다. 소비자가 특정 상품에 느끼는 매력 역시 이로부터 생겨난다. 물론 쉬운 일은 아니다. 성공적으로 소비자를 감화시키려면 그들의 소비 심리, 소비 습관, 소비 능력 등을 정확하게 이해해야 하는데 이때 가장 필요한 것이 바로 시장 세분화다. 시장을 세분화해서 각각의 소비자 집단이 원하는 것을 정확하게 파악하고 이를 경쟁우위로 삼아 다른 기업보다 한발 먼저 나아가 시장을 장악해야 한다.

시장세분화로 성공률을 높인다

마케팅은 기업의 생존과 발전전략의 핵심이 되었다.

기업은 국내외 시장에 뛰어들기 전에 반드시 표적시장을 확정해야 한다.

그러므로 기업의 마케팅 전략 연구는 곧 시장을 연구하는 일이다.

국내외의 변화무쌍한 시장 상황 속에서 기회를 찾고, 자신에게 가장 알맞은 시장을

선택하려면 온 힘을 다해 마케팅 최고의 무기, 바로 시장세분화에 매진해야 한다.

시장세분화의 정석을 보여준 밀러 맥주

◆

　현대에 들어 마케팅은 기업의 생존과 발전전략의 핵심이 되었다. 기업은 국내외 시장에 뛰어들기 전에 반드시 표적시장을 확정해야 한다. 그러므로 기업의 마케팅 전략 연구는 곧 시장을 연구하는 일이다. 국내외의 변화무쌍한 시장 상황 속에서 기회를 찾고, 자신에게 가장 알맞은 시장을 선택하려면 온 힘을 다해 마케팅 최고의 무기, 바로 시장세분화에 매진해야 한다.

　시장세분화란 소비자 수요층별로 시장을 나누는 과정이다. 비슷한 선호와 취향을 가진 소비자를 묶어서 나눈 몇 개의 고객 집단을 세분시장segment이라고 하며, 이 중에 자신에게 알맞고, 발전 가능성이 잠재된 집단을 골라 마케팅 자원을 투입한다. 기업은 시장세분화를 통해 한정된 자원을 정확하고 효율적으로 집행할 수 있다. 시장세분화는 상품이 아니라 소비자 집단에 대한 것이다.

담배 브랜드 말보로Marlboro는 알아도 생산업체인 **필립모리스**Philip Morris는 잘 모르는 경우가 많다. 미국의 담배 제조 및 판매업체인 필립모리스는 1970년에 밀러 맥주Miller Brewing Company를 인수했다. 당시 밀러는 시장점유율 4%로 업계 7위 정도였다.

필립모리스는 인수한 지 5년 만에 밀러의 시장점유율을 업계 2위로 끌어올렸다. 이후에도 꾸준히 성장을 거듭한 밀러 맥주는 1983년이 되자 시장점유율이 21%까지 올랐다.

밀러의 기적은 필립모리스가 말보로 담배에 사용했던 것과 같은 마케팅 전략, 바로 시장세분화를 실시했기에 가능한 일이었다. 실제로 모든 마케팅은 소비자의 수요와 요구를 연구하는 데서부터 시작되어야 한다. 그에 따라 시장을 세분화한 후에 자신에게 가장 알맞은 적당한 시장을 찾아 광고와 판촉을 집중적으로 공략하는 것이다.

밀러의 성공은 미국 맥주 업계에 만연했던 잘못된 고정관념을 바꿔 놓았다. 이전에 이 업계 사람들은 맥주 시장이 다 똑같아서 한 종류의 상품과 포장만으로도 충분히 소비자를 만족시킬 수 있다고 생각했다.

그러나 필립모리스는 밀러를 인수하자마자 가장 먼저 기존 상품인 하이라이프High Life를 '맥주의 샴페인Champagne of Beer'이라는 말로 완전히 새롭게 포지셔닝했다. 그들은 이 말 한마디로 맥주를 마시지 않던 여성과 고소득 소비자들의 마음을 사로잡았다. 또 밀러는 전체 맥주 소비자의 30%가 맥주 총소비량의 80%를 차지한다는 조사에 주목했다. 이들은 대부분 블루칼라의 노동자들이었다. 이에 밀러의 맥주 광고에는 석유 시추에 성공한 노동자들이 환호하는 장면이나 청년들이 시원하게 부서지는 파도 속으로 뛰어 들어가는 장면이 등장했다. 강하고 에너지 넘치는 남성들의 이미지를 강조한 것이다. 밀러의 광고 전략은 완벽하게 적중했고, 장장 10년 동안 맥주 애호가들의 큰 사랑을 받았다.

그들은 이 정도에 만족하지 않고, 끊임없이 또 다른 세분시장을 찾았다. 그 결과, 살찔까 봐 걱정하거나 나이가 많은 소비자를 위해 기존의 12oz(온스)보다 작은 7oz짜리 캔맥주가 출시되었다. 놀랍게도 소비자들은 이 '귀여운' 캔맥주에 열광했고, 비만이나 건강 걱정 없이 맥주를 즐겼다.

1975년, 밀러는 저열량 맥주인 밀러 라이트Miller Lite를 내놓았다. 사실 이전에도 저열량 맥주를 생산한 회사들이 있었다. 하지만 표적고객을 다이어트하는 사람으로 한정하는 바람에 소비자들은 이 맥주를 '다이어트 음료'로 인식했다.

사실 아무리 열량을 낮췄어도 다이어트를 하는 사람은 애초에 맥주를 안 마신다. 결과적으로 소비자들은 저열량 맥주를 '맛도 없고 약한' 맥주로 인식했다.

반면에 밀러는 밀러 라이트를 출시하면서 도수가 낮은 맥주를 좋아하는 사람에게 추천했다. 동시에 유명 운동선수를 광고모델로 기용해서 열량을 3분의 1이나 줄였기 때문에 많이 마셔도 뚱뚱해지지 않는다는 점을 강조했다. 포장에는 건장한 남성의 실루엣을 사용해서 '약하다는' 이미지를 불식시켰다. 밀러 라이트는 믿기 어려울 정도로 엄청난 성공을 거두었다.

이외에 밀러는 품질이 우수한 밀러 제뉴인 드래프트Miller Genuine Draft를 출시해서 업계 1위인 부쉬 비어Busch Beer와 치열한 경쟁을 벌였다. 이번에도 큰 성공을 거두었으며, 소비자들은 특별한 장소에서 손님을 대접할 때 밀러 제뉴인 드래프트를 떠올리게 되었다.

밀러는 치밀한 시장세분화를 통해 판매량의 수준을 높이고, 잠재된 시장을 발굴해 큰 성공을 거두었다.

차이가 뚜렷하고 다양한 소비자 수요는 시장세분화의 좋은 밑거름이 된다. 기업은 이런 차이와 다양성 속에서 유사성을 찾아내 소비자 집단을 분류하고 적극적으로 기회를 만들어야 한다. 시장세분화의 기초 위에 특정한 하나 혹은 몇 개의 시장을 선정해 마케팅 자원을 집중적으로 투입할 대상으로 삼아야 한다.

표적시장 확정은 반드시 시장세분화의 기초 위에서 이루어져야 하므로 시장세분화는 마케팅 활동의 기본이다. 시장세분화를 통해 표적시장을 확정함으로써 소비자 수요를 정확히 만족할 수 있을 뿐 아니라 경쟁을 회피할 수도 있다. 여기서 말하는 경쟁 회피에는 무의미한 경쟁에 참여하지 않고, 상대방의 공격을 차단한다는 두 가지 의미가 모두 담겨 있다. 그러므로 기업은 반드시 시장세분화에 공을 들여서 표적시장을 확정하고 정확한 마케팅 전략을 세워야 한다. 그리고 모든 과정에서 최종 목표는 경쟁에서 이기는 것이 아니라 소비자의 수요를 만족하는 것임을 잊지 말아야 한다.

어떻게 시장을
세분화할 것인가?

◆

시장세분화는 1950년대 중반에 미국의 웬델 스미스Wendell Smith가 처음 제시했다. 그는 시장세분화를 기업이 시장을 연구해서 소비자의 수요와 요구, 구매 행위와 습관 등의 차이점을 파악하고, 이에 근거해서 전체 시장을 몇 개의 소비자 집단으로 분류하는 과정이라고 했다. 이렇게 분류된 소비자 집단은 각각의 세분시장이 되고, 모든 세분시장은 유사한 수요 편향을 지닌 소비자로 구성된다.

시장세분화의 방법으로는 다음의 네 가지가 있다.

(1) 종합 요소 세분화

소비자 수요에 영향을 미치는 두 개 혹은 그 이상의 요소로 시장을 세분화하는 방법이다. 예컨대 생활방식, 소득 수준, 연령의 세 가지 요소를 가지고 여성복 시장을 여러 세분시장으로 나눌 수 있다.

(2)단변량 분석

소비자 수요에 영향을 미치는 가장 중요한 요소를 변수로 삼아 시장을 세분화하는 방법이다. 기업의 경영 상황, 업계 경험, 고객에 대한 이해를 기초로 소비자를 효과적으로 분류할 수 있고, 기업의 마케팅 자원이 효과적으로 대응할 수 있는 변수를 찾아야 한다.

(3)연계 요소 세분화

여러 개의 연계 항목을 가지고 일정한 순서에 따라 단계적으로 시장을 세분화한다. 전체에서 세부로, 얕은 수준에서 깊은 수준으로 점진적인 세분화가 가능하다.

(4)주요 요소 배열법

가장 주요한 요소로 시장을 세분화하는 방법이다. 예를 들어 성별에 따라 화장품 시장을 세분화하거나 연령대로 의류 시장을 세분화하는 식이다. 간편하지만 복잡 다변한 소비자 수요를 정확하게 반영하기 어렵다는 단점이 있다.

그렇다면 시장세분화의 단계는 어떠할까?

첫째, 상품시장의 범위를 선정한다.

모든 기업은 성공하고자 하는 임무와 추구하는 목표가 있고 이는 발전전략의 근거가 된다. 일단 시장 진입을 결정했다면 가능한 상품시장의 범위를 선정하는 일이 급선무다.

예를 들어 한 주택임대 기업이 소박한 소형 빌라를 지을 계획이다. 그들은 상품의 특성, 예컨대 크기나 소박함 등을 근거로 저소득 가정을 목표 고객으로 삼으려고 했지만, 실제 시장 수요를 분석했더니 저소득 가정이 아닌 잠재고객이 의외로 많다는 사실을 알게 되었다. 그렇다면 반드시 상품시장의 범위를 재조정해야 한다.

둘째, 세분시장의 수요공급 상황을 분석한다.

앞서 설명한 시장세분화의 방법을 이용해서 전체 시장을 세분화한 후, 그 결과인 각 세분시장의 상황을 꼼꼼히 살핀다. 각 세분시장에는 어떤 수요가 있는가? 수요량은 얼마인가? 언제, 어떤 상품이 필요한가? 고객은 어떤 수준의 가격을 받아들이는가? 이 세분시장의 공급 기업은 몇 곳인가? 공급 상황은 어떠한가?…… 이처럼 수요공급 및 경쟁 상황에 관한 면면을 실제 자료에 근거해서 여러모로 판단하고 세분시장을 정확히 인식하는 단계다.

셋째, 공동 수요를 배제한다.

기업은 모든 세분시장에서 발견되는 공동의 수요를 배제해야 한다. 예컨대 주택임대 사업에서 재난 대비나 방범안전 등의 수요는 거의 모든 잠재고객이 바라는 것이다. 상품에 관한 정책 결정 과정에서는 이를 고려할 수 있겠지만, 세분시장을 분류하는 근거로 삼아서는 안 된다.

넷째, 각 세분시장을 명확히 구분한다.

공동 수요를 배제하고 남은 수요를 심층적으로 분석한 후, 각 세분시장의 특징에 맞춰 이름을 붙여 구분한다.

다섯째, 각 세분시장의 소비자 수를 계측한다.

각 세분시장의 전체 소비자 수, 잠재고객의 수 등을 정확히 계측해야 한다.

작게 쪼갤수록
기회는 커진다

◆

기업은 소비자의 서로 다른 특징에 따라 시장을 세분화할 수 있다. 예를 들어 비슷한 이익을 추구하는 집단, 취향이 같은 집단, 같은 연령 대의 집단, 소득수준이 같은 집단, 같은 업계에서 일하는 집단 등이 있 다. 하지만 이러한 세분화는 너무 포괄적이고 광범위해서 실제 마케 팅 활동에는 그다지 적합하지 않으므로 좀 더 구체적인 시장세분화가 필요하다. 그래야 더 명확하게 표적고객을 인지하고, 그에 맞춘 마케 팅 전략과 방식을 채택할 수 있기 때문이다. 나아가 기존 시장 안에서 '발전 가능성이 있으나 그동안 발굴되지 않았던' 시장을 찾아내 기회를 얻고 자신만의 시장을 개척할 수 있다.

1940년대 중후반, **US시계**United States Time Corporation는 시장세분화 를 통해 미국 손목시계 시장을 세 종류의 소비자 집단으로 분류했다.

첫 번째 소비자 집단은 '최저 가격으로 시간을 알려주는 손목시계'를 구매하려는 사람들로 시장의 23%를 차지했다. 두 번째 소비자 집단은 그보다 높은 가격을 내더라도 '정확하고 내구성이나 디자인이 훌륭한 좋은 손목시계'를 원했다. 이들은 전체 시장의 46%를 차지했다. 마지막으로 세 번째 소비자 집단은 '고급 시계'를 원하는 사람들로 미국 손목시계 시장의 31%를 차지했다. 그들은 상징적이거나 감정적인 가치를 추구하며 자신이나 타인을 위한 선물로 손목시계를 구매하는 편이었다.

당시 유명한 시계 제조업체는 모두 세 번째 소비자 집단을 표적시장으로 삼아 고가의 손목시계만 제작했다. 광고와 판촉 활동 역시 선물을 많이 구매하는 때인 졸업이나 크리스마스 시즌에만 활발하게 했다. 주요 판매처는 대형 백화점이나 보석점 등이었다.

그 바람에 미국 손목시계 시장의 69%를 차지하는 첫 번째와 두 번째 소비자 집단은 수요를 전혀 만족하지 못했고, US시계는 이 기회를 알아보았다.

US시계는 첫 번째와 두 번째 소비자 집단을 표적시장으로 삼고, 신속하게 움직여 시장에 진입했다.

그들은 이 두 개 소비자 집단의 수요에 근거해서 마케팅 자원을 배치하고 전략을 수립해서 타이맥스TIMEX라는 새로운 손목시계 브랜드를 시장에 선보였다. 타이맥스 손목시계는 저렴하고 품질이 뛰어나며 보증기간이 1년으로 소비자들의 큰 사랑을 받았다.

US시계는 시장세분화를 통해 아직 충분히 발굴되지 않은 소비자 집단을 발견했으며 이들을 대상으로 값싸고 좋은 시계를 공급했다. 이처럼 시장세분화는 기업이 기회를 발견하고 마케팅 전략을 발전시켜 최종적으로 시장점유율을 높일 수 있는 가장 유력한 수단이다.

과학적이고 정확한 시장세분화는 기업이 성공으로 가는 지름길이다. 시장세분화를 진행할 때는 다음 네 가지 요소의 영향을 반드시 고려해야 한다.

1 | 인문 문화 요소

소비자의 구매 행위에 가장 큰 영향을 미치는 요소로 반드시 신중하게 다루어야 한다. 여기에는 나이, 성별, 가정환경, 인종, 직업, 교육 수준, 소득수준, 배경 등이 포함된다. 각 항목의 구체적인 내용으로 시장세분화를 진행해야만 가장 적합한 표적시장을 찾을 수 있다.

2 | 지리적 요소

지리적 요소는 서로 다른 기준에 따라 다양하게 나눌 수 있다. 예컨 대 연해, 내륙, 산간, 평원 등으로 나누거나, 도시, 농촌, 중소도시로 나눌 수도 있고, 아니면 경제가 발달한 지역과 쇠퇴한 지역으로 나누기도 한다. 지리적 요소의 특색을 파악하면 각 지역의 특징에 따라 알맞게 시장을 개척하는 데 유리하다.

3 | 행위 요소

소비자가 상품을 선택하고 구매해서 사용하는 모든 과정에는 직접적 혹은 간접적으로 일정한 동기가 작용한다. 개인의 어떤 가치에 대한 이익 추구일 수도 있고, 심신의 만족을 바라서일 수도 있다. 소비자가 상품을 선택하고 구매하는 과정, 사용하는 상황과 브랜드 충성도 등의 행위 동기는 모두 기업의 마케팅 효과와 시장점유율에 직접적인 영향을 미친다.

4 | 심리 요소

일반적으로 소비자의 소비 욕구와 행위는 심리의 영향을 받았을 가능성이 크다. 그러므로 소비자의 생활방식, 개성, 취향 등의 심리 요소에 근거해서 시장의 수요를 세분화하고 마케팅의 출발점으로 삼아야 한다. 생활방식만 해도 트렌드형, 소박형, 자유형, 비즈니스형 등 여러 가지로 나눌 수 있다. 기업은 이처럼 다양한 소비자들의 심리적 수요를 만족하는 데 주의를 기울이고, 그들의 마음을 사로잡을 수 있어야 한다.

시장세분화 전략의
두 가지 유형

◆

기업은 상품 시장 전체를 분석해서 다양한 소비자 수요를 분석하고, 그에 따라 소규모의 세분시장 여러 개로 분류해야 한다. 그런 후에 다시 자신과 업계의 환경, 경쟁 상황, 활용 가능한 모든 자원 등을 면밀하게 분석해서 경쟁우위와 기회를 찾아내고, 가장 적합하고 유리한 시장을 선택해야 한다. 분석과 선별의 과정을 통해 결정된 이 표적시장이야말로 기업이 성장하고 발전할 수 있는 디딤돌이 된다. 이런 의미에서 시장세분화 전략은 마케팅의 핵심이자 기초다. 시장세분화 전략은 일종의 경쟁우위 전략이기도 하다.

시장세분화 전략은 일반적으로 두 가지 유형이 있는데, 첫째로 집중 전략이다. 모든 마케팅 활동을 하나의 세분시장에 집중하는 전략이다. 정책결정자는 집중 전략을 실행하기 전에 어느 세분시장에 충분히 커다란 발전 공간과 규모가 있는지 반드시 명확하게 확인해야 한다.

그렇게 해서 선택된 세분시장 하나에 맞춰 통일된 마케팅 활동을 전개하고 커다란 시장을 개척하는 방식이다.

집중 전략은 중소기업에 적당하다. 중소기업이 무턱대고 시장에 뛰어들어서 대기업과 경쟁하는 일은 계란으로 바위 치기에 불과하다. 이런 기업들은 대기업이 뛰어들기에 적합하지 않은 소규모 시장의 특수한 수요를 공략해야 한다. 그렇게 소규모 시장의 잠재성과 기회를 발굴하면 거대한 발전의 공간을 지닌 새로운 시장으로 키울 수 있다.

둘째로, 차별화 전략이다. 서로 다른 기준으로 두 개 혹은 더 많은 소비자 집단을 찾아내고 이 몇 가지 시장에 동시에 각각의 마케팅 활동을 벌이는 전략이다. 차별화 전략은 집중 전략보다 상대적으로 더 복잡하고 전면적이라 할 수 있다. 이 과정에서 시스템 관리, 엄청난 자금, 명확한 포지셔닝이 필요하므로 보통 대기업의 마케팅 전략에 적합하다. GM이 대표적이다.

GM은 여러 상품 라인을 도입해 차별화 전략을 도입한 최초의 기업이다. 그들은 고급 차종인 캐딜락(Cadillac), 더 경제적인 차종인 쉐보레(Chevrolet), 그리고 이 두 가지 사이의 공백을 메우는 또 다른 상품 라인을 개발했다. 이를 통해 GM은 자동차 시장 전체를 공략했으며, 이 시장들을 다시 세분화해서 소비자 수요에 딱 맞는 상품들을 만들어냈다.

어른 장난감을 공략한 미국 토이저러스

　미국 장난감 소매업체인 토이저러스Toys "R" Us는 정확한 시장세분화로 성공을 거둔 기업으로 손꼽힌다.

　이전에는 장난감을 아동 전용 상품으로만 생각했기에 시장이 무척 작았지만, 지금은 시장이 커져서 일반 상품과 다를 바가 없다. 자료에 따르면 현재 미국에서는 매년 3,000여 개 종류의 장난감이 출시되며, 총 15만 종류가 넘는 장난감이 판매된다고 한다. 1980년대 이후, 장난감은 더 이상 아이들의 전유물이 아니게 되었고, 장난감을 구매하는 소비자는 다양한 연령층으로 확대되었다.

　토이저러스는 역사가 불과 30년 남짓이지만 명실공히 세계 최대의 장난감 소매업체다.

　그들이 치열한 경쟁을 이겨내고 꿋꿋이 버텨서 세계 최고의 자리에 오른 비결은 뭘까? 간단하다. 바로 시장세분화를 통해 각 세분시장에 가장 알맞은 마케팅 전략을 도입했기 때문이다. 그들은 이를 통해 경쟁력을 키워 커다란 성공을 거두고, 최종 승리자가 되었다.

　창립 이래, 꾸준히 무탈하게 발전하기만 하는 기업은 없다. 모든 기업은 언제나 하나 이상의 '난제'를 안고 있다. 가장 큰 난제는 역시 뭐니 뭐니 해도 '개성화, 다원화한 소비자 수요를 만족하려면 시장세분화 전략을 어떻게 적용해야 하는가?'다. 미국 이스턴 항공Eastern Air Lines은 시장세분화를 통해 눈이 번쩍 뜨일 만큼 새로운 '신혼여행 시장'을 발견했다. 그들은 매년 3,500만 달러가 넘는 영업액을 거두리라 예상하고 수백만 달러를 투자해 광고를 시작했다. 하지만 시장세분화 과정에서 기존 시장에 대한 연구가 불충분했던 탓에 표적시장이 명확하지 않았다. 이런 상황에서 계속 광고에만 투자하다가 결국 실패하고 말았다.

토이저러스는 같은 실수를 저지르지 않았다. 그들은 충분하고 조밀한 시장조사를 거친 후에 신중하게 시장을 세분화했고, 각 세분시장의 목표를 서로 연계해서 사업을 꾸준히 확장했다. 예를 들어 토이저러스의 마케터는 60세 전후의 소비자들을 인터뷰해서 다음과 같은 결론을 얻었다.

- 60세 이하의 기혼 남녀는 자녀나 손자를 위해 다양한 장난감을 구매한다.

- 60세 이하의 미혼 혹은 무자녀 기혼자들은 두 가지 이유로 장난감을 구매한다. 하나는 친척이나 친구에게 선물하기 위해서로 대부분 경우를 차지한다. 다른 하나는 자신의 심리적 만족을 위해서다.

- 60세 이상의 노인은 대다수가 장난감을 구매하고 있었다. 그들은 주로 자신을 위해 구매하지만, 명절 때는 장난감을 사서 자신이나 친구의 손자들에게 선물한다.

시장세분화 후 여러 차례 충분한 연구를 거친 토이저러스는 성인 소비자 시장을 찾아냈다. 그들은 이 시장의 발전 공간이 아주 크고 전도유망하다고 보았는데 그 근거는 바로 전통적인 생활 문화였다. 미국에서는 자녀가 성인이 되면 부모를 떠나 독립적으로 생활한다. 그러면 집에 노인 부모만 남게 되고, 특히 퇴직까지 하면 특별히 할 일 없어 적적하다. 또 무리 지어 노는 것을 좋아하는 중국인과 달리 미국인들은 작은 단독주택에 거주하면서 이웃 사이에 왕래도 무척 적다. 명절이 아니면 온 가족이 함께 모여 즐겁게 지낼 기회가 거의 없다. 이러한 생활환경 탓에 노인들은 심리적 만족을 주는 무언가가 필요한데 장난감은 이런 수요를 만족할 수 있는 아주 좋은 선택이었다.

토이저러스는 세분시장의 잠재 수요에 근거해서 성인을 위한 키덜트kidult 상품을 출시하고 대대적인 광고를 펼쳐 큰 성공을 거두었다. 그들은 퇴직한 노인뿐 아니라 자녀가 없는 부부와 독신자들도 비슷한 심리적 수요가 있다고 보고 표적고객 집단에 포함 시켰다.

기업이 기존 시장만 고수해서는 절대 발전할 수 없다. 기업은 언제나 민감하게 시장의 수요 변화를 파악하고 이를 기초로 시장을 **사 례 분 석** 더 명확하게 세분해야 한다. 또 표적시장의 수요를 만족할 방법을 찾고, 꾸준히 새로운 수익 포인트를 만들어야 한다. 소비자의 수요는 점점 더 개성화되므로 기업 역시 시장세분화를 멈추어서는 안 된다. 토이저러스는 소비자 수요의 흐름을 정확하게 파악해서 시장을 세분화했고, 이전보다 판매량을 몇 배나 올렸다. 이것이 바로 시장세분화의 힘이다.

기업은 상품으로 말한다

경영진은 브랜드, 포장, 서비스 등의 기초 위에서 시장 상황에 가장 알맞은 상품 구색,

다시 말해 표적시장의 수요를 충분히 만족하는 상품 구색을 확정하고 관련 시리즈

상품을 내놓아야 한다. 상품 구색은 단순히 마케팅 전략 하나로 해결되는 문제가 아니다.

상품이란 늘 너무 단순하거나 혹은 너무 복잡해서 소비자의 선택에 영향을 미치기 때문이다.

그러므로 기업의 경영자뿐 아니라 모든 직원이 철저한 분석과 이해,

수많은 소통과 논의를 통해서 상품 구색 및 관련 시리즈 상품을 신중하게 결정해야 한다.

세상에 상품을
내놓는 방법

◆

　한 기업이 생산 판매하는 전체 상품의 조합 방식을 가리켜 '상품 구색'이라고 한다. 일반적으로 기업은 하나 혹은 여러 개의 상품 라인을 운영하는데 이를 시리즈 혹은 대분류라 부른다. 하나의 상품 라인은 다시 하나나 여러 개의 상품 항목으로 나뉜다. 상품 항목은 서로 다른 표준, 형태, 디자인, 색상, 스타일, 취향 등을 담은 구체적인 상품을 가리킨다. 쉽게 설명해서 기업의 상품 피라미드에서 가장 꼭대기에 있는 것이 상품 구색, 가장 아랫부분에 있는 것이 상품 항목이다.

　1988년 **모토로라**Motorola는 누구보다 발 빠르게 중국에 진출했다. 하지만 중국에는 아직 이동통신 시장이 제대로 자리 잡지 못한 상황이었다. 그러다 보니 모토로라가 가장 먼저 할 일은 시장세분화가 아니라 업계와 시장 전체를 발전시키는 일이었다. 당시 중국인들은 호출기가 뭔지도 정확히 몰랐고, 모토로라는 중국을 거대한 잠재시장으로 보았다. 가장 큰 난제이자 급선무는 중국 소비자들에게 어떤 상품 구색을 선보이는가였다. 유럽과 미국에 이미 출시된 것과 같은 상품? 아니면 중국 소비자들을 위한 새로운 상품? 어떤 상품 구색이 중국 소비자들의 수요를 만족할 수 있을까?

시장조사를 마친 모토로라는 중국 이동통신 시장이 아직 초보 단계지만, 상품 및 기술에 대한 요구 수준이 꽤 높다는 사실을 알게 되었다. 그래서 그들은 상품 구색 문제는 잠시 미뤄두고 우선 모토로라의 호출기라는 상품을 널리 알리는 광고에 주력했다. 모토로라는 이 방식을 통해서 소비자들이 특정 상황에서 호출기를 사용하는 일을 자연스럽게 떠올릴 수 있도록 유도했다. 그 위에 모토로라는 상표명을 자연스럽게 조합해서 지명도를 올리기로 한 것이다.

다행히 중국 이동통신 시장은 끊임없이 발전했고, 소비자 수요도 변화했으며 아예 새로운 소비자 집단이 출현하기도 했다. 이에 모토로라는 다시 시장조사를 진행해서 이전보다 훨씬 다양해진 소비자 수요를 파악했다. 그들은 드디어 시장세분화를 시작하고, 각 세분시장에 알맞은 상품 구색을 내세우며 본격적으로 시장에 뛰어들었다. 동시에 광고에도 변화가 생겼다. 새로운 광고에서 모토로라의 호출기는 특정 상황뿐 아니라 어떠한 장소나 상황에서도 필요하기만 하면 사용할 수 있는 유용한 물건이 되었다.

시장이 빠르게 발전하면서 소비자 수요도 멈추지 않고 끊임없이 변화했다. 이에 모토로라는 새롭게 시장세분화를 진행했으며 가장 적합하고 유리한 세분시장을 개척하기 위해 새로운 전략 두 가지를 확정했다. 하나는 기존 소비자들이 계속 모토로라 호출기를 업무용으로 사용하도록 하는 전략이고, 다른 하나는 업무가 아닌 일상에서도 용도를 찾도록 하는 유도하는 전략이었다. 당시 모토로라는 시장세분화를 통해 전체 소비자 집단을 크게 세 종류, 새로운 통신장비를 찾는 소비자, 젊은 소비자, 화이트칼라 소비자로 나누었다. 그리고 각 소비자 집단이 원하는 수준의 기능과 디자인, 가격대를 갖춘 상품을 제시하고, 광고 역시 각각 다른 방식으로 진행했다. 그 결과, 모토로라의 호출기는 모두 큰 성공을 거두었다.

중국에 진출한 모토로라는 적당한 상품 구색을 내놓는 마케팅으로 성공했다. 그들은 소비자들에게 브랜드이미지를 확실히 심어준 후, 통일된 마케팅 전략의 지휘 아래 각 소비자 집단에 알맞은 상품 시리즈를 출시해 초기 중국 이동통신 시장에서 확고하게 자리매김했다.

기업의 경영자라면 소비자 수요와 시장 상황에 따라 상품 구색을 적절히 갖출 줄 알아야 한다. 상품이 아무리 좋아도 소비자가 원하는 상품을 적절히 조합해서 내놓지 못하면 아무 소용없다. 다음은 일반적인 상품 구색 방식이다.

1 | 상품 구색의 폭에 따른 방식

상품 구색의 폭은 해당 기업의 경영범위 및 다원화의 정도를 보여준다. 여기에 상품 구색의 수준까지 올리면 기업의 특장점을 발휘할 수 있으며, 마케팅 자원을 충분히 이용해서 경제 효익을 올리고, 위험을 줄일 수 있다.

2 | 상품 구색의 길이에 따른 방식

상품 구색의 길이란 상품 항목의 총수량을 의미한다. 상품 항목이란 서로 다른 표준, 형태, 디자인, 가격 등을 갖춘 가장 기본적인 상품 단위다. 통상 하나의 상품 라인에 여러 개의 상품 항목이 포함되었으며, 이 항목의 총수량이 바로 상품 구색의 길이라 할 수 있다.

3 | 상품 구색의 깊이에 따른 방식

상품 구색의 깊이란 각 상품의 종류를 가리킨다. 특히 상품 구색의 길이와 깊이는 기업의 각 세분시장에 대한 대응 정도를 반영한다. 상품 항목을 늘리고, 상품의 표준, 디자인, 스타일 등을 다양하게 해서 각 세분시장 소비자들의 서로 다른 수요와 편향에 맞춤으로써 더 많은 소비자 집단을 끌어들일 수 있다.

4 | 상품 구색의 관련성에 따른 방식

상품 구색의 관련성이란 용도, 생산조건, 소매 경로 등에서 각 상품 라인이 서로 얼마나 관련 있는가를 가리킨다. 상품 관련성이 높은 상품들을 갖추면 기업의 효익이 증가한다.

단일 상품이나 서비스만으로는 제대로 경쟁할 수 없다. 기업은 풍부한 상품과 서비스를 제공해야 하는데 그렇다고 무턱대고 늘리는 것이 능사는 아니다. 반드시 보유한 자원을 기초로 시장의 수요와 경쟁 상황의 변화에 근거해서 상품 라인이나 항목을 적절히 증감해야 한다. 이 과정에서 반드시 상품 구색의 균형을 유지하고 장기적인 이윤을 최대화하는 상품 구색을 완성해야 한다.

결국 답은
상품 혁신이다

◆

미국의 경영 컨설턴트 짐 콜린스Jim Collins는 저서 《좋은 기업을 넘어 위대한 기업으로Good to great》에서 이렇게 말했다. "연구에 따르면 기술혁신은 이미 위대한 기업과 좋은 기업을 구분하는 요소가 아니다. 이 말은 기술혁신이 중요하지 않다는 말이 아니라, 오직 기술혁신만으로는 충분하지 않다는 의미다. 치열한 경쟁이 펼쳐지는 오늘날, 기업이 번창하려면 탁월한 기술혁신과 더불어 마케팅 혁신이 꼭 필요하다. 그래야만 더 커다란 가치를 창조할 수 있다."

사실 기술혁신과 마케팅 혁신 두 가지 모두 가장 기본적인 기업 행위라 할 수 있으며 그 구체적인 방식은 무척 다양하다. 장기 발전전략의 관점에서 볼 때, 이 두 가지는 결국 '상품 혁신'으로 귀결된다. 상품 혁신은 하나의 커다란 프로젝트이며, 이 프로젝트를 위한 전방위적 전략 배치가 바로 상품 혁신 전략이라 할 수 있다. 여기에는 상품 혁신을

선택하고, 그 모델과 방식을 확정하고, 기술혁신을 비롯한 다방면의
지원을 받는 일 등이 포함된다.

1960년대 초까지 세계 손목시계 시장은 스위스 기업들이 완전히
장악하고 있었다. 일본의 **세이코**Seiko가 기계식 손목시계 몇 가지를 해
외 시장에 내놓기는 했지만, 품질이 그다지 좋지 않았다.

세이코가 스위스 기업들과 동등한 위치에서 경쟁하기 위해 선택한
첫 번째 조치는 바로 스위스의 기계 설비를 사 와서 손목시계 생산용
으로 개조해 사용한 것이다. 스위스 정부가 자국 산업을 보호하기 위
해서 시계 생산설비 수출을 법으로 금지했기 때문이다. 하지만 세이코
는 스위스 정부의 보호조치를 보기 좋게 깨뜨렸다. 또 그들은 오랜 노
력 끝에 손목시계에서 새로운 돌파구를 찾아냈다. 기계식 손목시계는
스위스에 기술적으로 훨씬 뒤쳐지지만, 쿼츠 시계라면 해볼 만했다.
쿼츠 시계 기술과 정확도는 오히려 스위스 기업보다 더 좋은 수준이었
다. 이렇게 해서 세이코는 쿼츠 전자식 손목시계 생산을 확정했다.

사실 이전에 스위스 기업들도 쿼츠 손목시계를 시장에 내놓은 적이
있었다. 하지만 소비자 반응이 미미했고, 생산원가가 너무 높아서 전
망이 없어 보여 곧 포기했다. 그들은 오직 어떻게 하면 기계식 손목시
계를 좀 더 정확하고 멋지게 만들지만 생각했다.

1969년 말, 세이코는 수년에 걸친 연구개발 과정을 거쳐 마침내 세
계 최초로 상용화된 쿼츠 시계인 쿼츠 아스트론Quartz Astron을 생산했
다. 이후 그들은 반도체 등의 주변 기술 발전에 힘입어 기존 기계식 손
목시계 조립생산 라인을 개선했다. 또 쿼츠 전자시계 기술을 쉬지 않

고 개발해서 쿼츠 아스트론의 소형화와 저비용을 실현했다. 얼마 후, 세이코는 회사의 모든 설비를 쿼츠 시계 생산에 투입했다. 기계식 손목시계는 완전히 포기한 것이다. 마침 기계식 손목시계를 차는 사람이 급감하면서 세이코의 쿼츠 시계는 거대한 시장을 확보했다. 그들이 이처럼 승승장구할 때, 스위스 시계 기업들은 줄도산했고, 간신히 살아남은 기업도 대규모의 인원 감축과 기업 구조조정을 피하지 못했다. 그들은 그제야 부랴부랴 쿼츠 시계 기술을 연구해서 1983년에 자동조립 시스템을 완성했다. 하지만 단순한 디자인의 저가 상품만 생산 가능했으며 이는 세이코보다 14년이나 뒤진 수준이었다. 반면에 세이코의 경쟁우위는 날로 높아졌다. 기존 상품만 고수하며 혁신을 게을리했던 스위스 기업들이 치른 대가는 혹독했다. 그들은 세이코라는 무시무시한 적수를 맞이해 칼 한 번 제대로 휘둘러보지 못하고 추풍낙엽처럼 쓰러졌다. 그 결과, 1970년에 40%이던 세계 시장점유율은 1985년에 6%로 곤두박질쳤다.

세이코는 상품 혁신을 명확한 경쟁우위로 삼았다. 덕분에 스위스 기업들과 경쟁하면서 유리한 위치를 선점했고, 세계 시장을 천천히 장악하면서 업계에서 무시할 수 없는 커다란 기업으로 성장했다.

우수한 기업은 소비자의 수요를 만족하지만, 위대한 기업은 스스로 시장을 창조한다. 전통적인 경영 방식은 기존 시장을 고수하면서 피동적으로 도전을 받아들이는 것이지만, 혁신적인 경영 방식은 기존 시장을 벗어나 주도적으로 기회를 찾는 것이다. 혁신의 의지와 능력만 충분하다면 세계 구석구석까지 시장을 확장할 수 있다.

다음은 기업 혁신 전문가 로버트 쿠퍼Robert G. Cooper가 저서 《신제품 개발 바이블Winning at New Products》에서 말한 상품 혁신의 유형이다.

- 완전히 새롭게 창조한 상품: 동류 상품군에서 최초의 것으로 완전히 새로운 시장을 창조할 수 있다. 전체 신상품의 약 10%를 차지한다.

- 새로 도입한 상품 라인: 시장과 소비자에게는 그다지 신선하지 않겠지만, 도입한 기업 입장에서는 새로운 상품이다. 전체 신상품의 약 20%가 여기에 속한다.

- 기존의 것을 보강한 상품: 기존 상품 시리즈의 일부분으로 만든 신상품이다. 비교적 많은 신상품이 이 유형에 속한다. 출시되는 전체 신상품의 약 26%를 차지한다.

- 새 버전으로 나온 상품: 이런 신상품은 전혀 새롭지 않으며 대개 기업이 이전부터 생산해온 상품의 대체품으로 나온다. 이전보다 개선된 기능과 더 큰 가치를 제공할 수 있다. 새로 개선된 신상품은 전체 신상품의 26%를 차지한다.

- 새롭게 포지셔닝한 상품: 기존 상품이 새로운 영역에 응용된 경우로, 새로운 시장에 포지셔닝하거나 다른 영역에 쓰이는 신상품을 가리킨다. 전체 신상품의 7%가 여기에 속한다.

- 생산원가를 낮춘 상품: 상품 혁신이라고 부르기는 조금 억지스럽다. 기존 상품을 대체했지만, 기능과 효용 면에서 변화가 없고 비용만 낮춘 경우다. 이런 유형은 신상품의 11%를 차지한다.

잉크젯 프린터로
미래를 개척한 캐논

◆

상품개발전략이란 시장에서 기존 상품을 개량하거나 신상품을 개발함으로써 판매량 확대를 도모하는 전략을 가리킨다. 기업이 새로운 상품을 시장에 제공하고 소비자 수요를 만족해서 판매를 증가시키는 전략이라고 할 수 있다. 기업의 시장 인식을 토대로 결정된다.

상품개발전략은 하루아침에 뚝딱 결정될 수 없으며 오랜 심사숙고의 결과물이다. 기업이 자신에게 가장 알맞은 상품개발전략을 확정하려면 시장의 기회와 도전, 내부 자원, 실력, 경쟁기업의 약점 등을 전면적으로 인식하고 깊이 사고해야 한다. 확실한 상품개발전략이 있으면 일시적으로, 내키는 대로, 혹은 맹목적으로 시장가치가 없는 상품을 개발하고 출시하는 일을 피할 수 있다.

캐논Canon은 전 세계 프린터 시장의 선두기업이다. 그들의 성과는 단순히 뛰어난 기술만으로 이룬 것이 아니다. 원대한 전략적 시야와 꾸준한 기술혁신 의식이 있었기에 가능한 것이었다. 캐논은 잠시도 멈추지 않고 새로운 기술을 개발했는데, 가장 대표적인 예가 바로 잉크젯 프린터 기술이다.

기존의 레이저 프린터는 인쇄 속도가 빠르고 선명도가 높으며 소음이 적었다. 하지만 크기가 크고 구조가 복잡하며 생산원가가 높은 문제가 있었다. 이는 오랫동안 캐논을 괴롭혀 온 문제 중 하나였다. 기술연구원들은 레이저 프린터의 단점을 해결하기 위해 잉크젯 프린터로 눈을 돌렸지만, 개발자가 이미 특허를 얻은 상태여서 새로운 기술을 찾기로 했다. 그런데 뜻밖에도 회사 내부에서 반대의 목소리가 쏟아져 나왔다. 1975년은 캐논이 전자촬영 기술을 레이저 프린터 LBP에 응용한 연구가 거의 마무리되어 차기 핵심 사업으로 육성하려고 준비하던 때였다. 이제 막 신기술로 새로운 사업을 시작하려는데 정작 기술연구원들이 이를 대체할 신기술을 개발하겠다고 나서니 그럴 만도 했다. 어쨌든 캐논 중앙기술연구소는 불과 얼마 전 자신들이 개발한 핵심기술을 대체하는 신기술을 찾기 시작했다. 그들은 1977년에 마침내 열에너지로 잉크를 분사하는 신기술을 개발하는 데 성공했다. 이 기술은 'BJ 원리'라고 불렸다. 하지만 레이저 프린터로 성공한 캐논 내부에서는 여전히 회의적인 시각이 가득했다. 이상적인 기술이기는 하나 실제로는 '전혀 쓸모없는 기술'이라는 혹평이 난무했다.

집념의 캐논의 기술연구원들은 몇 차례 실험과 분석을 거쳐 머지않은 미래에 잉크젯 프린터가 레이저 프린터를 대체할 거라고 확신했다. 그들은 상품을 개발하자고 끈질기게 회사를 설득해서 동의를 얻어냈다. 기존 프린터의 외부 커버를 사용하고 상품개발 비용을 추가하지 않는다는 등의 조건이 달렸다.

이후 BJ 개발팀 연구원들은 장장 10여 년에 걸쳐 기술 수준을 높여 마침내 BJ 기술을 이용한 잉크젯 프린터 양산화에 성공했다. 1990년, 캐논은 세계에서 가장 저렴한 소형 잉크젯 프린터 BJ-10V를 출시했다. 1991년 이후, 캐논의 잉크젯 프린터 개발팀은 회사의 핵심부서가 되었다. 잉크젯 프린터의 생산량은 기존 레이저 프린터를 크게 넘어섰으며, 1995년에는 캐논이 거둔 총판매액의 20%를 넘었다.

캐논은 기존 핵심기술과 새로운 핵심기술의 연계를 잘 처리해 균형을 잃지 않았다. 그들은 기존의 핵심기술로 이제 막 사업을 시작해보려고 하는 동시에 새로운 핵심기술 개발에 착수했다. 이처럼 많은 인력과 비용을 아끼지 않고 투자하면서 다방면으로 기술을 향상시킨 덕분에 시장에서 꾸준히 경쟁우위를 유지할 수 있었다.

기업이 어떠한 상품을 개발하는가는 무엇보다 중요한 전략적 선택이다. 상품개발전략은 통일될 수 없으며 상품의 특성, 시장 상황, 업계 동향 등에 따라 각기 다른 상품개발전략을 도입해야 한다. 다음은 다양한 상품개발전략 유형이다.

1 | 참신성에 따른 분류

(1) 창조형 상품개발전략

이전에 없던 완전히 새로운 상품을 내놓는 전략이다. 창조형 상품은 당연히 참신성이 가장 높으며, 과학기술 발전을 토대로 만들어진 상품이어서 새로운 원리와 기술, 자재 등이 사용된다. 이 전략에는 많은 자금과 뛰어난 기술, 일정한 잠재 수요가 필요하고, 수익 없이 비용이 들어가는 기간이 길다. 전체적으로 기업이 부담해야 하는 위험이 큰 전략이다. 이런 이유로 완전히 새로운 창조형 상품은 전체 신상품의 10% 정도에 불과하다.

(2) 세대교체형 상품개발전략

기존 상품에 질적인 변화를 발생시키는 전략이다. 비교적 적은 자금과 길지 않은 시간으로 기존 상품을 효과적으로 개선할 수 있다. 이렇게 새로 더해진 기능으로 소비자의 새로운 수요를 만족할 수 있다.

(3) 개선형 상품개발전략

기존 상품에 양적인 변화, 즉 점진적 변화를 발생시키는 전략이다. 세대교체형 상품개발전략과 마찬가지로 소비자의 새로운 수요를 만족할 수 있다. 비용을 가장 적게 들이면서도 얻는 게 많은 전략이지만, 그만큼 경쟁사가 모방하기 쉽다.

(4) 모방형 상품개발전략

많은 자금과 첨단 기술이 필요하지 않으므로 창조형 상품개발전략과 비교하면 훨씬 쉽다. 모방형 상품이라고 무조건 '따라 하기만' 해서는 안 된다. 기업은 기존 상품에서 아쉬웠던 점을 개선하는 데 주목하고, 소비자 수요에 민감하게 대처해서 모방하되 베끼지 말고, 비슷하되 훨씬 더 나은 상품을 만들어 내야 한다.

이상의 네 가지 상품개발전략 중, 창조형 상품개발전략은 대기업만이 선택하고 기대한 효과를 얻을 수 있다. 나머지 세대교체형, 개선형,

모방형 상품개발전략은 대부분 일반 기업들이 비교적 쉽게 선택해 실행에 옮기는 것으로 효과가 빠르게 확인할 수 있다.

2 | 지역 범위에 따른 분류

(1) 지역적 상품개발전략

여기서 말하는 지역이란 시, 자치구 등의 지역 등급을 의미한다. 신상품을 개발할 때 특정 자치구를 염두에 두고 한다는 의미다.

(2) 전국적 상품개발전략

전 국민을 대상으로 전국 범위로 새로운 상품을 출시하는 전략이다. 해외에는 있으나 국내에 없는 상품을 국내 기업이 개발, 생산해내면 관련 기관의 감정과 확인을 거쳐서 전국적 신상품으로 인정받는다.

(3) 국제적 상품개발전략

해외와 국내 시장 모두에 등장한 적 없는 상품을 개발하는 전략이다. 해외에 이미 출시되었으나 그보다 훨씬 기술적으로 뛰어나며 수준이 높은 동류 상품이라도 국제적 신상품이라 할 수 있다.

상품의 생명은 고객과의 친밀도 형성 및 시장 환경 변화에 따른 기술 향상과 큰 연관성이 있다. 특히 고객과의 친밀도가 높을수록 기업이 새로운 핵심기술과 실력을 갖출 가능성이 더 크다. 한때 크게 성공해서 업계의 선두에 섰으나 순식간에 쇠락과 실패의 길을 걷는 기업들이 있다. 그들의 가장 큰 실패 요인은 시장 환경 변화에 따른 새로운 핵심기술을 개발하지 않은 데 있다.

USA투데이, 신문을 잡지처럼!

종합일간지인 〈USA투데이USA Today〉는 출판전문그룹 개닛Gannett Company이 1982년 8월 15일 워싱턴에서 창간했다. 주로 대중적인 뉴스를 다루며 미국 유일의 전국지로도 유명하다.

〈USA투데이〉는 참신한 편집으로 유명하다. 매주 5일, 매일 40면을 발간하는데 크게 뉴스, 스포츠, 연예 분야의 뉴스를 전한다. 모든 면은 컬러로 강렬한 이미지를 담고 있으며 기사 내용은 모두 매우 간결해서 심도 있거나 장황한 보도와 평론을 지양한다. 만화는 따로 연재하지 않고, 독자들의 생활에 밀접한 날씨 예보는 반드시 넣는다. 주요 독자층은 바쁘게 움직이는 직장인이나 여행객이다. 〈USA투데이〉 산하에 각 지역지가 있으며, 캐나다 등의 국가에서도 발행되고 있다. 〈USA투데이〉는 창간된 지 얼마 되지도 않은 1980년대 말에 전미 일간지 순위 2위에 오르면서 사회 각계의 주목을 받았다. 그들의 성공은 모두 개닛이 공들여 수행한 마케팅 전략 덕분이었다.

1981년, 개닛은 전국지 창간을 고민하면서 그 가능성을 확인하고자 광범위한 규모로 시장조사를 시작했다. 여기에서 상당히 긍정적인 결과를 얻고, 회사 이사회가 지원을 약속하면서 〈USA투데이〉가 탄생했다.

기존 일간지와 다른 완전히 새로우며, 전 국민을 대상으로 하는 신문을 창간하는 일은 실로 엄청난 프로젝트였다. 위험도와 수익이 모두 미지수이다 보니 불안한 부분이 많았다. 자칫 수억 달러의 투자금을 그냥 날릴 수도 있는 일이었다. 경영진 역시 이를 잘 알고 〈USA투데이〉의 성공을 위한 특별한 마케팅 전략을 구상했다. 그들은 상품, 포지션, 가격, 판매경로에서부터 판촉의 각 방면까지 모두 아주 과학적이고 명확한 규정을 만들었다. 잘 짜인 마케팅 전략대로 수행한 지 7년 만에 〈USA투데이〉는 드디어 흑자로 전환했고, 얼마 후 '미국에서 독자를 가장 많이 보유한 신문'으로 평가받았다.

〈USA투데이〉의 마케팅 전략은 표적시장과 포지션을 중심으로 전개되었으며, 핵심은 '간단하고 쉬운 언어로 국내 뉴스를 즉각 보도한다'였다.

또 신문 자체가 곧 상품이었으므로 인쇄 품질의 수준, 독특한 지면구성, 명칭과 판매방식의 네 가지 방면에서 특징을 살려 차별화했다. 다음은 그 구체적인 내용이다.

우선 〈USA투데이〉는 보도 내용은 중상 수준일지 몰라도 인쇄 품질만큼은 업계 최고다. 모든 면을 컬러 인쇄로 해서 아름답고 눈에 확 들어오며, 마치 패션잡지를 보는 듯 시각적인 즐거움이 있다. 또 독자들은 신문을 보고 난 후, 혹시 잉크 잔여물이 손에 묻었을까 걱정할 필요가 전혀 없다.

물론 보도 내용 자체에 대해서는 의견이 엇갈린다. 업계의 여러 편집자가 〈USA투데이〉의 보도를 두고 너무 단순하며 깊이가 없고 피상적이거나 자극적인 내용만 다룬다고 비판하곤 한다. 사설도 전혀 특별할 것이 없는 이야기인 경우가 많다. 그래도 전체적으로 보면 대다수의 신문 언론에 비해 평균 수준이라 할 수 있다.

〈USA투데이〉는 독특한 지면 구성으로도 유명하다. 보통 네 섹션으로 나뉘는데 A섹션은 일반, B섹션은 금융, C섹션은 스포츠, D섹션은 생활 뉴스를 다룬다. 보너스 지면인 E섹션은 1988년 1월부터 시작되었으며 주로 특정 테마에 관련한 보도가 실린다. 1면에는 눈에 띄는 크기와 색상의 타이틀이 자리 잡아 보는 순간, 무슨 이야기인지 대충 이해할 수 있도록 했다.

〈USA투데이〉라는 명칭은 신문의 성격을 잘 드러내기 위해 심사숙고해서 만든 결과물이다. 개닛은 사람들이 〈USA투데이〉라는 말을 들었을 때 이 신문이 다루는 뉴스의 범위를 인지하기를 바랐다. 실제 신문 1면에는 〈USA투데이〉라는 명칭 위에 작게 '전국 일간지'라고 써서 미국 전역의 뉴스를 다룬다는 점을 강조했다.

마지막으로 판매 방식에서도 개닛의 마케팅 전략이 돋보인다. 현재 미국에서 〈USA투데이〉의 판매기는 없는 곳이 없는 '텔레비전'으로 불린다. 언뜻 보면 낮은 받침대 위에 올려놓은 21인치 텔레비전처럼 생겼기 때문이다. 이처럼 독특한 디자인은 다른 신문판매기와 크게 차별화된다. 이 네모난 신문판매기는 모든 면이 파란색으로 광고를 실을 수 있게 되어있다. 멀리서 봐도 눈에 확 띄기 때문에 실제 광고 효과도 좋은 편이다. 또 투명한 창문을 달아서 밖에서도 1면 타이틀을 볼 수 있게 했다. 현재 미국 전체에 약 14만 3,000여 개가 있다고 한다.

**사 례
분 석** 〈USA투데이〉가 거둔 거대한 성공은 개닛의 자금 지원과 함
께 치밀하게 짜인 마케팅 전략 덕분이었다. 기업은 마케팅
전략을 결정할 때, 목적, 범위, 실현성 등에 근거해 체계적으로 분석해
야지 절대 무턱대고 해서는 안 된다. 특히 다른 기업에서 잘 되었다고
자기 기업에도 잘 될 거라는 생각은 반드시 버려야 한다. 업계 혹은 기
업마다 상품, 시장, 실력, 환경이 전부 다르므로 마케팅 전략 역시 달라
야 한다. 또 최종 결정을 내렸더라도 상황에 따라 계속 조정하고 개선
함으로써 주어진 상황에 최적인 마케팅 전략을 찾고 최대 효익을 실현
해야 한다.

일곱번째수업

가장 먼저 떠오르는 브랜드 되기

세계 최고의 마케팅 전략가 잭 트라우트Jack Trout는 저서 《잭 트라우트,

비즈니스 전략Jack Trout on Strategy》에서 "최근 수십 년 사이에 거대한 변화가 발생했다.

거의 모든 유형의 선택 가능한 상품의 수량이 모두 예상외로 증가한 것이다."라고 했다.

지금처럼 상품의 동질화가 갈수록 심화하는 시대에 브랜드를 성공적으로 건립하는 일은 절대

쉽지 않다. 고객들은 쏟아져 나오는 수많은 비슷한 상품 속에서 혼돈을 겪고 있다.

이런 상황에서 해결방법은 브랜드의 성격을 잘 드러내는 상품 기획과 생산,

그리고 탁월한 브랜드 포지셔닝 뿐이다.

이름이 좋아야
잘 된다

◆

네이밍은 브랜드 건립의 첫걸음이다. 브랜드의 명칭이 주는 인상은 그것의 시각적 인상 못지않게 중요하다. 좋은 이름 하나만으로 다른 브랜드나 상품이 감히 따라오지 못할 정도로 빠르게 명성을 얻을 수도 있다. 참신하고 귀에 쏙 들어오는 좋은 이름은 소비자의 입에서 입으로 전해지면서 깊은 인상을 남긴다. 브랜드명은 그 기업과 상품이 지닌 영구적이고 정신적인 자산이다.

영국 생활용품 기업 **유니레버**Unilever의 비누 브랜드 '럭스Lux'는 우아하고 귀족적인 이미지로 잘 알려져 있다. 럭스 광고에는 등장하는 세계적인 배우나 모델 역시 모두 그러한 모습이다. 무엇보다 럭스라는 브랜드명 자체가 소비자들에게 주는 좋은 인상이 성공에 큰 역할을 했음은 부인할 수 없는 사실이다. 럭스의 초기 성공은 전부 뛰어난 브랜드 네이밍으로부터 비롯되었다고 해도 과언이 아니다.

19세기 말, 유니레버는 자사의 비누 브랜드에 '몽키Monkey'라는 이름을 붙여서 소비자들을 혼란스럽고 의아하게 만들었다. 원숭이 비누? 원숭이는 온몸이 털인데 설마 이걸로 몸에 있는 이를 씻어 내라는 걸까? 무엇보다 비누와 브랜드명에 아무런 관계가 없으니 생각할수록 이상하게 들렸고, 심지어 저속하다는 느낌마저 들었다.

이 비누는 당연히 잘 팔리지 않았고, 이 일을 계기로 유니레버는 브랜드 네이밍이 얼마나 중요한지 깨달았다. 이후 1900년에 유니레버 리버풀 지사의 한 변리사가 새로운 브랜드명으로 럭스를 건의했다. 이목을 잡아끄는 이 아름다운 이름은 즉각 이사회의 동의를 얻었다.

기대대로 브랜드명이 바뀌자 판매량이 눈에 띄게 증가했고, 얼마 지나지 않아 럭스는 세계적인 브랜드로 성장했다. 이를 본 기업들은 모두 의문을 가지기 시작했다. 비누 자체에 크게 개선된 점이 없는데 단지 이름만 바꿨다고 이렇게 신기한 변화가 생겨난 걸까?

브랜드 네이밍은 단순하게 이름을 붙이는 일이 아니며, 일종의 학문에 가깝다. 창의적인 네이밍은 상품을 더 새롭고 좋아 보이게 만든다. 럭스의 성공적인 브랜드 네이밍에는 두 가지 함의가 있다. 하나는 럭스라는 단어가 알파벳 세 글자로 구성되어 소비자들이 기억하기 쉽다는 사실이다. 또 발음이 까다롭지 않아서 세계 어디에서나 똑같은 발음으로 읽히며 불길하거나 더러운 무언가가 연상되지도 않는다. 다른 하나는 이 이름이 우아하고 고귀하다는 의미의 고대 언어 'luxe'에서 나왔다는 사실이다. 라틴어에서는 이 단어가 '햇빛'이라는 뜻으로 사용된다. 그러니까 이 단어를 비누 브랜드로 사용한 것은 그야말로

'신의 한 수'였다. 사람들은 럭스 비누를 보며 따뜻하고 밝은 햇빛과 건강한 피부, 여름날 해변에서 보내는 낭만적인 시간을 떠올렸다. 이외에 럭스의 발음은 영어 단어 'lucky'와 'luxury'를 연상시켜 소비자들에게 좋은 인상을 주었다.

럭스는 거의 완벽에 가까운 브랜드명이다. 어떻게 해석하든 모두 상품의 우수한 품질을 잘 드러내고 훌륭한 광고 효과를 일으키니 럭스라는 말 자체가 아주 절묘한 광고 문구가 된다. 단언컨대 그보다 더 풍부하고 훌륭한 함의를 지닌 브랜드명은 없다

럭스 브랜드는 수차례 개명 작업을 거쳐 끝내 가장 좋은 이름을 찾아냈다. 덕분에 그들은 큰 이윤을 얻고 빠르게 시장을 차지해서 '놀랄 만한' 성과를 거두었다. 좋은 이름 하나가 기업을 업계 최고 자리에 올려놓은 셈이다. 성공한 브랜드와 그렇지 못한 브랜드의 가장 큰 차이는 '남녀노소, 동서남북 모르는 사람이 없는 인지도'라 할 수 있다. 소비자들이 가장 먼저 떠올릴 수 있는 브랜드가 되는 것, 이야말로 진정한 성공이다. 그러므로 브랜드명을 정할 때는 반드시 신중하게 여러 방면을 고루 살펴서 상품과 가장 잘 어울리면서도 전파력이 높은 이름을 선택해야 한다.

소셜 게임네트워크 플랫폼 헤이잽Heyzap을 창업한 쥬드 고밀라Jude Gomila는 여러 편의 글을 통해 브랜드명을 확정할 때 세웠던 원칙들을 공개한 바 있다. 다음은 그 구체적인 내용이다.

1 | 추상

너무 직접적인 것보다 가능한 한 실제 상품을 추상화한 이름이 좋

다. 가령 자신의 브랜드에 'Postalsoft'라는 이름을 짓는다고 생각해보자. 그랬다가 나중에 우편 시장을 떠나게 된다면 어떻게 할 것인가? 그때도 이 이름은 계속 쓰면 소비자들은 실제 상황과 상관없이 '우편'을 떠올릴 것이다. 이런 일을 방지하려면 추상적인 이름이 좋다. 그래야 후에 상품 및 서비스의 형태를 바꾸거나 확장하더라도 이름 때문에 난감할 일이 없을 수 있다.

2 | 연상

브랜드명을 들었을 때 관련된 무언가를 떠올릴 수 있는 은유적인 이름이 좋다. 애플이 처음 등장했을 때, 소비자들은 뉴턴의 머리 위로 떨어진 사과를 연상했다. 소비자들이 브랜드 이름을 보거나 듣고 즉각 다른 무언가를 연상하게 만든다면, 그들이 브랜드를 기억할 확률이 더 커진다.

3 | 시각화

가장 이상적인 이름은 소비자들이 보거나 듣는 순간, 머릿속에 어떤 화면을 떠올리는 것이다. 예컨대 'Square'라는 브랜드명을 들으면 사람들은 분명히 사각형 이미지를 생각하고, 더 쉽게 기억할 것이다.

4 | 발음

발음할 때 힘이 들어가지 않는 이름, 동음이의어가 없는 이름이 좋다. 또 해외 진출을 염두에 둔다면 목표 해외 시장의 언어로 읽었을 때 부정적인 의미가 없는지 확인해야 한다.

5 | **독창성**

브랜드 네이밍의 기본은 등록 여부를 확인하는 것이다. 아직 아무도 사용하지 않은 이름을 쓰는 것은 당연한 일이고, 인지도가 높은 다른 브랜드명과 비슷하게 하는 것은 좋지 않다. 이 점을 간과했다가는 후에 자신뿐 아니라 고객과 직원들까지 난감하게 할 수 있다.

6 | **조화**

로고와 브랜드명을 같이 두었을 때 서로 잘 어울리는지 확인해야 한다. 애플은 로고와 브랜드명이 완벽하게 어울리는 가장 좋은 예다.

물론 브랜드명이 해당 브랜드의 성공에 직접적인 영향을 미친다고 할 수는 없다. 하지만 그 자체로 일종의 무형자산이 될 수 있고, 후에 성공의 모든 영예가 그 이름 하나로 상징될 수 있으므로 반드시 신중하게 결정해야 한다. 이런 이유로 기업은 반드시 심도 있는 조사와 연구를 거쳐 여러 방면을 심사숙고한 후에 최적의 이름을 선택해야 한다. 그래야만 시작부터 경쟁사에 뒤지지 않을 수 있다. 이름에서부터 뒤진다면 아마 시장에서 경쟁하는 내내 힘겹게 뒤쫓아가는 신세가 될 것이다. 성공적인 브랜드 건립은 네이밍, 즉 '이름 짓기'에서부터 시작한다는 사실을 절대 잊어서는 안 된다.

포지셔닝으로
시장에서 승부하기

◆

세계 최고의 마케팅 전략가 잭 트라우트는 저서《잭 트라우트, 비즈니스 전략》에서 "최근 수십 년 사이에 거대한 변화가 발생했다. 거의 모든 유형의 선택 가능한 상품의 수량이 모두 예상 외로 증가한 것이다."라고 했다.

지금처럼 상품의 동질화가 갈수록 심화하는 시대에 브랜드를 성공적으로 건립하는 일은 절대 쉽지 않다. 고객들은 쏟아져 나오는 수많은 비슷한 상품 속에서 혼돈을 겪고 있다. 이런 상황에서 해결방법은 브랜드의 성격을 잘 드러내는 상품 기획과 생산, 그리고 탁월한 브랜드 포지셔닝뿐이다.

PDA(개인용 정보 단말기)는 중국에 등장한 지 10년이 다 되어 가도록 시장이 제대로 형성되지 않았다. 이유는 PDA라는 상품의 포지션이 모호한 데 있었다. 사람들은 PDA를 일반 컴퓨터의 '부속물' 정도로 인식했다. IT업계 사람들은 PDA가 컴퓨터와 비교하면 기능이 너무 단순하다고 했고, 일반인들은 PDA의 조작방법이 너무 복잡하고 기능도 특별하지 않으며 가격까지 너무 비싸다고 생각했다.

그런데 '상우퉁商務通'이 등장한 후, 중국 PDA 시장은 불과 2년 만에 뜨겁게 달아올랐다. 상우퉁의 제조사인 **하이텍 웰스**HITEC WEALTH, 恒基偉業는 상우퉁을 출시하고 반년이라는 짧은 시간에 완벽한 판매망을 구축했다. 그들은 원래 20만 대 판매를 목표로 잡았는데 실제로는 그 두 배를 팔아치웠다. 상우퉁에 들인 광고비만 2억 위안이 넘었지만, 결코 허튼 돈을 쓴 게 아니었다. 1999년, 상우퉁의 PDA 시장점유율은 60%에 육박했다. 가히 기적이라고 불릴 정도의 성과였다!

베이징항공항천대학北京航空航天大學 박사이자 하이텍 웰스의 CEO인 장정위張征宇는 뛰어난 기술 전문가다. 그는 일찍이 1994~1995년부터 컴퓨터 산업의 발전에 관해 여러 차례 의견을 밝혀 왔다. 장정위는 컴퓨터 산업의 발전 방향을 크게 두 가지로 보았는데 하나는 데스크톱 컴퓨터가 노트북 컴퓨터로, 다시 PDA로 발전하는 것이고, 다른 하나는 데스크톱 컴퓨터가 PDA로, 다시 노트북 컴퓨터로 발전하는 것이다. 즉 이 두 가지는 서로 정확히 반대되는 것이다. 그는 중국기업이 첫 번째 방향에서는 경쟁우위가 없지만, 두 번째 방향에서는 충분히 가능성이 있다고 보았다. 당시만 해도 개인용 휴대 장치의 발전을 이처럼 명확하게 인식한 사람은 장정위 뿐이었다.

다시 상우퉁의 이야기로 돌아오자. 상우퉁이 그토록 큰 성공을 거둔 데는 브랜드 포지션이 큰 역할을 했다.

초기 PDA는 시장에서 '전자사전'으로 포지셔닝 되었다. 제조사는 학생들을 겨냥해 이름마저 '빠른 번역'을 의미하는 '콰이이퉁快譯通'으로 했다. 하지만 학생들이 경제적으로 독립한 사람이 아니다 보니 아무래도 시장을 확대하는 데 한계가 있었다. 이에 하이텍 웰스는 표적 소비자 집단을 직장인 및 기업인으로 확정하고, 상우퉁을 일종의 '수행 비서'로 포지셔닝했다. 또 유명 광고모델을 내세워서 상우퉁 브랜드에 고급스러운 이미지를 부여해 어느 정도 성공한 인사들이 사용하는 상품이라는 점을 강조했다. 이러한 포지셔닝은 PDA의 가격 한계를 극복하고 시장을 확대하는 데 큰 역할을 했다.

상우퉁이라는 브랜드명은 하이텍 웰스 고위층 회의에서 결정된 것이다. 그들은 장시간 논의 끝에 상우퉁을 직장인과 기업인을 대상으로 마케팅해야 한다는 점에 동의했다. 사실 당연한 일이었다. 이런 사람들이야말로 촌각을 다투며 남들보다 더 많은 정보를 먼저 얻기를 바라기 때문이다. 그들은 이동 중에도 빠르게 검색하고 정보를 얻고 싶어 했고, 상우퉁은 이러한 수요를 충분히 만족하는 상품이었다. 주소록과 알림 기능 역시 큰 환영을 받았다.

하이텍 웰스는 구체적으로 '돈 있는 사람, 권력이 있는 사람, 그리고 돈과 권력이 모두 있는 사람'을 겨냥해 마케팅 활동을 펴나갔다. 그들은 상우퉁이 무선통신 시대에 절대 없어서는 안 되는 상품이며 이전의 PDA와 완전히 차별화된다고 강조했다. 덕분에 소비자들은 컴퓨터와 비교해서 모호했던 PDA의 개념과 이미지를 다시 명확하게 세웠다.

얼마 지나지 않아 상우퉁은 상품 하나의 이름이 아니라 일종의 제품군을 부르는 말이 되었다. 상우퉁이라는 브랜드가 자리 잡으면서 소

146

비자들이 '상우퉁이 곧 PDA고, PDA가 곧 상우퉁'이라고 여기게 된 것이다.

상우퉁이 브랜드 포지셔닝에 성공하자 그 확대된 무형자산이 하이텍 웰스에게까지 영향을 미쳤다. 이는 나중에 하이텍 웰스가 새로 내놓은 브랜드의 아주 든든한 기반이 되었다.

브랜드 포지셔닝의 목표는 크게 두 가지로 볼 수 있다. 하나는 '소비자가 브랜드를 어떻게 인지하는가?', 그리고 다른 하나는 '소비자가 브랜드만의 차별성을 인식하는가?'다.

브랜드 포지셔닝이란 기업이 자사 브랜드에 표적시장과 유관한 이미지를 부여하는 과정과 결과다. 브랜드가 소비자의 머릿속에 구체적인 이미지를 형성하기만 해도 이 브랜드는 시장에서 인정받았다고 할 수 있다. 여기에는 다음의 세 가지 원칙이 있다.

첫째, 선명해야 한다. 상품이나 서비스, 그리고 브랜드의 속성이 명확하게 드러나야 한다. 둘째, 연속적이어야 한다. 포지셔닝 작업은 꾸준히 멀리 보고 진행해야 한다. 특히 초기에는 확장 및 확대 전략을 잠시 미뤄두고 먼저 각 소비자의 수요를 만족하면서 꾸준히 포지셔닝 해야 한다. 셋째, 독특해야 한다. 자기만의 모습과 특징을 정확하게 드러내서 다른 브랜드와 확연히 구분되게 해야 한다.

브랜드 포지셔닝의 주요 방법으로는 다음의 세 가지가 있다.

1 | 3C 분석

3C 분석법은 기업의 미시적 환경, 즉 소비자Customer, 경쟁자

Competitor, 기업Corporation 방면에서 전면적으로 마케팅을 분석하는 방법이다.

소비자 분석 내용은 주로 소비자의 기본 특징나이, 성별, 직업, 소득, 교육수준 등, 구매 편향, 생활방식, 브랜드 선호와 충성도, 소비 습관, 행위 모델 등이다.

경쟁자 분석은 주요 경쟁 브랜드의 상품, 포지션, 전략, 경쟁 구도 내 지위 등을 분석한다.

기업 분석에서 말하는 기업이란 자기 기업을 의미한다. 자사 브랜드 상황, 예컨대 상품의 특징, 표적시장, 소비자의 눈에 비친 이미지, 전략, 인지도 등을 심사 평가한다.

2 | SWOT 분석

SWOT 분석법은 전략관리이론에 자주 등장하는 분석툴 중 하나다. 기업의 외부 환경과 내부 조건의 각종 요소를 종합적으로 고려해서 가장 좋은 경영 전략을 선택하는 방법이다. SWOT은 각각 기업의 강점strength, 약점weakness, 기회opportunity와 위협threat 요인을 의미하며 이 네 가지 요인을 규정하고 분석해서 마케팅 전략을 수립한다. SWOT 분석법은 브랜드의 미래에 관한 분석에도 적용할 수 있다. 다만 이때는 좀 더 미시적인 내용을 다루며 주로 자사 브랜드와 관련된 내용에 집중한다.

3 | 포지셔닝 맵 분석

주로 경쟁 브랜드의 포지션을 비교 분석하는 방법으로 3C와 SWOT

에 비교해서 범위가 작다. 포지셔닝 맵Positioning Map은 비교적 정확하고 직관적으로 주요 경쟁 브랜드의 포지션을 보여주므로 비어 있는 세분시장을 찾아내서 자신만의 브랜드 포지셔닝 전략을 확정하는 데 유리하다.

경영자의 임무는 수요를 만족하거나 창조하는 일에만 국한하지 않는다. 훌륭한 경영자는 소비자의 마음속에 브랜드 포지션을 건립하고 차별화해서 인지적 경쟁우위를 쌓는 데 능하다. 이를 통해 기업은 불멸의 생명력을 갖춘 강력한 브랜드를 확보할 수 있다. 그러므로 상품 기획 및 개발과 동시에 브랜드 포지셔닝을 염두에 두고 신중하게 차근차근 실시해야만 한다.

혁신과 쇄신,
브랜드를 살리는 힘

◆

　현대의 시장은 시시각각 변화하기에 계속 꾸준히 잘 팔리는 상품
이란 없다. 그러므로 기업은 끊임없는 혁신과 쇄신으로 상품과 마케팅
전략을 새롭게 해서 시장의 변화를 좇거나 아예 먼저 변화해야 한다.

　마케팅 전략의 조정은 곧 '브랜드 변신'으로 구현된다. 어떻게 해야
더 나은 변신을 실현할 수 있을까? 핵심은 경영진과 마케터가 시장의
변화를 통찰하고 시장에서의 브랜드 가치를 정확히 파악하는 데 있다.
시장 상황과 수요에 변화가 발생했을 때, 기업은 즉각 이에 맞춰 마케
팅 전략을 조정해서 시장의 요구에 따라야 한다. 기업은 능동적이든
수동적이든 꾸준히 변신을 거듭해야 한다. 처음의 전략만 고수하면서
상황의 변화를 따르지 않고 고집스럽게 버텨봤자 무정한 시장에서 도
태되어 흔적도 없이 사라질 것이다.

유니레버는 마케팅에 그야말로 '혼신'을 다하는 기업이다. 매년 광고비에만 60억 달러를 쓰는데 이는 경쟁사가 혀를 내두를 정도로 큰돈이다. 브랜드를 알리는 데 이렇게 많은 돈을 투입하고 공을 들이는 만큼 마케팅 실력 역시 세계 최강이다.

유니레버는 특유의 방법으로 자사 브랜드를 전파하는데 통상 다음의 세 단계를 거친다.

(1) 광고, 소매점 판매 등을 통해 부족한 점을 메우고 개선해서 브랜드가 오래 살아남기 위한 기본 능력을 갖춘다.

(2) 새로운 브랜드를 널리 알리고 상품을 세분해서 각각의 상품에 의미와 가치를 부여해 소비자에게 선보인다.

(3) 브랜드만의 독특하고 참신한 돌파구를 찾는다.

유니레버가 2002년에 중국에서 출시한 즉석 수프는 전용 판매기에 동전을 넣어 구매하는 방식이었다. 마치 자판기에서 커피를 뽑아 마시는 것처럼 말이다.

이뿐 아니라 유니레버는 전 세계의 현지 브랜드와 합작해서 혁신적 요소를 적극적으로 받아들이고 변신을 두려워하지 않는다. 이는 그들이 현지 소비자의 수요를 만족하는 가장 중요한 방법이다.

유니레버 중국이 출시한 선실크Sunsilk 흑임자 샴푸가 대표적인 사례다. 유니레버 혼자였다면 샴푸에 흑임자 성분을 넣는 일은 아마 상상도 못 했을 것이다. 전통적으로 아시아인은 검고 윤기 나는 머리카락이 마치 폭포처럼 아름답게 출렁이며 떨어지는 모습을 선호한다. 유니레버 중국은 이 점을 놓치지 않고, 현지 기업과 손잡고 연구한 끝에 '선실크 흑임자'를 출시했다. 광고에는 아름다운 아시아 여성이 자연스럽고 기다란 흑발을 선보였다. 흑발 전용으로 기획된 이 상품은 중국 소비자들의 열광적인 반응을 얻었다.

2001년, 유니레버 중국은 또 한 번 변신을 단행해 완전히 새로운 선실크 샴푸를 내놓았다. 영국의 유명한 패키지 디자인 기업인 브라운 Brown이 제작한 패키지는 하이패션의 격조와 아름다움을 결합해 마치 하나의 예술 작품처럼 보일 정도였다.

이외에도 유니레버 중국은 나날이 수준이 높아지는 중국 소비자의 취향을 끊임없이 맞춰 나갔다. 유니레버가 판매하던 기존의 자연영양 샴푸는 샴푸에 과일 향을 첨가한 것으로 '영양에서 활력을, 젊음에서 활력을, 열정에서 활력을'이라는 광고 문구로 홍보했다. 여기에 유니레버 중국은 '인삼 샴푸'를 추가 출시해서 긴 머리 소비자를 대상으로 '영양분이 가득한 샴푸'로 포지셔닝 했다.

혁신과 쇄신은 성공을 만드는 정신이자, 기회를 발견하는 창이다. 유니레버가 자사의 오래된 브랜드에 꾸준히 새로운 이미지와 콘텐츠를 부여할 수 있었던 까닭은 바로 그들이 항상 혁신과 쇄신, 발전을 추구했기 때문이다. 그들은 상품 품질이나 포장처럼 겉모습뿐 아니라 브랜드에 부여된 의미를 아예 새롭게 정의했다.

지금은 브랜드 경쟁 시대다. 수많은 브랜드가 치열하게 경쟁하며 업계의 최고 자리를 차지하기 위해 부단히 노력하고 있다. 소비자들이 하나의 브랜드를 알고, 인정하고, 받아들여서 소비목표로 삼게 하려면 반드시 여러 요소가 동시다발적으로 작용해야 한다. 이때 상품 자체의 품질, 성능, 시장 적응성 및 브랜드의 부가 서비스 등의 요소는 물론이거니와 혁신과 쇄신을 통한 브랜드 변신이 큰 역할을 한다.

브랜드 전체를 바꾸든 부분만 조정하든, 브랜드 변신은 성장과 발전의 길 위에서 필연적으로 거쳐야 할 관문이다. 여기에는 치밀한 시장조사, 기존 브랜드 분석, 포지셔닝 등의 작업이 필요한데 그 구체적인 내용은 다음과 같다.

1 | 표적시장 및 소비자 수요 조사

소비자 수요의 변화는 브랜드가 변신해야만 하는 가장 큰 이유다. 그러므로 브랜드 변신은 소비자 수요 변화의 상황과 추세를 정확하게 파악하는 데서부터 시작되어야 한다. 이 작업이 잘되지 않으면 변신의 결과가 좋을 수 없다.

2 | 기존 브랜드 분석

자사와 경쟁사 브랜드 각각의 경쟁우위와 열위, 강점과 약점 등을 면밀하게 조사해야 한다. 특히 경쟁 브랜드의 이미지와 포지션 등을 꼼꼼히 분석해서 그와 차별화된 새로운 무언가를 찾아야 한다.

3 | 브랜드 변신의 필요성과 방식 확정

어떤 때는 굳이 변신하지 않고 브랜드의 경쟁우위만 강화해도 경쟁력을 더 높일 수 있다. 하지만 브랜드가 변신하지 않고는 시장에서 경쟁력을 유지할 수 없다는 판단이 들면 반드시 그 구체적인 방식, 즉 어떤 방향으로 어떻게 나아갈지를 고민해야 한다.

4 | 변신 후의 포지셔닝

브랜드 변신은 곧 새로운 포지션과 겉모습을 의미한다. 변신 후에는 기존의 이미지를 계승하는 동시에 새로운 이미지를 명확하게 전달하는 것이 중요하다. 여기에는 반드시 실현 가능한 계획 및 조치가 수반되어야 한다.

브랜드
세계화 전략

◆

　브랜드 세계화는 기업이 생산경영 활동을 확대하면서 해외용 브랜드를 내놓고 세계 시장을 겨냥해 마케팅을 펴나가는 것을 의미한다. 바꾸어 말하면 기업이 본국의 자원과 시장뿐 아니라 해외의 그것을 이용해서 다국적 경영과 세계화 목표를 실현하는 과정이라 할 수 있다. 세계화는 이미 경제 발전의 필연적인 추세가 되었으며 이를 증명이라도 하듯 수많은 대형 다국적 기업이 출현하고 있다.

　브랜드 세계화가 필요한 이유는 무엇인가? 왜 수많은 기업이 브랜드 세계화에 몰두할까? 브랜드 세계화를 실현하려면 어떠한 경로와 방식을 선택해야 할까?

　세계화는 그만큼 커다란 소비자 집단과 넓고 우수한 시장을 확보한다는 의미다. 이는 곧 기업이 업계의 선두기업으로 발돋움할 수 있는 기반이 된다.

세계화 자체로 브랜드의 실력 및 상품의 우수성을 입증할 수 있다. 해외여행 인구와 횟수가 증가하면서 세계화된 브랜드는 그렇지 않은 브랜드와 비교해 인지도 방면에서 더 큰 경쟁우위를 차지한다. 이런 이유로 해외 관광객을 대상으로 하는 광고도 점점 많아지는 추세다. 언론매체와 인터넷의 발달에 힘입어 세계화를 통한 발전 공간이 커지고 수단도 다양해지고 있다.

세계화는 곧 상품의 경쟁력이다. 세계 각국에서 좋은 이미지를 쌓은 브랜드는 인지도가 높고 충성 고객군을 확보해서 소비자들의 신뢰가 크다. 이런 브랜드들은 소비자의 긍정적인 연상을 유도해서 구매욕을 자극한다.

세계 경제 일체화의 흐름에 발맞춰 국가 간 무역장벽이 무너지고, 자본과 기술의 유동 역시 훨씬 빠르고 간편해졌다. 덕분에 전 세계를 대상으로 경영하는 일이 가능해져 규모의 효익이 발생했고, 이는 곧 기업의 경쟁력을 의미한다. 또 브랜드 세계화 전략으로 광고, 판촉 포장 및 브랜드의 여러 방면에서도 규모의 효익이 발생하면서 비용이 크게 절감되었다.

기업이 생존, 발전하려면 반드시 기술이 가장 먼저 뒷받침되어야 한다. 남들보다 더 나은 기술은 곧 혁신의 능력이자 핵심기술의 자주권을 확보했다는 의미고, 기술 방면으로 경쟁우위가 있으면 핵심 경쟁력을 갖췄다고 볼 수 있다. 세계화된 브랜드가 있는 기업은 대부분 기술뿐 아니라 시스템과 브랜드 마케팅에서도 과감하게 혁신을 단행한다. 다시 말해 기술, 시스템, 마케팅의 세 방면에서 동시다발로 혁신이 이루어지는 것이다. 혁신하지 않으면 아무리 간절히 바라더라도 치열한 경쟁 속에서 기업의 생명력을 유지하는 일이 불가능하다. 반대로 혁신하면 소비자가 긍정적으로 브랜드를 인식 및 연상하게 할 뿐 아니라 실제 이익을 발생시켜 기업이 목표를 실현할 수 있다.

이상의 장점들은 국내와 해외 시장 모두에서 기업의 영향권을 확대해서 판매액과 시장점유율을 증가시킨다.

진입 국가와 시장은 브랜드 세계화를 추진할 때 가장 먼저 해결해야 하는 문제다. 기업이 브랜드 진입 전략을 확정할 때는 대상 국가의 발전 정도와 상대적인 경쟁우위를 고려해야 한다. 대상 국가의 발전 정도란 전 세계 국가를 선진국, 개발도상국, 미개발국의 세 그룹으로 구분한 것이다. 기업은 각 국가의 발전 정도에 따라 진입 전략을 달리 적용해야 한다.

선진국 시장은 진입 장벽이 높고, 다국적 브랜드가 많으며, 기존 기업들의 실력이 뛰어난 편이다. 규범화된 경쟁의 규칙, 성숙한 소비 습관, 거대한 시장 규모, 객관화된 이익 구조 등을 특징으로 꼽을 수 있다. 어려운 일이기는 하지만 선진국 진입에 성공하면 확실한 경쟁우위가 생긴다. 선진국 시장에 먼저 진입해서 긍정적인 이미지를 만들면 이를 토대로 상대적으로 순조롭게 전 세계 시장에 브랜드를 전개할 수 있다. 이렇게만 된다면 브랜드 세계화를 실현하는 데도 큰 어려움이 없을 것이다. 하지만 그만큼 대량의 자금이 필요하고 투자 기간도 길어서 충분한 자금이 뒷받침되지 않는다면 신중하게 고려해보아야 한다.

개발도상국 시장은 진입 장벽이 비교적 낮고, 시장 규모가 제한적이며 경쟁도 그다지 치열하지 않다. 또 소비자 행위 모델과 브랜드 개념이 명확하지 않으며 상품 품질에 대한 요구 수준도 높지 않다. 세계화 브랜드가 드물고, 외래 브랜드가 많아서 어느 정도 자리 잡은 것 같아도 실제 소비자 충성도는 그리 높지 않다. 정리하자면 개발도상국 진입은 비교적 쉽고, 투자 기간이 길지 않으며 많은 자금이 필요하지도 않다. 다만 정치, 경제, 사회 등의 시스템이 불완전하므로 이에 따른 위험을 감수해야 한다. 또 이곳에서의 명성과 이미지가 선진국 시장 진입에 도움이 되지 않을 수도 있다. 그러나 비교적 적은 투자로 브랜드 세계화의 경험을 쌓을 수 있으므로 개발도상국 시장에 진출하려는 기업이 많다.

단순히 브랜드의 상품이나 서비스를 세계 시장에 내놓는 전략은 가장 원시적이고 초보적인 방식이다. 쉽게 생각하고 섣불리 뛰어들었다가는 소비자의 브랜드 인식이나 가치 인지에 관한 통제권을 상실할 수 있으므로 브랜드가 장기적으로 발전하기 어렵다. 반대로 표적시장에 확고하게 자리 잡으면 브랜드에 대한 소비자의 신뢰와 충성, 나아가 브랜드 의존성까지 확보할 수 있다. 구체적으로는 다음과 같은 방식이 있다.

먼저 기업은 현지 브랜드를 인수, 합병하는 방법으로 기존의 잘 훈련된 관리자, 엔지니어, 마케터 등을 활용할 수 있다. 또 현지 기업이 조성해 둔 판매경로를 십분 활용해서 시장을 신속하게 점령할 수 있다는 장점이 있다. 특히 선진국 브랜드를 인수하면 상품의 종류를 늘리고 특허 기술, 좋은 이미지와 브랜드 자원까지 한꺼번에 얻을 수 있다. 그러나 이 방법에는 두 가지 단점이 있는데 하나는 인수하는 브랜드에 대한 정확한 가치평가가 어렵다는 점이고, 다른 하나는 인수한 브랜드 문화가 기업에 잘 융화될지 불분명한 것이다.

다음은 두 개의 브랜드가 함께 손잡고 해외 시장에 진출하는 방식이다. 단독으로 진출했을 때, 겪을 수 있는 위험을 줄이는 동시에 상대적으로 큰 소득을 얻을 수 있다. 특히 재무 이외의 방면에서 부딪힐 수 있는 문제를 최소화하고 새로운 시장을 빠르게 점령하는 데 효과적이다. 하지만 서로 다른 브랜드를 전개하는 두 기업의 문화를 잘 어우러지게 하는 일이 쉽지만은 않다. 특히 파트너 브랜드의 포지션과 재무상황이 변화할 가능성, 각 브랜드 자체의 개성 상실에 관한 문제를 반드시 깊이 고려해야 한다.

마지막은 직접 투자다. 인지도가 높은 고급 브랜드가 주로 선택하는 세계화 방식이다. 이런 방식을 취했다는 것 자체가 해당 브랜드의 성숙도를 보여준다. 기업은 단독으로 직접 현지 국가에 투자하고 시장에 뛰어들어 현지 문화 및 소비자와 교류함으로써 브랜드를 인정받아야 한다. 그만큼 위험도 커서 한 번 타격을 받으면 회복하기 어려울 수 있으니 신중하게 접근해야 한다.

본문에서 소개한 브랜드 세계화의 길과 방식은 모두 각각의 장단점이 있다. 그러므로 브랜드 세계화 전략을 추진할 때는 무턱대고 덤벼들지 말고, 반드시 기업의 실제 상황을 면밀하게 분석해서 상황과 필요에 따라 최적의 방법을 선택해야 한다.

진리라이의 브랜드 세계화 전략

'진리라이, 남자의 세계', 중국인이라면 누구나 아는, 텔레비전이나 신문잡지에서 늘 쉽게 찾아볼 수 있는 광고 카피다.

홍콩 진리라이 그룹金利來, 영문명 Goldlion의 시작은 창업주 쩡셴쯔曾憲梓가 50여 년 전에 연 작은 공방이었다. 그는 이곳에서 넥타이를 만들어 팔면서 갖은 고생 끝에 사업을 일으켰다. 현재 진리라이가 한 해에 생산, 판매하는 넥타이는 수억 개에 달한다. 진리라이는 '넥타이 제국'으로 불리며 유럽, 미주, 오세아니아, 아시아의 100여 개 국가와 지역에서 넥타이를 판매하고 있다.

쩡셴쯔는 1970년에 홍콩에 '진리라이유한공사'를 정식으로 설립하고, 넥타이 원단을 방직, 염색하는 공장까지 직접 운영했다. 또 회사에 디자인팀과 봉제팀을 따로 두어 품질에 심혈을 기울였다.

사업 초기부터 브랜드가 얼마나 중요한지 알았던 그는 진리라이가 업계의 명품 브랜드로 발돋움하려면 두 가지 조건, 바로 우수한 품질과 꾸준한 품질을 갖추어야 한다고 보았다. 이에 쩡셴쯔는 넥타이 생산 과정 전체에서 품질에 매우 공을 들여 쉬지 않고 설비를 개선하고, 전문 인재를 육성했으며, 과학적인 경영 시스템을 도입했다.

덕분에 진리라이의 넥타이는 좋은 원단, 아름다운 디자인, 깔끔한 마감 등으로 각계각층의 소비자들로부터 인정받았다. 점점 인기가 높아지면서 시장이 확대되고 판매처도 늘어나 홍콩과 싱가포르 각지에서 진리라이 넥타이를 만날 수 있게 되었다.

진리라이는 세 가지 과정, 즉 브랜드를 만들고 키우는 과정, 경쟁우위를 찾고 발전시키는 과정, 그리고 기업과 상품 이미지를 확립하는 과정에서 모두 매우 체계적이고 전략적으로 움직였다.

그중에서도 처음 브랜드를 만들고 키우는 과정은 험난하기 그지없었고 엄청난 노력이 필요했다. 이에 관해 쩡셴쯔는 브랜드 하나를 제대로 세우려면 네 가지 요소, 즉 경영자의 브랜드 가치 인식, 우수한 상품 생산, 인지도 확대, 브랜드 보호가 필요하다고 말했다.

경영자의 브랜드 가치 인식은 크게 두 가지로 나누어볼 수 있다. 하나는 경영자의 브랜드 인식 정도와 포부, 다른 하나는 환경과 기회에 관한 이해다. 쩡셴쯔는 유럽이나 미국에서 이미 유행이 지난 재고품이 홍콩 시장에서 처리되는 것을 보면서 중국 고유의 브랜드의 필요성을 느끼고 직접 브랜드를 만들기로 마음먹었다.

우수한 상품 없이 브랜드가 제대로 설 리 만무하다. 하지만 그것만으로는 충분하지 않으며, 반드시 브랜드 인지도를 확대해야 한다. 더 많은 대중이 상품과 브랜드를 알게 하고 싶을 때, 대대적인 광고만큼 좋은 방법은 없다. 1970년 설립 당시, 쩡셴쯔는 자금이 넉넉하지 않은 상황에서도 3만 홍콩달러HKD를 들여 텔레비전 광고를 시작했다. 큰돈은 아니었지만, 효과는 분명했다. 텔레비전 광고에 힘입은 진리라이의 넥타이는 판매량이 급증했고, 이후 쩡셴쯔는 처음 들인 비용의 10배에서 100배 이상 투입하며 광고에 열을 올렸다. 우려의 목소리도 있었지

만, 공격적인 광고 덕에 '진리라이 넥타이'는 홍콩에서 명품 브랜드로
자리 잡는 데 성공했다. 1986년에 중국 시장 개척을 준비할 때도 쩡셴
쯔는 광고부터 시작했다. 정식 진출 3년 전부터 중국 중앙방송국이자
최대 플랫폼인 CCTV 채널에 텔레비전 광고를 내보낸 것이다. 덕분에
중국인들은 진리라이라는 브랜드를 인지할 뿐 아니라 매우 친숙하게
여겼다. 이후 중국 시장에 정식 진출한 진리라이는 매년 판매량을 배
로 늘리면서 엄청난 수익을 올렸다.

성공적으로 브랜드를 만든 쩡셴쯔는 브랜드 보호가 더 어렵고 중요
한 일이라고 생각하며 역시 소홀히 하지 않았다. 그는 다음의 세 가지
방향에서 브랜드 보호 전략을 실행했다.

첫 번째 방향은 파이를 지키는 것이었다. 진리라이가 성공 가도를
달리자 수많은 업체가 이 시장에 뛰어들기 시작했다. 파이는 한정되어
있는데 먹겠다는 사람은 점점 더 많아지는 형국이었다. 이런 상황에서
브랜드 포지션을 유지하면서 파이를 지키려면 반드시 그들보다 훨씬
탁월해서 절대 빈틈을 보이면 안 된다.

두 번째 방향은 이른바 '짝퉁'의 기습을 막는 일이었다. 진리라이가
성공하자 그야말로 '수단과 방법을 가리지 않는' 짝퉁 상품이 시장에 풀
리기 시작했다. '짝퉁 진리라이'는 품질이 조악해서 진품인 줄 알고 구
매한 소비자들은 애먼 진리라이를 오해했다. 이런 일이 잦아지면 브랜
드 이미지가 나빠지고 아예 시장 자체가 사라질 수도 있다. 물론 법률
적 수단을 통해 제어할 수 있지만, 수많은 짝퉁 제조업체와 유통경로를
하나하나 확인하고 조사하려면 엄청난 인적, 물적 비용이 필요했다.

세 번째 방향은 품질 유지였다. 시장이 점점 커지면서 생산량이 확

대되고, 신입사원도 꾸준히 늘어났다. 이런 상황에서 쩡셴쯔는 회사 내부에서 품질 유지에 관한 생각이 해이해지는 일을 크게 경계했다. 품질이란 아주 조금만 신경을 안 써도 한순간에 무너지기 때문이다. 실제로 많은 기업이 초기 성공과 밀려드는 주문에 흥분한 나머지 이런 실수를 저지른다. 이 문제를 쉽게 생각했다가는 작게는 명성에 금이 가고, 크게는 브랜드 자체가 아예 무너질 수 있다. 쩡셴쯔는 고생 끝에 간신히 세워 놓은 브랜드를 보호하기 위해 늘 높은 수준의 품질을 유지하면서 소비자의 기대를 저버리지 않기 위해 노력했다.

이처럼 브랜드 보호에 전력을 기울인 진리라이는 이후 '남자의 세계'를 '여자의 세계'로까지 확대했다. 현재는 넥타이 브랜드일 뿐만 아니라 신사복과 장신구, 각종 가죽 제품, 여성용 상품까지 다양한 분야로 사업을 전개하고 있다. 그들의 시장은 홍콩을 넘어 싱가포르, 말레이시아, 태국, 유럽, 미주 및 중국 본토 등 수십 개 국가와 지역으로 확대되었으며, 아시아를 제패하고 세계적인 명품 브랜드로 발돋움 중이다.

사례 분석 의류 업계에서 꾸준히 뚜렷한 이미지를 고수하는 브랜드는 많지 않다. 이 어려운 일에 성공한 이는 창립부터 지금까지 줄곧 브랜드를 만들고 전개하고 보호하는 일을 소홀히 하지 않았다. 그들은 멈추지 않고 브랜드 이미지를 더 좋게 만들어 대중에게 신뢰를 주었고, 안정적으로 품질을 유지함으로써 소비자들로부터 명품을 생산하는 좋은 기업이라는 인정을 받았다.

정보의 교류와 소통이 고도로 발달한 현대에 기업은 반드시 촉각을 곤두세워야 한다. 그렇지 않으면 브랜드 포지션을 잃고, 시장에서 거의 재난에 가까운 일을 당할 수도 있다. 확실한 위기 대처 시스템을 갖추어 놓지 않았다면 결과는 상상하기 어려울 정도로 처참할 것이다.

기본적으로 브랜드 보호는 무슨 일이 터졌을 때가 아니라 평상시에 해야 하는 일이다. 완벽한 상호소통 시스템을 건립해서 평소에 소비자와 늘 소통하며 촉각을 곤두세워야만 공들여 쌓은 브랜드가 한 순간에 무너지지 않을 수 있다.

PART

3

HARVARD MARKETING LECTURE

마케팅 포인트

◆

길을
아는 자가
시장을
장악한다

마케팅채널에 관한 모든 것

넓은 의미에서 보면 생산자, 대리상, 중간 유통업체 및 사용자가 모두

마케팅채널의 구성원이 된다. 그들은 마케팅 대상인 상품의 소유권을 보유하며

그에 상응하는 위험을 부담한다. 일반적으로 마케팅채널은 생산자, 도매상,

소매상과 기타 성공적인 마케팅에 중요하게 작용하는

전문 업체들이 합작한 하나의 시스템을 가리킨다.

마케팅채널이란
무엇인가?

◆

　마케팅채널의 주요 기능은 살펴보면 이렇다. 먼저, 마케팅 전략을 세우고 실제 교환을 진행할 때 필요한 정보를 수집, 분석한다. 그리고 상품 관련 정보를 전파함으로써 소비자의 구매를 유도하는 판촉활동이다. 교섭 기능으로 잠재고객을 찾고 그들과 소통하며, 구매자의 요구에 따라 상품이나 서비스를 조정하는 배급기능이 있다. 상품에 등급을 매기거나 분류, 포장하는 등의 활동이 모두 여기에 속한다.

　협상기능으로 생산자 혹은 구매자 대신 가격 및 기타 거래조건을 조정해서 최종 거래를 추진하고 소유권 이전을 실현하고, 소매 판매기능으로 상품을 저장하고 운송해서 소비자에게 직접 판매한다. 또한 자금유통으로 자금을 모으거나 분산함으로써 소매 판매에 필요한 부분 및 전체 비용을 책임진다. 한편 전체 마케팅 과정에서 일어날 수 있는 모든 위험을 해결한다.

이렇게 다기능적인 마케팅채널은 중간상의 유무나 유통단계에 따라 두 가지 유형으로 나뉜다.

첫째 다이렉트 마케팅direct marketing은 마케팅채널에서 중간상을 배제하고 생산자가 직접 소비자에게 판매하는 방식이다. 예컨대 방문판매, TV, 전화, 인터넷을 이용한 통신판매 등이 여기에 속한다. 주로 공산품으로, 특히 대형의, 전문적인, 기술집약적인 상품에 적합하다.

다이렉트 마케팅은 소비자의 수요를 만족하는 데 유리하고 생산자가 직접 상품을 소개하므로 소비자가 해당 상품의 성능, 특징, 사용방법을 이해하기 쉽다. 또 중간 단계를 거치지 않아서 유통 비용을 줄일 수 있고, 더 적극적으로 경쟁에 참여할 수 있다. 그러나 마케팅 과정에서 너무 많은 인력과 노력, 비용이 투입되어야 하고, 판매범위도 제한적이라는 단점이 있다.

둘째 인다이렉트 마케팅indirect marketing은 상품이 하나 혹은 여러 단계를 거쳐서 소비자에게 판매되는 방식이다. 소비재를 판매하는 가장 일반적인 방식이다. 중간상이 개입하면 직거래 횟수가 줄어 생산자는 유통에 들어가는 각종 비용과 시간을 아낄 수 있다. 또 시장 확대와 상품 판매 같은 일을 중간상에 맡기고 온전히 생산에 에너지를 집중할 수 있다. 이는 전체적으로 보았을 때 생산자와 소비자 모두에게 좋은 일이다. 하지만 중간상의 개입이 양자의 상호소통을 불편하게 만드는 점이 단점으로 꼽힌다.

마케팅채널의 너비는 각 유통단계에서 개입하는 동류 중간상의 수로 결정된다. 중간상이 많을수록 판매범위가 넓어지는데 이를 넓은 채널이라고 한다. 예를 들어 보통의 일용품(수건, 칫솔, 물병 등)은 여러 도매상이 각각 더 많은 소매상에게 상품을 넘겨서 대량으로 유통된다.

반대로 중간상이 적을수록 판매범위가 협소한데 이를 좁은 채널이라고 한다. 일반적으로 전문성이 높은 상품이나 귀중품은 하나의 중간상이 맡아서 몇 개의 소매상에 유통하는 일이 많다. 좁은 채널은 생산자가 유통 및 소매 판매 상황을 제어하기 쉬운 장점이 있지만, 시장이 제한적이라는 단점이 있다.

기업의 실력이 향상되고 시장 범위가 확대되면서 마케팅채널의 중요성이 나날이 더 커지는 추세다. 현재 이미 많은 기업이 마케팅채널 전략의 중요성을 인지하고 전문적으로 연구한다. 현대 기업이라면 반드시 마케팅채널의 발전 추세와 경향을 연구해야 한다.

거의 모든 업계에서 대형 생산기업이 주요 지역에 자체 전담 유통업체를 세우거나 현지 도매상에 투자해서 소매상과 직접 만나는 일이 빈번해지고 있다. 도매 단계를 아예 기업의 경영 시스템 안으로 넣어버리는 방식이다. 이 같은 생산-판매 일체화 추세는 점점 더 확대되고 있다. 생산기업은 이 방식을 통해 마케팅채널을 직접 관리해서 그의도와 목적을 실현하고자 한다.

또 다른 추세로는 생산-대형 소매상 일체화 추세로 대형 소매업체는 상품 구색, 판매량, 위치, 소비자 영향, 기타 객관적 조건이 모두 상당히 안정되었다는 경쟁우위가 있다. 생산기업이 대형 소매업체와 직접 손을 잡으면 도매상을 거치지 않아 유통단계를 줄일 수 있고, 그들의 경쟁우위까지 십분 활용할 수 있다. 기업과 대형소매업체의 연합 브랜드 출시, 체인점 경영, 프랜차이즈 경영 등이 모두 생산-대형 소매상 일체화를 잘 보여주는 예다.

판매자 시장이 구매자 시장으로 전환하면서 기업 간 경쟁이 더 치열해지고, 마케팅도 더 어려워졌다. 이에 마케팅채널의 중요성이 대두되고 나날이 전문화되고 있다. 마케팅 기구 네트워크화, 마케터 전문화, 마케팅 수단의 다양화, 마케팅 기술의 현대화 등이 전부 이런 추세의 결과다. 사실상 전문화된 마케팅채널을 벗어나 살아남을 수 있는 기업은 그다지 많지 않다.

생산에서부터 판매까지 전 과정이 순조롭기 바란다면 반드시 마케팅채널을 관리, 강화해야 한다. 가장 중요한 일은 역시 '표준화'다. 마케팅채널을 좀 더 규범화하고 원활히 돌아가게 하려면 반드시 통일된 표준이 있어야 한다. 예컨대 가격 표준, 서비스 표준, 자금유통 표준, 마케팅 수량 표준, 할인 표준 등이 여기에 속한다. 마케팅채널의 표준화는 곧 마케팅 효율 상승으로 이어진다.

대량생산과 대량소비의 추세에 발맞춰 마케팅채널 역시 점에서 선으로 변화하며 조직화, 네트워크화 되고 있다. 대표적인 사례인 미국 코카콜라는 전 세계를 상대로 거대한 마케팅 네트워크를 건립해 운용하고 있다.

새로운 마케팅채널이
필요하다

◆

마케팅채널은 상품이 생산영역에서부터 소비영역으로 이동하는
과정에서 각 단계와 경로를 긴밀하게 연합한 유기적인 시스템이다. 기
업은 마케팅 목표를 실현하기 위해서 각 구성요소의 구조 및 결합을
심사하고 선정해 완전히 새롭거나 개선된 형태의 마케팅채널을 개발
해야 한다.

넓은 의미의 마케팅채널 개발은 기업을 설립할 때 처음 만드는 일
뿐 아니라 기존의 것을 개선하거나 재개발하는 일까지 모두 포함한다.
어떤 경우든 제대로 하려면 각 구성요소(소비자, 상품, 중간상, 시장, 기업, 환
경, 경쟁)를 정확히 이해하는 일에서부터 시작해야 한다.

마케팅채널 개발은 소비자의 수, 분포, 구매 횟수, 1회 평균 구매
량 및 마케팅 수용력 등의 영향을 받는다. 소비자 수가 많으면 단계마
다 중간상을 여럿 두는 긴 채널을 선택해야 더 효과적이다. 소비자 수

가 많고 지리적으로 집중되었다면 짧은 채널로 하는 다이렉트 마케팅이 좋다. 만약 소비자가 소량씩 여러 차례 구매하는 패턴을 보인다면 생산자는 비교적 기다란 마케팅채널을 이용해서 비용을 줄일 수 있다. 반대로 소비자가 가끔이지만 한 번에 많이 구매한다면 짧은 채널이 좋다. 이외에 소비자가 생산자의 마케팅방식을 받아들이는 정도도 중요하므로 신중하게 고려할 필요가 있다.

각 상품의 특성도 마케팅채널을 개발할 때 반드시 고려할 부분이다. 예컨대 쉽게 부패하거나 손상되는 상품이면 다이렉트 마케팅을 선택해서 발생할 수 있는 손실을 피해야 한다. 건축자재처럼 크고 무거운 상품은 운송 거리와 화물을 싣고 부리는 횟수를 최소화하는 채널을 선택하면 좋다. 매우 특수한 상품이라면 전문지식이 없는 중간상의 손을 거치느니 그냥 생산자가 직접 판매하는 편이 낫다. 설치 및 보수 서비스가 필요한 상품은 직접 판매하든가 아니면 위탁업체를 지정해야 한다. 이외에 고가의 상품은 다이렉트 마케팅으로, 계절이나 유행을 타는 상품은 시기를 놓치지 않도록 짧은 채널을 사용해서 상품이 신속하게 소비자에게 도달할 수 있도록 한다. 마지막으로 생산부터 소비까지 시간과 공간의 간격이 있는 상품은 긴 채널을 선택해서 공급과 수요의 연속성이 유지되게 해야 한다.

마케팅채널을 개발할 때는 중간상의 강점과 약점을 반드시 고려해야 한다. 중간상을 이용해서 마케팅 비용을 낮출 수 있지만 각 중간상은 대리 판매, 협상, 저장, 신용 등 방면에서 능력이 천차만별이다. 어쩌면 직접 판매하는 것보다 효과도 적고 비용이 되려 더 들어갈 수도 있으므로 반드시 신중하게 살펴서 결정해야 한다.

시장을 연구할 때는 반드시 상품의 용도와 포지션에 주의를 기울여야 한다. 시장은 마케팅채널을 개발할 때 무엇보다 중요한 요소다.

잠재고객이 널리 분포해서 시장 범위가 큰 편이라면 긴 채널을 이용해 상품이 더 많은 소비자를 만날 수 있도록 해야 하며 시장이 밀집한 해외 시장이라면 마케팅 채널이 짧아도 되지만, 일반적인 지역에서는 가장 전통적인 마케팅채널, 즉 도매상과 소매상을 거치는 구조가 좋다.

소비자가 가장 쉽게 받아들이는 가격, 구매 장소 선호도, 서비스 요구사항 등이 모두 마케팅채널에 영향을 미칠 수 있다. 또한 계절을 타는 상품은 긴 채널로 도매상의 능력을 충분히 발휘하면 좋다.

각 기업들이 경쟁하는 동류 상품은 보통 유사한 마케팅채널을 사용해야 시장을 비교적 쉽게 점령할 수 있다. 또한 소비자 구매 패턴에서 1회 구매량이 많으면 직접 공급해서 마케팅채널을 짧게 하고, 1회 구매량이 적으면 여러 차례 도매 판매가 필요하므로 채널이 좀 더 길어야 좋다.

마케팅에서 개발에 기업의 장기발전목표, 규모, 재정 상황, 상품 구색, 과거 성적, 경험, 현재 마케팅 전략 등의 요소가 모두 마케팅채널 개발에 영향을 미친다. 한 번 결정된 마케팅채널은 다시 바꾸려면 비용도 많이 들고, 무엇보다 어렵다. 그러므로 마케팅채널을 개발할 때는 반드시 기업의 장기 목표와 부합하는지 깊이 고려해야 한다. 기업의 규모는 시장과 고객 확보뿐 아니라 중간상과의 합작 효과에 결정적인 영향을 미친다. 일반적으로 기업은 과거에 이용한 적 있는 특정한 유형의 중간상을 더 선호하는 경향이 있다. 기업의 현재 마케팅 전략도 마케팅채널 전체에 중요한 영향을 미친다. 만약 마케팅 전략이 '빠른 속도'라면 중간상에게도 관련한 요구를 할 것이고, 소매상 역시 재고 관리와 운송시스템 선택에서 이를 염두에 둘 것이다. 마케팅 전략이 '대규모 광고'라면 상품 전람회를 열어야 할 테니 광고 컨설팅업체를 마케팅채널에 참여시켜야 한다.

환경적 요소로 경기와 법률 규정이 마케팅채널 설계를 꽤 큰 폭으로 제한할 수 있다. 불경기에는 수요가 줄어드니까 생산자는 상대적으로 저렴한 상품을 출시해야 한다. 이럴 때는 가장 경제적인 방법으로 상품을 운송하고, 괜히 상품 가격만 올리는 불필요한 서비스를 포기해야 하므로 짧은 채널을 선택한다. 또 마케팅채널을 개발할 때는 법률 규정도 잘 살펴야 한다. 특히 해외 시장에 진출할 때는 해당 국가의 관련 법규를 꼼꼼히 살펴서 문제가 없도록 해야 한다. 미국 정부는 기업들이 '의도적으로 경쟁을 회피하거나 독과점의 가능성이 있는' 마케팅채널을 사용하는 것을 법률로 엄격히 금지하고 있다.

대부분의 기업은 경쟁업체와 똑같은 마케팅채널을 사용하는 일을 최대한 피하고자 한다. 상대방이 도매상과 소매상을 사용하는 전통적인 채널을 사용하면 다른 채널이나 경로를 찾아 마케팅하는 편이 좋다. 미국 화장품 기업 에이본AVON이 좋은 사례다. 그들은 전통적인 마케팅채널을 사용하지 않고 잘 훈련된 젊고 아름다운 여성 판매원이 집마다 찾아다니면서 상품을 파는 '방문판매' 채널을 선택했다. 이 방식은 크게 성공해서 많은 이익을 냈다.

대리점과 친구가 된 딩이

딩이頂益는 중국을 대표하는 라면 브랜드 '캉스푸康師傅'를 생산하는 기업으로 설립 초기부터 빠르게 성장했다. 하지만 라면 시장의 경쟁이 치열해지면서 어느 순간 판매량은 제자리를 맴돌았고, 물류 및 시장 가격을 제어하기 어려워졌다. 상황이 이러니 신상품을 내놓아도 제대로 판촉하기조차 힘들었다. 냉철하게 상황을 분석한 딩이는 이 사태가 마케팅채널이 너무 비대하고, '앉은장사'로 일관하는 대리점과 도매상의 낙후한 영업방식이 마케팅 효율을 떨어뜨렸기 때문이라고 결론 내렸다. 실제로 당시 딩이의 마케팅채널은 너무 길었다. 대리점과 도매상이 많다 보니 상품이 소비자의 손에 도달하는 시간이 지체되었으며, 당연히 유통 비용과 상품 가격이 연쇄적으로 상승했다. 특히 대리점들은 스스로 시장을 개척하려는 적극성이 부족해서 시장점유율이 도통 오르지 않았다.

사실 딩이가 너무 안이하게 생각한 점도 문제였다. 이전에 그들은 대리점에 판매량 상승만 강조하고, 대리점별 지역분할에 대해서는 따로 이야기하지 않았다. 그랬더니 대리점들은 서로 판매지역을 침범하면서 불공정 경쟁을 벌였고, 가격을 제 마음대로 낮추기까지 했다. 이렇게 시장가격이 혼란스러워지고 마케팅채널 효율이 떨어지는 점이 가장 큰 문제였다. 상품의 유통을 추진하는 가장 중요한 역량이 바로 각 채널이 얻는 이윤인데 이런 식으로 서로 '제 살 깎아 먹기' 식 운영을 하니 지지부진한 것은 당연한 결과였다. 딩이는 문제를 해결하기 위해 적극적으로 움직였다. 그들은 우선 유통단계마다 이윤을 합리적으로 배분하고 협조를 요청했다. 이러한 조치는 공정경쟁 발전에 꼭 필요했다.

이와 동시에 딩이는 중국 유통 구조의 변화에 주목했다. 중국의 유통은 단계형이 아니라 도약형으로 성장했고, 이러한 변화에 발맞추려면 반드시 먼 미래까지 내다보아야 했다. 이미 해외 유수의 기업들이 경쟁하는 무대가 된 중국에서는 상품경쟁뿐 아니라 유통 경쟁까지 벌어지고 있었다. 유통을 장악한 자가 미래를 손에 넣는다고 해도 과언이 아니었다. 동류의 상품이 나날이 많아지는 시대에 유통은 시장경쟁력을 결정짓는 가장 중요한 요소로 작용했다.

상품이 생산자로부터 소비자에게 도달하기까지는 일정한 과정이 있는데, 이 과정의 단계가 적을수록 두 가지 장점이 부각된다. 하나는 시간으로 상품이 생산된 후 소비자에게 가는 시간이 단축되는 것이다. 다른 하나는 이익으로 여기에는 각 채널의 이익과 소비자의 이익이 모두 포함된다. 단계를 줄이면 마케팅채널 전체의 총이윤은 같아도 각 대리점의 이윤이 상대적으로 상승한다. 동시에 소비자의 이익 역시 상승하는데 이것이 바로 딩이가 단행한 '유통 마케팅 재조정'의 출발점이었다. '유통 마케팅 재조정'의 목적은 유통단계를 줄임으로써 각 채널과 소비자의 이익을 상승하고 품질을 보장하는 데 있었다. 이는 곧 '유통 마케팅 재조정'의 지침이기도 했다. 원칙적으로 딩이의 목표는 마케팅채널을 전면적으로 뜯어고치는 것이 아니라 마케팅채널의 모든 요소와 좋은 관계를 건립해서 일종의 '운명공동체'가 되는 것이었다.

간단하게 말해서 그들이 원하는 건 '윈-윈'이었다. 이렇게만 되면 모두가 원하는 이윤을 얻을 수 있었다. 이전에 딩이는 실적이 좋지 않은 대리점이 있으면 계약을 파기했지만, 지금은 어떻게 해야 실적을 올릴 수 있을지 함께 고민한다. 그러니까 쌍방이 서로 돕고 충성하는 '파트너'가 된 것이다.

전체 과정에서 대리점들의 참여를 독려해 이것이 합작의 형식임을 인지시켜서 새로운 마케팅채널을 구성했다. 이와 동시에 불필요한 단계나 과도한 할인이나 덤핑, 지역할당량 초과 판매 등의 행위를 멈출 것을 권해 완전히 사라지도록 했다. 이 같은 단호함은 대리점의 안이한 태도를 완전히 뿌리 뽑았다. 딩이의 '유통 마케팅 재조정'은 마케팅채널과 지역 유통을 관리함으로써 소비자가 응당 누려야 할 이익을 얻도록 했다. 지역 간 가격차를 없애고 지역판매량을 엄격하게 관리해서 대리점들이 관할 지역 밖에서 물건을 싸게 팔 것이 아니라 지역 내에서 시장을 점유해 돈을 벌겠다고 생각하게 유도했다. 시간이 흐르면서 대리점들은 점차 고객을 '만들 수 있다'라고 생각하게 되었다. 지역 내에서 점유율을 올리고, 충분한 서비스를 제공했더니 이전에는 자기 시장이 아니었던 곳이 자기 시장이 되었다. 이러한 노력 덕분에 2000년 상반기, 딩이의 판매량은 전년도 동기 평균보다 20%가량 증가했으며 시장점유율 역시 상승했다.

딩이는 대리점의 참여를 독려하고 적극적으로 합작해서 마
케팅채널의 효율을 높였다. 이러한 조치는 소비자의 이익
을 보호하고, 나아가 시장점유율까지 끌어올렸다. 이것이 바로 딩이의
'유통 마케팅 재조정'이었다. 기업을 경영하는 사람이라면 반드시 공부
하고 본보기로 삼을 만한 사례다.

아홉번째수업

획기적인 채널로 금맥을 캐라

마케팅채널은 상품의 유통 네트워크 및 유통경로를 가리키며

여기에는 물류 외에 정보와 자금의 유동도 포함된다.

다채널 마케팅이란 하나의 기업이 두 개 혹은 그 이상의 채널을 통해

표적소비자가 있는 세분시장에 도달하는 방법이다. 소비자 시장이 끊임없이 변화하고,

채널이 끊임없이 다양화하는 이 시대에 점점 더 많은 기업이 다채널 마케팅을 채택하고 있다.

마케팅채널은 다다익선,
바로 디즈니처럼!

◆

디즈니Disney는 다채널 마케팅multichannel-marketing을 아주 성공적으로 운영하는 기업 중 하나다. 우선 디즈니는 애니메이션과 영화를 제작해서 박스오피스 수익을 내고, 디즈니랜드에서 입장권 수익과 기념품, 식음료 판매로 돈을 번다. 또 애니메이션에 등장하는 캐릭터를 브랜드화해서 장난감, 의류, 식품 등을 개발해 부가 수입을 얻는다. 디즈니를 주제로 한 네트워크, 텔레비전 프로그램 제작과 방송국 운영 수입도 있다. 지금 디즈니는 단지 애니메이션을 만드는 기업이 아니라 각종 사업, 심지어 시계, 장식품, 가방, 인형, 트렁크, 생활용품 제작 등 다양한 영역에까지 뻗어있다. 상품은 하나지만 무수한 채널로 수익이 발생하는 구조인 셈이다.

영화관이 영화 상영 외에 팝콘, 음료수, 각종 영화 관련 기념품으로 수익을 올리거나 호텔이 음식점, 바, 연회장, 회의실 등으로 수익을 올리는 것 역시 마찬가지다. 이 모두가 다채널 마케팅이다.

디즈니는 핵심 상품으로 얻는 이윤뿐 아니라 그 파생상품이 가져오는 다채널 수익원에 주목한다. 다채널 마케팅은 소비자들과 활발하게 직간접 소통을 진행해야 하는데 구체적인 방식으로는 인터넷 홈페이지, 소매점, 통신판매, 이메일, 모바일 등이 있다. 소비자들이 각자 선호하는 방식으로 반응을 보이고, 반응이 구매로 이어지도록 부추기는 것이다. 간단하게 말해서 다채널 마케팅은 소비자가 선택할 수 있는 모든 것을 둘러싸고 발생한다.

다채널 마케팅의 가장 큰 의의는 바로 '소비자가 있는 곳에 마케팅이 있다는' 점이다. 알다시피 소비자는 어디에나 있으며 오늘날의 소비자는 구매 과정 전체에서 마케터보다 더 큰 권한을 가지고 있다. 또 그들은 수많은 이용 가능한 채널을 통해 필요할 때 얼마든지 정보를 얻고, 더 다양한 선택사항을 확보할 수 있다.

강조하건대 다채널 마케팅은 소비자의 소비습관을 기르는 데 분명한 효과가 있다. 소득 수준이 중상 이상인 소비자를 대상으로 하는 상품, 특히 신상품은 다채널 마케팅을 이용해서 표적시장을 개발할 수 있다. 다채널 마케팅은 유지 보호 비용이 많이 들지만, 표적고객과의 결합이 비교적 고정적이라는 특징이 있다.

현대 기업은 소비자와 접촉할 수 있는 채널이 많고 종류도 다양하며 게다가 채널수가 꾸준히 증가하고 있다. 이런 상황에서 다채널 마케팅은 기업의 마케팅 효율을 높일 수 있는 가장 좋은 방법일 뿐 아니라 반드시 해야 하는 일이다.

뭉치면 유리하다
-제휴 마케팅-

◆

제휴 마케팅Affiliate marketing은 각 채널에 더 높은 가치를 제공하고 효율을 높여준다. 브랜드 간 제휴 마케팅은 양측의 자원을 하나로 합쳐 업무를 전략적으로 합작하고 잠재력을 키우는 데 유리하다. 제휴 마케팅은 기업 간 마케팅 촉진, 브랜드 이미지 향상을 위한 효과적인 수단으로 사용되고 있다.

각 채널이 제휴 마케팅을 통해 목적을 달성하려면 반드시 그들이 무엇을 기대하는가를 살펴보아야 한다. 예컨대 대리점이나 지사는 판매량과 이익 증대에 집중하지만, 소매상은 서비스 가치와 브랜드 이미지에 더 집중한다. 또 최종 소비자는 좋은 품질과 저렴한 가격, 애프터 서비스, 사용 시 안전문제 등에 주목한다. 그러므로 제휴 마케팅을 펼칠 때는 서로 기대하는 가치를 조정해서 전체 가치를 실현하는 방향으로 해야 한다. 그래야만 더 장기적이고 안정적인 효과를 누릴 수 있다.

1995년 9월에 설립된 **이베이**eBay는 세계 최대의 전자상거래 사이트로 활성 회원만 1억 7,900만 명2019년 1월 기준이다. 방문자 구매율도 가장 높아서 사이트를 방문한 사람의 거의 4분의 1이 구매자가 된다.

이베이가 이렇게 많은 사용자를 끌어모을 수 있었던 것은 바로 제휴 프로그램 덕분이었다. 2000년 4월, 이베이는 클릭 트레이드Click Trade가 제공하는 제휴 프로그램을 처음 도입했다. 당시 이베이는 제휴 사이트를 통해 등록하는 회원마다 3달러의 커미션을 지급하는 방식으로 제휴 프로그램을 시작했다. 그 결과 이베이는 1년 동안 2만여 개의 제휴 사이트를 모았다. 2001년 4월, 이베이는 다시 커미션 정션 Commission Junction이 제공하는 고효율의 제휴 프로그램을 도입했다. 클릭 트레이드와의 제휴 프로그램 역시 아직 유지되고 있어서 커미션 정션의 프로그램 시스템과 함께 운영했다. 커미션 정션이 제공하는 스마트존Smart Zones은 상대방 사이트에 배너 로테이션을 최적화해주는 기술로 마케팅 방안을 제공하고 사용자 방문기록을 실시간으로 보고함으로써 회원 관리 중에 발생하는 각종 문제를 해결하는 데 유리했다.

2001년 3월, 이베이는 커미션 정션과 두 번째 제휴 프로그램을 시작하면서 회원 등록 커미션을 4달러로 올렸다. 그 덕분인지 이 새로운 프로그램이 시작한 지 일주일 만에 이베이는 2,000개 이상의 제휴 사이트를 끌어들였고, 6주 후에는 제휴 사이트가 1만 2,000개 이상으로 늘어났다. 커미션 정션이 제공하는 제휴 프로그램은 2001년 5월의 한 주 동안 총 50만이 넘는 사용자 클릭 수를 기록했다. 이는 거의 불가사의에 가까운 일이었다.

놀랍게도 이베이는 예나 지금이나 회원을 끌어모으기 위한 그 어떠한 인센티브를 제공하지 않는다. 가입 회원에게 주는 쿠폰이나 무료 거래 등의 혜택이 일절 없다. 이베이에 등록하는 사람들은 모두 온전히 스스로 원해서 등록하는 것뿐이다. 2001년 1분기 수익보고에 따르면 등록 사용자당 커미션이 평균 14달러로 크게 높아졌는데 제휴 프로그램을 통하면 4달러로 가능하니 상당히 성공적이었다고 할 수 있다.

이외에 자회사인 하프닷컴Half.com과의 제휴 마케팅은 서적, CD, 영화, DVD 및 게임 분야에서 실적이 좋았다. 그래서 이베이와 하프닷컴은 일종의 '공생 마케팅' 전략을 펼쳐서 서로 제휴 사이트로 등록하거나 홍보할 수 있도록 했다. 이를 통해 이베이는 더 많은 제휴 사이트를 끌어모았다.

이베이는 클릭 트레이드, 커미션 정션, 하프닷컴과의 제휴 마케팅을 통해 큰 성공을 거두었다. 이들은 서로 장점을 취하고 단점을 보완하면서 모종의 연대의식을 형성했으며 소비자들이 두 브랜드를 하나로 인식하도록 유도해서 더 많은 사이트 사용 경험을 쌓도록 했다. 그러면서 소비자들은 제휴 사이트와 자신의 신분, 개성, 생활방식, 습관, 취향, 가치관 등이 서로 연관되었다고 인식했다. 이러한 변화는 눈에 띄지 않게 무의식적으로 소비자의 행위에 영향을 미쳤다.

제휴 마케팅은 동류 기업이 함께 할 수도 있지만, 여러 다른 부류의 기업과 개인들이 모여 펼치는 것도 가능하다. 어느 쪽이든 공동의 표적고객 집단이 있고, 브랜드 이미지와 개성이 유사해야 하는 전제조건이 확보되어야 한다.

제휴 마케팅은 세 가지 이유에서 매우 전략적인 조치라고 말할 수 있다. 첫째, 장기적인 프로젝트로 한 번 모델이 확정되면 시장 상황이 변하더라도 조정이 꽤 어렵다. 둘째, 기업 전체가 관련 있고 책임지는 일이며 단순히 마케팅 부서에서 결정을 내리는 일보다 훨씬 복잡하다. 셋째, 그 효과가 미비하거나 있더라도 지연되면 부작용이 발생하고 즉각 손해가 출현한다.

그러므로 기업은 제휴 마케팅을 결정할 때, 매우 전략적인 눈으로 면밀하게 검토해서 이것저것 깊이 따져본 후에 결정해야 한다.

함께 돈 버는
수직적 마케팅 시스템

◆

　전통적 마케팅채널을 구성하는 생산자, 도매상, 소매상은 모두 각각 독립적인 기업으로 자신의 이윤을 최대화하려고 한다. 설령 마케팅채널 전체의 손해를 갉아먹는 대가를 치르더라도 '나만 돈을 벌면 문제없다는' 식이다. 수직적 마케팅 시스템VMS: Vertical Marketing Systems의 출현은 이 같은 '각자도생各自圖生' 방식을 근본적으로 개선했다.

　M. 빅스비 쿠퍼M. Bixby Cooper는 수직적 마케팅 시스템, 즉 VMS를 '채널 경제성과 최대 마케팅 효과를 달성하기 위해 전문적으로 관리되고 중앙 집중적으로 통제되는 마케팅채널'이라고 정의했다. 쉽게 말해서 VMS란 생산자, 도매상, 소매상을 하나로 묶어 각 채널이 자기 이익만 추구했을 때 발생할 수 있는 충돌을 피하고, 각 채널의 행위를 좀 더 효과적으로 통제하는 시스템이다. VMS는 세분시장 깊은 곳까지 파고들어서 특징적인 서비스를 제공하고 기업의 확장을 적극적으로 돕는다.

미국 소비재 판매 시장에서는 VMS가 이미 전체 시장의 60~70%를 차지하고 있다. VMS는 각 채널의 관계 및 통제의 정도에 따라 다음의 몇 가지 유형으로 나눌 수 있다.

첫째로 기업형 VMS로, 한 기업이 다른 채널들, 예컨대 생산기업, 도매업체, 소매업체 등을 법적으로 소유하고 통합적으로 관리하는 유형이다. 기업은 마케팅 활동 부분 혹은 전체를 통제하며 생산과 도소매 업무를 종합적으로 경영할 수 있다. 기업형 VMS의 유형은 대형 생산기업이 도소매 업체를 소유하는 전방통합forward integration과 대형 소매상이나 도매상이 생산업체를 소유하는 후방통합backward integration의 두 가지가 있다.

둘째는 관리형 VMS인데, 규모나 시장 영향력이 가장 큰 채널, 즉 채널 지도자channel captain가 다른 채널에 영향을 미쳐서 마케팅 활동을 통제하는 방식이다. 많은 기업, 설령 대기업이라도 거액을 투입해서 상품에 필요한 마케팅 기구를 일일이 설치하고 운영하기는 쉽지 않다. 그래서 기업들은 소매상과 협의를 거쳐 판촉, 공급, 가격 결정, 상품 진열, 판매 등의 업무를 지원하는 방식을 선택한다. 계약이 아니라 비공식적으로 작용한다는 특징이 있다. 예를 들어 미국의 식품 제조 및 판매업체인 크래프트Kraft는 전국의 식품잡화점에 판매지침을 제공하고 상품 진열을 지원한다.

셋째로 가장 광범위하게 적용되는 계약형 VMS는 공식적인 계약을 근거로 채널들을 결합하는 형태다.

각 채널은 저마다의 특징을 유지하는 독립적인 기관으로 상품 확보 수준, 가격 결정 등과 관련한 권리, 책임, 의무를 협의하고 계약을 맺는다. 이를 통해 불필요한 내부 충돌이나 비효율적인 행위를 예방할 수 있다. 계약형 VMS는 다시 다음의 세 가지로 나뉜다.

첫째, 소매상 협동조합은 중소 소매상들이 공동 소유의 조직체를 결성해서 상품을 도매할 때 구매 능력을 키우는 형태다. 소매상들은 협의를 통해서 공동으로 구매하고 판촉함으로써 가격 결정 방면에서 경쟁력을 갖출 수 있다.

둘째, 도매상 후원 자발적 연쇄점은 도매상을 중심으로 독립적인 소매상들이 일종의 계약을 통해 연합한 형태다. 소규모 경영자는 대량 구매, 공동판촉 등의 이점을 얻어 대규모 기업형 연쇄점과 가격경쟁이 가능해진다.

마지막으로 우리가 흔히 알고 있는 프랜차이즈 시스템은 가맹본사가 가맹점과 일종의 계약을 맺고 일정 기간, 특정 지역에서 자신의 상품이나 서비스를 판매할 수 있는 권한을 주는 방식이다. 가맹점은 일정 기간, 특정 지역 내에서 가맹본사의 상표, 상호, 운영 방식 등을 사용해 사업할 수 있다. 서구에서 처음 출현했을 때 계약 마케팅의 주요 모델로 매우 빠르게 자리 잡았다. 프랜차이즈 시스템의 관리, 교육, 판촉, 재무 형식이 모두 통일되었으며, 가맹본사는 가맹점으로부터 초기 가입비와 매출액의 일정 비율에 대한 로열티 등을 받는다.

허베이 징위, 까다롭지만 정확하게 관계 맺기

중국 허베이河北의 징위鯨魚 그룹은 타이어를 위주로 강선, 자전거 타이어, 카본블랙 등을 생산하는 기업이다. 중국 내 업계에서 수위를 차지하고 있으며, 1999년에 성, 시 정부로부터 '마케팅 선진 기업'으로 선정된 바 있다. 현대 마케팅 시스템을 완성하고, 적극적으로 대리 판매를 추진한 정책이 좋은 평가를 받았다. 징위의 마케팅 전략은 구체적으로 다음과 같다.

1 | 엄격한 선정 과정

징위는 대리상을 선정하면서 자금 상황, 경영 능력, 판매 네트워크 등 다방면으로 심사했다. 이와 관련해서 징위는 세 가지 기본 조건을 내걸었다. 첫째, 정식 등록을 마친 법인으로 충분한 자금이 보장되어야 한다. 또 법인의 대표는 반드시 성실하고, 신용도가 높으며 마케팅 경영에 대한 지식이 풍부해야 한다. 둘째, 이미 판매 네트워크를 형성했고 시장 영향력이 커야 한다. 셋째, 사무공간, 저장창고, 운송 설비가 갖추어져 있어야 한다. 이 세 가지 조건 외에도 징위는 대리상에 초기 운영 자금을 제공하면서 혹시 모를 위험에 대비하기 위해서 유가증권이나 부동산을 담보로 요구하고 근저당권설정계약서를 썼다.

2 | 적극적이고 꼼꼼한 관리

징위는 각 대리상의 운영 상황을 컴퓨터 네트워크로 꼼꼼히 확인하고 상품 공급이나 자금 유동에 관한 내용을 수시로 살폈다. 또 금융권에서 하듯이 각 대리상의 신용등급을 나누었는데 매달 평균 지불액이 협의 약정한 내용과 같으면 AAA등급을 부여했다. 반대로 계약을 이행하지 않거나 신용이 떨어진 대리상과는 즉각 계약을 파기했다. 징위가 이처럼 꼼꼼하고 까다롭게 관리하자 대리상들 역시 한눈팔지 않고 더 합리적이고 열정적으로 경영했다. 징위는 1997년 하반기에 13개 대리상과 계약하고 2곳과는 재계약하지 않았다. 1년 후인 1998년도 대리상 수는 34곳5곳 탈락이 되었고, 다시 1년이 흐른 1999년에는 41곳3곳 탈락으로 늘어났다.

3 | 이익 공동체 형성

징위는 '대리상이 돈을 벌어야 회사에 고객과 시장이 생기고 돈도 번다'라는 생각으로 대리상의 사업을 적극적으로 도왔다. 징위와 대리상들은 상호이익과 장기 합작의 원칙 위에 '생산-판매 이익공동체' 관계를 건립해 대리상이 올바른 방식으로 공정하게 판매에 집중할 수 있도록 했다. 대리상들은 기존의 마케팅채널을 안정적으로 운영하면서 꾸준히 시장을 확대해서 허베이를 넘어 둥베이東北, 신장新疆, 광시, 쓰촨四川, 푸젠福建 등지에서까지 징위의 상품을 만나볼 수 있게 되었다.

징위 그룹이 생각한 가장 합리적인 마케팅채널은 바로 대리상이었다. 그들은 대리상 마케팅을 추진하면서 안정적인 '생산-판매 이익공동체' 관계를 건립하는 데 몰두했다. 그 결과, 징위와 그 대리상들은 모두 기존의 마케팅채널을 더욱 견고하게 하는 동시에 시장점유율을 확대해 큰 이익을 얻었다. 내실 있는 좋은 대리상과 안정적인 관계를 건립하고 끊임없는 소통과 이해를 통해 상호이익과 장기 합작을 추진해야만 꾸준히 시장을 확대하고, 최대의 이익을 얻을 수 있다.

열 번 째 수 업

혁신이 이윤을 만들어낸다

지금처럼 상품의 동질화가 나날이 심해지는 시대에 적극적인 판촉 하나만으로

차별화된 경쟁우위를 만들어 내기는 여간 어렵지 않다.

마케팅채널은 이미 현대 기업들이 주목하는 화두가 되었고, 치열한 경쟁에서

적을 물리치는 무기로 작용하고 있다. 마케팅 환경이 끊임없이 변화하고 경쟁이

치열해지는 오늘날, 기업 성공에 있어 '마케팅채널 관리와 혁신'은

그 무엇보다 중요한 필수 조건이 되었다.

시장은 새로운 마케팅을 원한다

◆

　세계적인 금융 컨설팅 기업 맥킨지McKinsey는 기업이 새로운 마케팅채널을 도입하면 예상외의 변화가 생겨날 수 있다고 분석했다. 이 '예상외의 변화'는 소비자의 구매 편의성을 높이는 등의 완전히 새로운 고객 가치일 수도 있고, 기업의 마케팅 비용을 10~15%까지 낮추는 것일 수도 있다.

　사실 기업이 새로운 마케팅채널을 발견하고 채택하는 일은 상당히 어렵다. 여기에는 두 가지 원인이 있다. 첫 번째 원인은 소비자의 구매 습관이 알지 못하는 사이에 변화하고 있고, 새로운 채널을 받아들이는 것도 전환의 과정이다 보니 그 두 가지가 적절하게 딱 맞물려 효과를 극대화하는 순간을 찾기 어려운 데 있다. 두 번째 원인은 기업이 중간상의 정보에 과도하게 의존하며 최종 사용자, 즉 소비자와 늘 어느 정도의 거리를 유지하기 때문이다. 사실 중간상은 주로 자신의 위치를 공고하게 하는 데 유리한 정보만 제공하는 경우가 많다. 게다가 기업은 기존의 마케팅채널만 따르려는 관성 탓에 새로운 마케팅채널을 발굴하려는 적극성이 부족하다. 이와 관련해서 미국 노스웨스턴 대학 Northwestern University의 마케팅학 교수 루이스 스템Louis W. Stem은 이렇게 말했다. "기업은 단기간에 상품 가격이나 광고를 바꿀 수 있습니다. 마케팅 연구기관과 손을 잡거나 해고할 수도 있고, 판촉 전략, 생산 라인도 전부 바꿀 수 있습니다. 다만 경영자가 한 번 확정된 마케팅채널을 바꾸는 일은 너무나 어렵습니다. 원하지도 않고요."

마케팅채널 혁신을 가로막는 가장 큰 장해물은 보통 기업 내부다. 기업은 마케팅채널을 제어하고 관리하는 일에만 주목하고실제로는 이것도 하지 않을 수 있다, 소비자와 합리적인 접촉을 유지하는 일이 얼마나 중요한지는 무시하곤 한다. 안타깝게도 소비자의 감정과 의견을 즉시, 정확하게, 전체적으로 이해하지 못하는 바람에 심지어 그들의 구매 습관조차 파악하지 못하는 기업이 많다. 특히 주로 외부 마케팅채널을 사용하는 기업은 최종 사용자와 직접 접촉하는 일이 아주 드물며, 외부의 마케팅채널이 전달해주는 정보에만 의존하는 데 익숙하다. 이런 기업들은 아무것도 하지 않으면서 그저 중간상이 새로운 마케팅채널을 발견하고 사용해주기만을 바랄 뿐이다.

하버드 대학의 시어도어 레빗은 "성장산업이란 것은 존재하지 않는다. 오직 소비자의 욕구만이 있고, 그것이 변해갈 뿐이다."라고 지적했다.

시장은 끊임없이 변화하고 세분화하는데 기존의 마케팅채널만 고수해서 어떻게 변화에 대처하고 시장점유율을 올리겠는가? 시장뿐 아니라 소비자의 구매 습관도 변화무쌍하기 그지없다. 그들의 구매동기는 점점 더 이성적으로 바뀌어 지금은 '편리성, 속도, 가성비'가 상품 선택 및 구매를 결정하는 근거가 되었다. 기업은 이처럼 시시각각 변화하는 시장 속에 직접 뛰어들어 새로운 상황을 마주하고 냉철하게 상황을 분석해야 한다. 표적시장의 변화를 알아차리고 그 안에서 기회를 포착해서 기존 마케팅채널의 우위와 열위를 고찰한 후, 마케팅채널을 조정하거나 완전히 새로운 채널을 탐색하고 시도해야만 한다.

새로운 마케팅채널을 발견해서 기회를 얻고 싶은 기업은 최종 사용자와의 접촉을 늘리고 더 많이 이해해서 그들의 구매 행위 패턴과 습관을 파악해야 한다. 그 시작은 기존의, 그리고 잠재적인 마케팅채널을 철저하게 연구하는 일이다. 가능한 한 단일 채널에서 벗어나 좀 더 합리적인 다채널 마케팅 전략을 채택해야 가장 효과적으로 시장점유율과 마케팅 효율을 올릴 수 있다.

시장은 끊임없이 움직인다. 그리고 시장의 변화는 기업을 향해 어서 변화에 적합한 마케팅 전략을 내놓으라고 요구한다. 소비구조가 변화하고 소비자 수요가 다양하게 발전하면서 상품의 유통 과정 역시 계속 변화한다. 소비자가 상품을 선택하고 구매하면서 기다리는 시간, 구매하러 나가는 거리, 애프터서비스 수준 등 거의 모든 소비 행위에 변화가 발생하고 있다. 이런 상황에서 기업이 기존의 단일한 마케팅채널만 고수하는 일은 어불성설일 뿐, 반드시 더 새로워지고, 수시로 바뀌어야 한다. 지금 성공했다고 일컬어지는 기업들은 대부분 마케팅채널을 혁신함으로써 새로운 경쟁우위를 획득했다. 경영자가 하나의 마케팅채널을 결정하고 내버려둔 채 어떠한 수정이나 변화를 시도하지 않는다면 직무유기나 다름없다. 훌륭한 경영자라면 시장 수요의 변화를 예리하게 알아차리고 마케팅채널 전체 혹은 부분을 수시로 수정하거나 바꾼다.

'관계'를 중시하는
마케팅 전략

◆

　단언컨대 마케팅채널 전략은 기업 마케팅 활동의 핵심 중의 핵심이다. 그것은 상품 전략, 가격 전략, 판촉 전략과 마찬가지로 기업이 성공적으로 시장을 개척해서 목표를 이루는 데 꼭 필요한 중요한 수단이 된다. 잘 짜인 마케팅채널 전략은 마케팅 활동의 비용을 낮추고, 경쟁력을 올리는 효과가 있다.

　알다시피 현대의 시장경제는 적극적인 합작과 윈-윈을 강조한다. 기업과 소비자 사이도 마찬가지다. 한 명의 기존 고객을 유지하는 비용은 새로운 고객을 끌어들이는 데 들어가는 비용의 5분의 1에 불과하다. 또 입소문만큼 효과적인 광고는 없으니 한 명의 만족한 고객은 더 많은 새로운 고객을 자연스레 데리고 올 것이다. 과학 정보기술의 발전은 기업과 소비자가 과거보다 훨씬 쉽게 장기적이고 안정적이며 밀접한 관계를 맺을 수 있게 했다. 특히 기업은 이제 더 빠르고 정확하게 자신의 상품을 구매해줄 소비자를 찾을 수 있다. 이런 상황에서 마케팅채널의 목적은 기업과 소비자 사이의 연계를 만들어 상품의 유통을 실현하는 데 있다고 할 수 있다. 이러한 '관계 마케팅채널 전략'은 곧 마케팅채널의 핵심과 본질로 귀결된다.

미국의 경제학자 돈 슐츠Don E. Schultz는 새로운 마케팅 이론으로 4R, 즉 관련성Relevance, 반응Reaction, 관계Relationship, 보상Reward을 제시했다. 4R은 '고객과의 관계'를 강조한 마케팅 이론이다. 슐츠에 따르면 기업은 소비자와 장기적이고 안정적이며 밀접한 관계를 맺음으로써 고객 이탈을 막고 고객데이터를 확보해서 마케팅 비용을 낮출 수 있다.

현대에 들어 이외에도 관계를 강조한 전략들이 기업의 효과적인 마케팅 발전을 돕고 있다. 다음은 그중 몇 가지로 기업과 기업뿐 아니라 기업과 소비자 사이의 관계에도 그대로 적용된다.

기업과 기업의 관계전략에서 합작의 효과는 말로 다 표현할 수 없을 정도로 크다. 이미 유수의 다국적 기업이 적극적으로 전략적 파트너를 찾고, 파트너십을 맺고 있다. 이런 이유로 생산자, 즉 제조업체는 대리점 및 기타 마케팅채널과 파트너십을 맺어야 한다. 사전에 시장점유 상황, 상품 공급, 시장개발 및 시장 정보 등을 꼼꼼히 살피고 이해해서 자신이 상대에게 무엇을 얻고자 하는지, 상대가 자신에게 무엇을 기대하는지를 명확하게 할 필요가 있다. 이러한 사전작업이 잘 되어야만 합작의 효과를 극대화할 수 있다.

기업과 기업의 합작 외에 통합전략은 '1+1>2'를 목표로 하는 전략으로 그 핵심은 통합적, 시스템적 사고를 바탕으로 새로운 마케팅채널을 건설하는 것이다. 하나의 기업을 구성하는 각 부서는 물론, 기업 사이에도 자신이 보유한 각종 데이터베이스를 창조적으로 공유하고 통합함으로써 시장에 빠르게 침투하고 경쟁력을 올릴 수 있다. 통합 전략은 궁극적으로 마케팅 활동의 효과, 조화와 지속을 추구한다. 주요 키워드는 최적화, 연맹, 통제, 소통이며 이 네 가지는 모두 서로 보완하고 융합한다.

통합 전략에서 마케팅채널은 기업과 전체 시장 환경이라는 커다란 시스템 속의 부분 시스템일 뿐이므로 실제 마케팅채널 전략을 확정하고 실행하려면 우선 각 채널에 대한 고찰이 필요하다.

기업과 기업의 전략 외에 하나의 기업이 좋은 대리점을 찾거나 발굴하는 과정은 마케팅의 본질적 특성과 수요를 출발점으로 삼는다. 이른바 '좋은 대리점'이란 단순히 자금 상황이나 경영 능력이 아니다. 더 큰 의미에서 그것은 판매자로서의 품격과 문화적 함의를 가리킨다.

이 시대의 시장경쟁은 문화의 경쟁이라고 해도 과언이 아니다. 기업은 지속 가능한 발전전략을 확정할 때, 반드시 브랜드에 문화적 소양과 특징을 더해 시장 시스템에서 하나의 문화적 기초로 작용하게 할 필요가 있다. 좋은 대리점과의 상호발전적인 합작을 펼친다면 충분히 가능한 일이다.

판촉에 창의성을
씌워라

◆

마케팅채널 전체가 효율적으로 원활하게 돌아가려면 각자의 위치에서 활발한 판촉 활동을 벌여야 한다. 판촉이란 각 채널이 다음 단계의 채널에 구매를 독려하는 행위를 의미한다. 상품이 시장에 진입해서 빠르게 자리 잡기 바란다면 광고뿐 아니라 판촉 역시 못지않게 중요하다. 특히 생산기업이 마케팅채널에 참여하는 중간상이나 대리점에 전략적 구매 및 판매를 부추기며 합작하는 일은 상품 마케팅에서 매우 중요한 요소 중 하나다.

한 브랜드 마케팅 전문가는 이렇게 지적했다. "하나의 신상품이나 신규 브랜드가 시장에 진입하려면 반드시 발뒤꿈치를 시장 바닥에 안정적으로 붙이고, 유통과정 전체에서 끊임없이 판촉하며 전략적으로 움직여야 한다. 이때 채널 별로 판촉의 강도도 다르다는 사실을 이해하는 것이 중요하다. 이 점을 이해하지 못하면 아무리 열심히 판촉해도 효과는 크지 않을 것이다."

사실 방식은 비교적 단순하다. 작든 크든 이익을 제공해서 구매를 부추기기만 하면 된다. 이때 이익은 직접적이고 정확하며 매력적이어야 더 효과가 크다. 다른 부수적인 요소는 필요 없다.

가장 흔히 볼 수 있는 유형인 가격 할인은 구매량이 일정 수준 이상이면 깎아주는 방식이다. 예를 들어 대리점이 상품을 주문할 때, 1,000~1,999상자는 한 상자 당 1만원이지만 2,000상자 이상은 9,500원, 1,000상자 이하는 정가인 10,500원으로 계산하는 식이다. 이렇게 하면 대량 구매를 유도할 수 있으므로 단기 판매량이 빠르게 상승한다. 하지만 대형 대리점이 너무 많이 주문하면 물량이 한쪽으로만 몰려 할인 판매할 수 있는 조건을 만들어주는 셈이니 시장가격이 혼란해지고 통제하기 어려운 지경이 될 수 있다.

이외에 채널 통합 판촉도 있다. 예를 들어 소비자가 특별한 (유명 광고모델이 인쇄된)포장을 선호한다면 생산기업이 대리점에 이미 납품한 물량을 바꾸어주는 것이다. 그러면 대리점은 이 특별한 포장을 내세워 판매량을 올릴 수 있다. 사실 이런 방식은 각 채널, 즉 생산기업, 소매상, 소비자에게 모두 좋은 일이기에 마케팅 효율을 올리고 시장경쟁력을 향상한다.

원래 판촉이란 대체로 대동소이하지만, 그 위에 창의적인 디테일을 더한다면 효과는 기대 이상일 수 있다. 한 화장품 기업이 '새해 감사 행사'를 기획했다. 일반적인 방법인 '원 플러스 원' 행사는 분명히 큰 혜택이지만 워낙 여기저기서 자주 하는지라 그다지 파격적이란 느낌이 없었다. 또 즉석복권 이벤트 역시 상품이 컸지만 당첨되지 않은 사람에게는 아무 의미가 없다는 문제가 있었다. 당첨된 한 명에게만 새해 인사를 드리는 꼴이 될 수도 있었다. 자칫 괜히 손님 끌려고 당첨자도 없는 이벤트를 벌인다는 의심만 받기에 십상이다. 이 화장품 기업은 더 많은 고객이 선물 받는다고 느낄 수 있도록 일반적인 이벤트에 창의적인 디테일을 더했다. 우선 똑같은 상품을 두 개 사야 하는 보통의 '원 플러스 원'과 달리, 상품 종류와 관계없이 네 개를 사면 다른 한 가지 상품을 무료로 가져갈 수 있는 행사를 기획했다. 또 즉석복권을 긁어서 나온 '감사합니다'의 개수에 따라 소포장한 상품을 나누어주었다. 물론 1등 당첨 선물도 따로 마련했다. 이 행사는 많은 소비자를 끌어모으면서 대성공을 거두었다.

다음은 판촉 활동을 기획하고 전개할 때, 기억해야 하는 점이다.

먼저 기업이 동원 가능한 판촉 자원을 '스타 상품' 혹은 '신상품'에 투입하는 것은 당연한 일이다. 즉 '중점 상품을 중점적으로 판촉'하는 것이야말로 판촉의 기본원칙이라 할 수 있다. 이외에 미끼상품이나 방어형 상품(주로 경쟁업체의 상품에 대응하는 목적으로 만들어진 상품)은 굳이 크게 판촉할 필요 없다. 상품수명주기도입기-성장기-성숙기-쇠퇴기 중에서는 도입기와 쇠퇴기에 판촉을 집중해야 한다. 도입기에는 신상품을 시장에 진입시켜 최대한 많이 팔아서 연구개발과 생산에 들어간 비용을 회수해야 하기 때문이다. 또 쇠퇴기에는 재고를 최대한 처리해서 후속 신상품을 위해 시장 상황을 정리하고 자금을 회수하기 위해서다.

판촉의 용도로 보면 크게 판매형 판촉과 시장형 판촉으로 나뉜다. 전자는 월별, 분기별 목표 판매액 달성에 초점을 맞춘 방식이며, 후자는 시장에서 인지도를 올리고 이미지를 좋게 하는 데 초점을 맞춘 방식이다. 기업은 각자 시장 환경과 목표에 따라 판촉 역시 차별화해서 진행해야 한다. 시장의 위치나 크기 등 실제 상황에 맞춰 알맞은 자원을 적절하게 투입했을 때 가장 효과를 기대할 수 있다. 시장을 구분하는 방법은 다양한데, 주로 소비지수, 구매력, 인구, 상품보유율 등을 기준으로 삼는다.

고객별 분류 판촉의 측면에서 바라봐야 할 점은 이른바 프리미엄 마케팅이다. '2080 법칙'에 따르면 20%의 고객이 전체 판매의 80%를 차지하며, 나머지 80%의 고객은 단지 20%만 차지한다. 하지만 이는 1900년대 초기의 법칙으로 현대에 적용하기는 무리가 있으며 단지 그러한 경향만 나타낼 뿐이다. 실제로는 '3070 법칙'에 더 가깝다고 할 수 있다. 즉 30%의 고객이 전체 판매의 70%를 차지하며, 나머지 70%의 고객은 단지 30%만 차지하는 식이다. 그러므로 기업이 판촉 자원을 투입할 때는 반드시 이 상위 30%의 고객, 즉 VIP를 대상으로 추진하는 편이 훨씬 효과적이다.

판촉의 시기는 자원을 합리적으로 배분하는 방식으로 보통 한 달 단위로 시기에 따라 판촉한다. 대다수 대리점은 월말에 판촉을 강화해서 월별 목표액을 완성하는 경향이 있는데 여기에는 몇 가지 문제점이 있다. 우선 이렇게 하면 판매상황을 합리적으로 예측하기 어렵고, 생산과 판매가 서로 부드럽게 맞물려 돌아가지 않는다. 또 자칫 재고가 많아져서 처리가 힘들 수 있다. 그러므로 판촉은 시기별로 배분해서 균등하게 진행하는 편이 좋다.

스타킹업체 노넌센스, 펩시와 만나다

1981년 미국 스타킹 제조업체 노넌센스NoNonsense는 신상품 판촉을 준비했다. 그들은 몇 차례 연구와 조사를 통해 현장 전시와 매체 선전이 가장 적합하다고 보고, 이 두 가지를 결합한 판촉을 진행하기로 했다. 이때 노넌센스 내부에서 우려의 목소리가 나왔다. 우리가 그 정도 실력이 될까? 우리끼리만 해서 소비자의 주목을 받을 수 있을까? 고민하던 그들은 결국 광고대행업체에 '함께 손잡고 판촉할 만한 기업'을 찾아달라고 부탁했다. 그들이 말한 '함께 손잡고 판촉할 만한 기업'이란 소비자층이 노넌센스의 스타킹 소비자층과 같아야 하고, 강하고 눈에 확 띄는 이미지가 있어야 하며, 마트, 약국, 대형 백화점 등에서 노넌센스와 함께 판촉하는 데 동의하는 기업을 의미했다. 다소 까다로운 조건 같지만 그래야만 연합판촉의 효과를 극대화할 수 있었다.

수많은 토의와 협상을 거친 끝에 펩시Pepsi가 이 연합판촉 활동에 참여하기로 했다. 펩시는 '다이어트 콜라'와 '저칼로리 콜라'라는 두 신상품을 들고 나왔다. 스타킹 제조 및 판매로 사업을 일으킨 노넌센스는 주요 고객층이 젊은 여성들이고, 저칼로리 콜라 소비자의 75% 이상이 역시 젊은 여성들이었으니 소비자 연령층과도 거의 비슷했다. 두 상품의 연합판촉은 서로 보완하며 윈-윈할 것으로 기대되었다.

이 연합판촉을 통해 노넌센스는 스타킹 35만 켤레를 팔고 소매점 광고 지원을 얻을 수 있기를 바랐다. 또 펩시는 두 신상품의 전시, 시음 및 구매 기회 확대를 목표로 삼았다.

이렇게 해서 누가 봐도 서로 완전히 다르고, 어울리지도 않는 두 기업이 연합판촉을 펼쳤다. 기본 방식은 '상호 할인'으로 무척 단순했다. 소비자가 스타킹을 사면 펩시콜라 할인권을 주고, 펩시콜라를 사면 스타킹 한 켤레를 주는 식이었다.

노넌센스는 스타킹 500만 켤레의 포장 위에 펩시의 저칼로리 콜라와 다이어트 콜라에 각각 적용할 수 있는 '0.5달러 할인권'을 붙였다. 펩시의 저칼로리 콜라나 다이어트 콜라를 구매한 소비자는 발급된 구매 영수증에 0.3달러의 우편비용을 동봉해서 노넌센스로 부치면 무료로 스타킹 한 켤레를 받을 수 있었다. 이 판촉 기간에 두 기업의 텔레비전 광고 노출률은 80%에 달했다. 시청자 1명당 5번 이상 보는 꼴이었다. 노넌센스와 펩시의 연합판촉은 결과적으로 대성공이었다. 펩시의 저칼로리 콜라와 다이어트 콜라의 판매량이 각각 18%, 10%씩 증가했으며 시장점유율 역시 12% 증가했다. 노넌센스도 처음에 세웠던 목표 판매량을 훌쩍 뛰어넘었다.

사례분석 노넌센스와 펩시의 연합판촉은 당시에 상당히 혁신적인 마케팅 운영 모델이었다. 이 모델은 'P&G와 월마트의 마케팅 모델'과 함께 대표적인 마케팅 합작전략으로 손꼽힌다. 노넌센스와 펩시는 마케팅채널을 공유하면서 함께 각종 판촉 활동을 전개했다. 덕분에 노넌센스는 목표 판매량을 순조롭게 달성했으며, 펩시 역시 신상

하버드마케팅강의

품을 크게 히트시키며 성공했다. 이러한 결과는 모두 전통적인 사고의 틀을 깨고 과감하게 혁신했기에 가능한 일이었다. 끊임없이 새로운 마케팅 모델을 발굴하고 새로운 방식을 추구해야만 고효율의 마케팅을 펼칠 수 있다.

무엇보다도 중요한 마케팅채널 관리

경영자는 과학적인 분석과 충분한 고찰을 통해 마케팅채널에 발생할 수 있는 각종 문제를 예방해야 한다. 가장 흔히 볼 수 있는 문제인 '채널 충돌'은 한 채널이 '다른 채널이 자신의 목표를 달성하는 것을 방해하는 행동에 관련되었다고 여기면서 발생하는 갈등'을 일컫는 말이다. 얼마나 잘 설계하고 관리하는가와 관계없이 마케팅채널에는 늘 충돌이 존재한다. 채널 충돌을 해결하려면 반드시 다양한 방면의 구체적인 상황에 근거해서 방법을 모색해야 한다. 마케팅채널에서 문제가 빈발하는 상황을 방지하려면, 마케팅채널의 경쟁우위를 높이고 포지션을 공고히 해서 채널 전체에 활력을 불어넣어야 한다.

잘못된 인식이
합작을 그르친다

◆

인식은 경영자의 정책 결정에 큰 영향을 미치고 실제 행위의 전략적 방향, 경영 상황과도 긴밀하게 연관된다. 공급상(생산제조업체)이 공들여 만든 상품을 판매하려면 슈퍼, 백화점, 할인매장 같은 종합소매점GMS: General Merchandise Store과의 합작이 무엇보다 중요하다. 이 합작의 성패를 결정하는 것이 바로 '인식'이다. 경영자 혹은 마케팅관리자는 해당 종합소매점이 무엇을 필요로 하는지, 그것이 특정한 물품인지, 인성화人性化된 서비스인지, 아니면 이익 최대화를 추구하는 전략인지 알아야 한다. 이 부분이 제대로 해결되지 않으면 양자 사이에 잘못된 인식이 발생하고, 협상이 결렬된다.

경영자나 마케팅 관리자는 공급상으로의 역할을 명확히 하는 동시에, 종합소매점의 입장에 서서 합작을 생각해 볼 줄 알아야 한다. 그래야만 생각을 정리하고 돌파구를 찾아서 윈-윈을 달성하며, 나아가 장기적으로 전략적 파트너십을 구축할 수 있다. 종합소매점과 합작할 때 발생하는 오해는 대부분 인식과 정보의 비대칭으로부터 비롯된다.

종합소매점은 보통 공급상을 자신의 '생존과 발전의 수단'으로 삼는다. 브랜드의 규모나 감정적 요소와 무관하며, 오직 그야말로 '수단'으로서의 효용에만 집중할 뿐이다. 종합소매점은 공급상이라는 수단을 이용해서 더 높은 가치와 이윤을 창조하고자 한다. 만약 공급상이 그만한 가치가 없으면 조금도 주저하지 않고 합작을 포기할 것이다.

이런 이유로 공급상의 경영자나 마케팅 관리자는 오직 이익으로 묶인 합작 관계에서 감정적 요소를 완전히 배제해야 한다. 특히 종합소매점의 힘을 빌려 성장해야 한다면 더욱 그러하다.

공급상은 종합소매점을 향해 '수단'으로서의 경쟁우위를 발휘해서 자신이 얼마나 '이용 가능하고, 이용하기 좋은지' 증명해야 합작을 지속할 수 있다. 여기에서 '이용 가능하다'란 높은 이익 목표를 달성하고 고액의 이윤을 만든다는 의미이고, '이용하기 좋다'란 종합소매점을 위해 기민하게 전략을 조정할 줄 알고 전면적으로 서비스하는 것을 의미한다.

이처럼 종합소매점이 공급상보다 우위에 있는 이유는 정보 장악 수준의 차이 때문이다. 일반적으로 종합소매점은 각종 경로를 통해 업계의 최신 정보, 경쟁업체의 동태, 새로운 지식 등을 파악한다. 그리고 이렇게 얻은 정보를 선택적으로 전달해서 공급상들이 치열하게 경쟁하는 환경을 만든다. 공급상은 이러한 정보들을 직접 파악하기 어렵고, 정보 전달도 종합소매점이 하는 것만큼 해내기 어렵다. 사실상 공급상들은 늘 종합소매점의 목소리를 받아들이도록 강요받고 있다.

종합소매점과 공급상 사이에 존재하는 정보 비대칭은 없애기 어렵다. 그렇기에 공급상은 반드시 개방적인 태도와 적극적인 행동으로 정보를 얻을 수 있는 채널을 다양하게 확보해서 생산업계, 경쟁업체, 소매업계, 다른 매장 등의 정보를 광범위하게 수집할 필요가 있다. 동시에 종합소매점과의 업무를 전문적으로 담당하는 부서를 두어서 각종 정보를 분석하고 정리해서 전략을 수립해야 한다. 그래야만 종합소매점에 끌려다니지 않고 다양한 방식으로 그들의 수요와 기회를 포착해 낼 수 있다.

일반적으로 협상은 매매 당사자 양측이 공동의 이익을 달성하기 위해 진행하는 우호적인 논의를 가리킨다. 그러나 공급상과 종합소매점의 실제 합작에서는 '상대방이 나를 믿게 만드는 모든 거짓말'이 그 본질이 된다. 공급상은 이 내용을 기억하고 협상을 시작해야 한다. 종합소매점이 하는 말이 전부 진실은 아니며 자신에게 유리한 말이다. 또한 공급상의 수용 정도에 따라 참말과 거짓말의 비율이 달라지고 거짓을 참으로 보이게 하는 기술이 뛰어나다. 그러므로 마케팅 관리자는 반드시 적시에 자신의 협상 전략을 조정할 줄 알아야 한다.

더 빠르게, 더 많이, 더 수월하게 자금을 회수하는 일은 모든 경영자의 의무다. 마케팅 총감독으로서 경영자는 반드시 항상 '자금 위기 의식'을 유지하며 늘 대금 회수에 촉각을 곤두세우고 있어야 한다. 종합소매점과의 합작에서 납품한 상품의 대금은 손에 쥔 자금이 아니다. 장부에 적힌 금액은 단지 양자가 합작했다는 증명이며, 거기에 아무리 큰 금액이 적혀 있어도 아직 회수하지 못했다면 아무 의미 없는 '서류상 수입'에 불과하다.

소매상이 공급상에게 지급해야 할 상품 대금을 다른 데 가져다 쓰는 상황은 드문 일이 아니다. 사실 소매상과의 합작은 예측 불가능한 변수가 너무 많기에 자금 안전이 늘 시험대에 오른다. 경영자는 대금이 손에 들어오기 전까지 마음을 놓아서는 안 된다. 이미 납품한 상품은 마이너스 자산일 뿐이다. 이것은 수익이 아니라 채무이며, 미수금이 아니라 악성 부채다.

종합소매점과 구매 관계를 보면 현재 많은 공급상이 '큰 한 방'을 기대하면서 보유한 자원과 에너지를 전부 구매에 쏟아붓고 있다. 그들은 구매가 모든 것을 결정한다고 생각하지만 사실 구매는 단지 시스템 속 집행수단 중 하나일 뿐, 전체가 아니다. 미래에는 경영 시스템이 선진화되면서 경영관리 수준이 높아지고, 분업이 더욱 세분화되어 구매 업무는 가장 작게 약화할 것이다. 그러므로 경영자는 핵심 자원과 에너지를 구매가 아니라 소매상 연구로 옮겨야 한다. 그 프로세스와 규칙을 분석하며 철저하게 준비해서 소매상의 발전에 따라 대응 방향을 조정해야 한다.

공급상과 종합소매점의 합작은 결코 간단한 일이 아니다. 객관적인 인식, 복잡한 프로세스, 구매 대응, 매장 관리 등 주의를 기울일 세부사항과 해결할 문제가 정말이지 너무나 많다. 이 복잡한 상황의 뿌리는 결국 '인식'이다. 기술은 천천히 배우고, 프로세스는 차차 익히며, 사람도 접촉을 늘려가면 된다. 하지만 인식은 한 번 잘못되면 바로잡기 어려우므로 처음 시작할 때 애초에 정확하게 해야 한다. 당신이 하는 모든 행위는 모두 인식이 만들어낸 것이기 때문이다.

좋은 경쟁에
참여하라

◆

    알다시피 현대 시장경제에서 생산기업이 상품을 직접 최종 사용자에게 판매하는 일은 거의 없다. 대부분 기업은 마케팅 중개기구, 즉 도매상, 소매상, 대리점 등을 통해서 상품을 소비자에게 제공한다. 이 마케팅 중개기구들이 바로 각각의 채널이 되며, 전체 마케팅채널을 구성한다. 이른바 '채널 충돌'은 한 채널이 다른 채널이 자신의 목표를 달성하는 것을 방해하는 행동에 관련되었다고 여기면서 발생하는 갈등을 일컫는 말이다. 얼마나 잘 설계하고 관리하는가와 관계없이 마케팅채널에는 늘 충돌이 존재한다.

    채널 충돌의 주요 원인으로 생산기업은 낮은 가격으로 빠르게 발전하고자 하고, 판매상은 높은 가격으로 이익 최대화를 추구한다. 이처럼 생산기업과 판매상은 처음부터 목표가 일치하지 않는다. 또한 판매상은 생산기업이 언제든 자신을 배제할 수 있다고 생각한다. 실제로 그런 일이 일어나지 않았더라도 그렇다.

사실 채널 충돌이 전부 나쁜 것만은 아니다. 적당한 충돌은 각 채널의 경쟁을 부추겨 혁신을 유도할 수 있다. 이런 이유로 생산기업들은 종종 의도적으로 채널 충돌을 기획해서 마케팅채널 전체에 활력과 경쟁력을 더한다. 긍정적 충돌을 만들려면 반드시 완벽한 통제력과 수준 높은 마케팅 운영 수준을 확보해야 한다. 그렇지 않으면 괜히 일을 벌여 큰 손해를 볼 수 있다.

생산기업이 부정적 충돌을 없애기 위해서는 첫째, 엄격한 가격 규정을 만든다. 공장출고가, 도매가, 판매가, 단체 주문가, 소매가 등 종합적이고 명확한 가격 시스템을 정하는 방식이다. 이렇게 하면 각 채널이 정해진 가격으로 영업해서 다른 채널의 이익을 침범하지 않고 각자의 이익을 얻을 수 있다. 시장에서 가격이 혼란해지는 상황도 이 방법으로 해결할 수 있다.

둘째, 완벽한 관리 시스템을 만든다. 생산기업은 전담부서를 두어 각 채널 사이의 관계를 파악하고, 만약 문제가 있다면 협조를 요청해서 사전에 충돌을 방지해야 한다. 이 방법은 특히 각 지역 총괄 대리점의 활동에 좋은 환경을 만들어준다. 상급 대리점은 계약에 근거해 하급 대리점의 영업판매 행위를 통제할 수 있다.

셋째, 상품에 일련번호를 부여한다. 각 지역에 유통되는 상품에 고유의 일련번호를 부여하고 포장에 인쇄해서 대리점이 관할 지역 외 다른 지역에서 영업하는 일을 막는다. 이를 통해 생산기업은 유통 흐름을 완전히 통제할 수 있다.

능력 있는 마케터, 훌륭한 마케팅 부서를 보유한 기업은 마케팅채널 안에서 일어나는 문제를 사전에 방지하고 시장에서 승승장구한다. 기업에 있어 마케팅 인재를 양성하는 일은 무엇보다 중요하다. 합리적인 상벌제를 갖추고 마케팅 전문 인력이 성장할 수 있는 발전 환경을 조성하자. 좋은 마케터는 좋은 브랜드만큼이나 소중한 자산이다.

코닥의 '아주 쉽게 사장이 되는' 마케팅

1990년대에 들어 중국의 사회 소비 수준이 향상하면서 카메라를 들고 다니면서 촬영하는 사람이 늘어났다. 많은 사람이 카메라를 구매해서 여행을 떠날 때나 쇼핑할 때나 들고 다니면서 개인적으로 가치 있는 순간마다 사진을 찍었다. 코닥은 여기에 필름 수요가 대폭 확대되겠다고 생각하고 고민에 빠졌다. 어떻게 해야 사람들이 코닥 필름을 사게 만들지? 답은 대리점을 활성화하는 것이었다.

코닥은 중국 전체에 널리 대리점을 세워서 코닥 필름의 주요 판매처로 만들고, 고품질, 고효율의 현상 설비와 약품, 인화지 등을 제공했다. 중국 곳곳의 소비자들은 코닥이 품질이 보증하는 대리점에서 편리하게 필름을 구매하고 사진을 현상했다. 이러한 방식은 소비자, 대리점, 기업 모두에게 이점이 있었는데, 특히 대리점은 비교적 수월하게 많은 고객과 매출을 확보할 수 있었다.

코닥은 프랜차이즈 경영으로 대리점을 빠르게 늘렸다. 효율적인 운영과 거대한 현상 서비스 시스템을 건립해서 소비자들이 단 5분 만에 아름답고 선명한 사진을 얻을 수 있도록 했다. 이렇게 해서 코닥은 6년 만에 중국에서 5,000여 개 가맹점을 확보하고, 1993년에 26%이던 시장점유율을 53%까지 끌어올렸다.

코닥이 짧은 기간에 이렇게 많은 가맹점을 확보할 수 있었던 데는 세심한 '창업 계획'이 큰 역할을 했다. 그들은 '아주 쉽게 사장이 될 수 있는 법'을 내세우며 코닥 가맹점 창업 방안을 대대적으로 홍보했다. 초급, 고급, 디지털 창업의 세 유형으로 구성된 이 창업 방안은 창업을 꿈꾸는 다양한 사람들의 수요를 만족하기에 충분했다.

초급 창업 방안은 소형 투자자를 대상으로 기술 및 소매점 관리 등의 전문 지식을 종합적으로 지원해서 많은 일반인을 가맹점주로 끌어들였다. 가맹점주들은 단 9만 위안으로 컬러 사진 현상 및 확대 시설을 받아서 창업의 기본 조건을 갖출 수 있었다. 매장 인테리어 조건도 그다지 까다롭지 않아서 큰 부담이 없었다.

고급 창업 방안은 투자금이 많고 다양한 서비스를 제공하고자 하는 투자자를 겨냥했다. 가맹점주는 25~30만 위안을 투자해서 컬러 사진 현상 및 확대 시설은 물론이고 디지털 고속 인쇄 시스템, 증명사진 스냅 촬영, 무제한 복사 등 다양한 수요를 만족할 수 있는 시설까지 갖출 수 있었다. 코닥은 매장 인테리어를 산뜻하게 통일하고, 각종 광고 선전 자료를 제공했다.

디지털 창업 방안은 사업 경험이 있고, 투자 규모가 약 70만 위안 이상인 투자자를 대상으로 했다. 고급 창업 방안에서 제공되는 시설에 디지털 컬러 사진 현상 및 확대 시설, 코닥 본사의 전문 기술과 마케팅까지 지원받아서 업무 효율과 경쟁우위를 강화했다.

코닥은 이상의 효과적인 세 가지 창업 방안을 내놓아서 다양한 중간상과 손을 잡고 광범위하면서도 내부 응집력이 강한 가맹 네트워크를 완성했다.

코닥의 가맹 네트워크는 필름 판매량을 크게 늘려 현상 및 확대 서비스 등을 더 순조롭게 발전시켰다. 가맹점들은 강한 내부 응집력으로 관계를 강화하고 서로 정보를 주고받으며 상부상조했다. 일반적으로 마케팅채널의 효율이 낮아지는 까닭은 과학적인 관리가 부족하기 때문이다. 그러면 마케팅채널의 내부 갈등이 겹겹이 쌓여 제대로 해결되지 않고, 서로 비협조적인 태도로 채널 운영에 악영향을 미치게 마련이다.

PART

4

HARVARD MARKETING LECTURE

마케팅 전략

◆

빈틈없이
시장을
공략한다

열두번째수업

마케팅은 전쟁이다

경쟁이 있기에 우리 삶은 더 아름답게 반짝인다.

마찬가지로 경쟁이 있기에 기업의 마케팅이 더 복잡해지며, 더 고도화하고,

더욱 예측 불가능해진다. 또 경쟁이 있기에 기술이 더 발전하고, 상품이 새로워지며,

서비스의 수준이 향상되어 고객이 더 높은 가치를 돌려받을 수 있다.

이기고, 또 이겨야 한다

마케팅 전투력
끌어올리기

◆

　기업이 마케팅 전쟁에서 승리를 거두려면 강력한 마케팅 경쟁력 없이는 불가능하다. 마케팅 경쟁력이란 기업이 시장 환경과 내부 자원에 근거해서 경쟁우위를 획득한 후에 고객 가치를 창조하고, 상호교환을 실현하고, 기업 및 관련 이익 집단의 목표를 완성하는 능력을 가리킨다. 마케팅 경쟁력이 기업의 다양한 경쟁력 중에서도 가장 중요한 요소임을 보여주는 연구와 사례는 꾸준히 늘어나고 있다. 마케팅 경쟁력은 기업의 장기적 생존과 발전을 만드는 기초다.

　기업의 마케팅 경쟁력은 자원, 조직, 전파, 이미지, 환경, 혁신의 각 방면을 모두 포괄해야 한다. 정보지식 사회에서 마케팅 경쟁력은 수요와 공급에 관한 정보의 수집, 분석, 운용, 강화 및 시장의 정보 비대칭을 해결하는 능력이며, 경쟁을 통해서만 실현될 수 있다. 일반적으로 기업이 마케팅 경쟁력을 키우려면 다음을 중점적으로 강화해야 한다.

첫째, 마케팅 자원력은 마케팅 경쟁력을 만드는 가장 중요한 요소로 그 크기와 강도까지 결정한다. 주로 자원의 투입량, 보유량 및 기업 재무 방면의 능력으로 가늠할 수 있으며 마케팅 인적 자원, 판매액, 고객수, 마케팅 예산 및 증가율 등을 포함한다.

둘째, 마케팅 조직력은 기업의 마케팅 지휘 능력 및 그에 상응하는 시스템의 완성도를 가리킨다. 마케팅 경쟁력 발휘에 직접적인 영향을 미치는 조직 및 인적 자원의 구성 현황, 리더십 수준, 조직구조 등이 여기에 포함된다. 좀 더 구체적으로는 경영자의 능력, 전문 마케터의 수, 관리 감독 제도와 조직 정보화의 정도 등을 들 수 있다. 한 연구에 따르면 조직 및 인적 자원, 기술 자원, 고객 자원, 사회자원 중에서 마케팅 경쟁력에 가장 큰 영향을 미치는 것은 바로 조직 및 인적 자원이다.

셋째, 마케팅 전파력은 기업의 내부 마케팅 자원이나 조직을 외부로 퍼트리는 과정에서 보이는 경쟁우위를 가리킨다. 마케팅이 정보 비대칭 문제 해결에 편중한다면 이로부터 마케팅 전파에 관한 4P 모델을 도출할 수 있다. 이러한 마케팅 모델을 선택한 기업은 CICorporate Identity 개념을 도입해서 소비자가 기업 이미지를 인식하게 돕고, 그들이 기업의 마케팅 정보를 받아들일 수 있도록 유도할 것이다. 마케팅 전파에 관한 4P 모델은 상품 경쟁력(상품의 포화도, 판매율, 기술 수준), 유통 경쟁력(소매점 및 인터넷 상점 수량, 소매점 밀집도, 물류 효율), 판촉 경쟁력(판촉 총예산, 판촉 총예산의 성장률, 단위당 판촉 자본), 가격 경쟁력(가성비, 경쟁업체의 가격 수준)에 주목한다.

넷째, 마케팅 이미지력이란 기업이 좋은 이미지, 브랜드 인지도, 명성, 고객 충성도 등으로 서비스 만족도를 높이고 자기 신뢰수준을 강화하는 등 이미지 방면에서 경쟁업체보다 뛰어난 것을 의미한다. 이를 통해 마케팅 전개 효과를 확대하고 이윤을 얻어 기업 목표를 실현할 수 있다. 브랜드 경쟁력(브랜드 인지도, 명성, 브랜드 충성도, 브랜드 가치), 서비스 경쟁력(서비스 만족도, 불만 및 배상률, 서비스 네트워크의 밀도), 자본 경쟁력(기업 신용등급, 계약 이행률, 대출 연체율, 상환율), 지적재산권 경쟁력(보유 특허 수, 연평균 특허 신청수, 특허 평균 유효기간, 특허 기술의 수) 등이 여기에 속한다.

다섯째, 마케팅 환경 적응력이란 마케팅 활동이 외부 경제 환경(정치, 법률, 문화적 요소가 경제화한 것)의 영향을 받았을 때 보이는 적응력을 가리킨다. 주요 외부 경제 환경으로는 기업의 구매능력(공급상의 수, 평균 구매 비용), 업계 경쟁력(경쟁업체의 수, 산업 집중도), 경제 발전 수준(시장의 크기) 등이 있다.

여섯째, 마케팅 혁신력이란 기업이 마케팅 이념, 전략, 계획 등을 끊임없이 혁신해 지속발전과 경쟁참여의 동력을 제공하는 능력이다. 혁신성(시장점유율, 시장이윤율), 연구개발 투자 수준(R&D 총비용, R&D 비용 중 가율, 신상품 개발 속도), 마케팅 이념 혁신의 수준(마케팅 교육 수준), 사회적 지원 비율(사회 공헌율) 등으로 가늠한다.

> 치열한 경쟁이 벌어지는 시장 속에서 기업이 생존하려면 한 가지 능력만으로는 불가능하며, 능력이 분산되어서도 안 된다. 기업 마케팅 경쟁력은 각 방면의 능력이 결합해 종합적으로 형성되는 것이다.

주도권 잡기①
-경쟁업체 분석-

◆

'지피지기, 백전백승知彼知己 百戰百勝'이라고 했다. 나날이 세계화, 일체화되는 경제 환경 속에서 경쟁은 더 치열해지고 있다. 이런 상황에서 기업이 생존하고 발전하기 위해 남들보다 효과적인 전략으로 무장하고 경쟁업체를 속속들이 파헤치는 일은 당연하다. 그래야만 한 발씩 내디딜 때마다 성공을 거둬 한순간에 나락으로 떨어지지 않을 수 있기 때문이다. 경쟁업체 분석은 마케팅 전략에서 절대 없어서는 안 될 중요한 요소다.

중국에 '같은 업계 사람을 원수같이 본다'라는 말이 있다. 다소 과격하지만, 어느 정도는 맞는 말이다. 같은 업계에서 경쟁하는 다른 기업의 규모, 자금, 실력, 생산수준, 기술 역량, 인적 자원, 마케팅 능력, 발전전략, 상품, 마케팅 방식 등은 모두 시장 수요에 직접적인 영향을 미치며, 심지어 시장점유율까지 결정한다.

경쟁업체를 분석할 때 표면적으로는 경쟁업체를 식별하는 일이 그리 어렵지 않다. 하지만 눈에 보이는 경쟁업체 외에 잠재 경쟁업체까지 생각한다면 그 범위는 상상 이상으로 크다. 일반적으로 한 기업의 경쟁업체는 그 포함 범위에 따라 네 종류로 나눌 수 있다. 면대면으로 경쟁하며 매우 뚜렷하게 보이는 업체, 같거나 비슷한 상품을 생산하는 업체, 같은 서비스를 제공하는 업체, 그리고 자금 규모가 같은 업체가 모두 넓은 의미의 경쟁업체에 포함된다.

가장 직접적이고 경계해야 할 경쟁업체는 같은 표적시장을 향해 전략을 수행하는 기업이다. 그들은 당신의 기업에 크나큰 해를 입힐 수도 있으니, 반드시 고도의 경계심을 유지하면서 즉각 전략을 분석해야 한다. 물론 그렇게 보이지 않는 기업들도 무시해서는 안 된다. 어쩌면 신경 쓰지 않는 사이에 꾸준히 전략을 수정하고 실력을 쌓아 어느새 감당하기 어려울 정도의 커다란 경쟁업체로 등장할지도 모른다.

모든 경쟁업체에는 반드시 우위와 열위가 있다. 이 두 가지만 정확히 파악해도 제대로 된 판단이나 결정을 내릴 수 있다. 특히 경쟁업체의 열위를 꿰뚫어 본다면 집중 공격을 퍼부을 수 있다.

훌륭한 마케터는 경쟁업체를 다각도로 면밀하게 파악해서 그들의 행위, 반응, 공격력 등을 예측한다. 또 지금 공격해도 될지, 앞으로 공격할 수 있을지, 만약 저쪽에서 먼저 공격하면 타격이 어느 정도일지, 방어가 가능할지 등등을 충분히 생각해본다. 이렇게 하면 치열한 경쟁 속에서 주도권을 쥐고, 좋은 위치를 선점해서 마케팅을 펼쳐 최종 승리를 거둘 수 있다.

주도권 잡기②
-측면 공격-

◆

측면 공격은 전쟁터에 나선 군사전략가들의 전유물이 아니다. 현대 기업 간 경쟁에서도 측면 공격은 가장 효과이고 아주 대담한 전략 중 하나다. 일단 시작했으면 잠시도 주춤거리지 말고 밀어붙이면서 전략을 완벽하게 통제해야 하기 때문이다.

측면 공격은 '우세 병력을 집중해서 상대방의 약점을 공격하는 전략'이다. 측면 공격은 시장 도전자가 정면 공격이 어렵거나 위험이 너무 클 때 주로 고려하는 전략으로 주로 다음의 두 방향으로 전개된다.

첫째, 지리적 시장 측면 공격으로 경쟁업체(대부분 시장의 강자다)가 무시하거나 버려둔 지역을 선택해서 공격한다. 대기업들이 크게 신경 쓰지 않는 중소도시와 시골 등에서 사업을 발전시키는 방식이다.

둘째, 세분시장 측면 공격으로 소득, 연령, 성별, 구매 동기, 상품 용도, 사용비율 등의 요소에 근거해서 세분시장을 연구하고 틈새를 찾아낸다. 경쟁업체가 주목하지 않거나 아직 손을 뻗지 않은 곳이 분명히 있으니 날카로운 눈으로 반드시 찾아내서 공격 목표로 삼는다.

측면 공격은 기업이 각 세분시장에 손을 뻗는 전략으로 공격 목표만 제대로 확정하면 상대적으로 수월하게 제법 큰 효과를 얻을 수 있다. 또 괜히 정면 공격했다가 양측 모두 상처를 입는 일을 피할 수 있다. 다음은 측면 공격의 법칙이다.

측면 공격에 꼭 완전히 새로운 상품이 필요한 것은 아니다. 다만 혁신적이고 독창적인 부분이 있어야 잠재고객의 눈을 사로잡을 수 있다. 이런 상품을 갖추었어도 측면 공격이 쉽지 않을 수 있다. 경쟁업체가 이 새로운 상품의 존재를 부정하면서 공격력을 약화할 것이기 때문이다. 그러므로 좀 더 수월하게 성공하고 싶다면 시장의 빈틈, 즉 황무지를 찾아야 한다. 이때 경영자의 탁월한 통찰력과 멀리 보는 눈이 필요하다.

또한 측면 공격은 일종의 기습전이다. 예측 가능한 공격전이나 방어전과 달리, 기습전은 예측 불가능해야 한다. 돌발성, 기습의 정도가 클수록 시장의 강자에게 큰 충격을 주어서 반격의 시간을 늦출 수 있다. 이뿐 아니라 기습은 경쟁업체의 사기를 무너뜨린다. 주의해야 할 점은 측면 공격은 규모가 클수록 실패하기 쉽다는 사실이다. 경쟁업체에 전략 의도를 고스란히 노출할 가능성이 크기 때문이다.

독일의 군사 이론가인 클라우제비츠Karl von Clausewitz는 "꾸준함이 없으면 공적이 화려한 승리도 없다."라고 말했다. 어떤 기업들은 마음먹고 공격한 후에 금세 퇴각하곤 한다. 초기 마케팅 목표를 달성한 데 만족해서 각종 자원을 다른 데 투입하고 더는 노력하지 않는 것이다.

이런 기업의 마케팅팀은 대부분 시간과 에너지를 기존 상품과 시장을 보호하는 데 쓰려고 할 뿐, 더 맹렬하게 공격하고 시장을 개척하려는 정신이 부족하다.

이는 분명한 실수이며, 측면 공격일 경우에는 더욱 그러하다. 중국 고전에 등장하는 군사 격언 중에 "증원하는 자는 승리하고, 중도에 멈추는 자는 패한다."라는 말이 있다. 강조하건대 목표는 이기고, 또 이기는 것이다. 한 번 이겼다고 멈추는 것이 아니다.

실패는 성공의 어머니다. 시장과 업계의 강자가 모방 상품으로 당신의 공격을 저지하고 격파하기 전에 최대한 신속하게 마케팅 역량을 총동원해서 상품을 시장에 진입시켜야 한다.

전쟁터든 마케팅이든 측면 공격은 매우 대담한 행동이다. 거물 도박사의 한판 대결이라고 해도 과언이 아니다. 하지만 기업이 지속해서 성장하고 발전하려면 반드시 치밀한 전략으로 해내야만 하는 일이다.

하버드 마케팅 강의

펩시콜라 vs 코카콜라

콜라 제조업체인 펩시콜라와 코카콜라는 고객층이 미묘하게 다르다. 일반적으로 나이가 많은 사람은 코카콜라를 선호하고, 젊은이는 펩시콜라를 즐겨 마신다. 콜라병을 둘러싼 포장지에서도 그들의 표적 고객 집단이 다르다는 것이 명확히 보인다. 펩시는 바로 이러한 세분화를 통해서 시장 강자인 코카콜라와 한 무대에서 경쟁을 벌였다.

펩시는 초기 광고에서부터 아예 자신들의 전략을 드러냈다. '지금, 펩시의 감각, 젊음의 선택'을 시작으로 '오세요! 펩시의 시대로!' 같은 광고 문구는 큰 인기를 끌었다. 그들은 이처럼 광고 문구에서부터 젊은 소비자 집단의 심리를 건드리는 전략으로 경쟁우위를 창조했다.

물론 소비자 집단의 규모로만 이야기하자면 코카콜라의 압승이었다. 그래서 펩시는 절대 정면으로 부딪쳐 시장을 뚫으려 하지 않고, 대신 젊은 세대의 반항심을 이용했다. 그들은 펩시가 '나이 든 사람들이 마시는 코카콜라와 달리' 젊음의 개성을 담은 콜라임을 강조했다. 아주 교묘하게 세대 차를 건드린 것이다. 이후 코카콜라의 연령대가 높은 소비자집단은 점차 줄어들었고, 펩시의 연령대가 낮은 소비자집단은 점점 확대되었다.

이외에 펩시는 청춘을 대변하는 브랜드 문화를 한껏 드러내기 위해서 대중음악을 효과적으로 이용했다. 알다시피 음악은 젊은 세대가 개성과 반항심을 드러내는 아주 전통적인 방식이다. 펩시는 이 점을 간파하고 주요 마케팅 전략으로 삼았다. 그리고 엄청난 비용 투자로 마이클 잭슨Michael Jackson과 라이오넬 리치Lionel Richie를 광고모델로 기용해 대성공을 거두었다. 청소년들은 펩시의 텔레비전 광고에서 라이오넬 리치를 보고 환호성을 지르며 흥분을 감추지 못했지만, 나이 많은 소비자들은 멀뚱히 쳐다만 봤다. '라이오넬 리치가 누구야?'

사례분석 코카콜라는 펩시가 출현하기 13년 전에 이미 존재한 기업이었다. 처음 펩시가 시장을 비집고 들어오려고 할 때 두 기업 사이에 치열한 경쟁이 벌어졌다. 펩시는 모두의 예상을 깨고 살아남았으며 꾸준히 발전해서 전 세계 콜라 시장의 반쪽을 차지했다. 그들의 성공은 경쟁업체에 대한 충분한 분석과 파악이 있었기에 가능한 일이었다. 펩시는 코카콜라를 다각도로 샅샅이 살펴본 후에 그들의 역사가 오히려 발전에 부담이 된다는 사실을 발견했다. 이런 이유로 펩시는 표적고객 집단을 '낮은 연령대'로 맞췄고, 이를 기반으로 코카콜라를 맹렬하게 공격했다. 이 전략은 정확하게 맞아떨어졌다. 펩시는 코카콜라가 오랫동안 유지해 온 시장 강자의 지위를 약화했을 뿐 아니라, 동등한 경쟁업체로 당당히 서게 되었다.

강력한 브랜드를 만드는 법칙, IMC

이른바 '마케팅 만능'의 시대에 통합 마케팅은 기업이 마케팅 활동을 전개하는 무기이자,

각종 유효한 자원을 통합하고 기업 발전을 실현하는 효과적인 수단이 된다.

비즈니스 전략가이자 투자자인 카이한 크리펜도프는 현대의 기업이

통합 마케팅 방안을 선택하지 않으면 경쟁에서 살아남을 수 없다고 단언했다.

실제로 거의 60% 이상의 기업이 통합 마케팅 전략을 채택한 데서

그의 말이 과장이 아님을 알 수 있다.

새로운 시대의
더 새로운 마케팅

◆

　통합 마케팅integrated marketing 이론은 1990년대에 미국 노스웨스턴 대학의 돈 슐츠가 제안한 것으로 그 핵심은 '마케팅을 통합된 기업 활동으로 보고 기업 경영에 있어 종합적인 관점에서 파악해 전략 목표를 달성'하는 데 있다.

　통합 마케팅은 각종 마케팅 도구와 수단을 시스템적으로 결합하고, 주어진 환경에 근거해서 즉각적으로 수정하며 상호교환을 통해 가치 증대를 실현하는 마케팅 방법론이라 할 수 있다. 여기서 말하는 '통합'이란 각각의 독립적인 마케팅 활동을 하나로 종합하고 협동해서 더 큰 힘을 발휘하게 함을 의미한다. 독립적 마케팅 활동이란 광고, 직판, 판촉, 홍보, 이벤트, 협찬 및 고객 서비스 등을 모두 포함한다.

　이른바 '마케팅 만능'의 시대에 통합 마케팅은 기업이 마케팅 활동을 전개하는 무기이자, 각종 유효한 자원을 통합하고 기업 발전을 실현하는 효과적인 수단이 된다. 비즈니스 전략가이자 투자자인 카이한 크리펜도프kaihan krippendorff는 현대 기업이 통합 마케팅 방안을 선택하지 않으면 경쟁에서 살아남을 수 없다고 단언했다. 실제로 거의 60% 이상의 기업이 통합 마케팅 전략을 채택한 데서 그의 말이 과장이 아님을 알 수 있다.

통합 마케팅은 소비자를 출발점이자 종착점으로 삼는다. 기업은 소비자에게 반드시 같은 메시지와 이미지, 개성을 유지해 설득력을 강화해야 한다. 또한 소비자와의 양방향 소통을 통해 그들의 반응을 끌어내고, 다시 이 반응을 분석해 데이터화해서 소비 유형 및 모델을 도출한다. 이후 다시 한 번 통합 마케팅을 추진할 때, 기존의 데이터를 근거로 더 치밀하게 전개해야 효과를 극대화할 수 있다.

통합 마케팅을 진행할 때 다양한 채널, 도구, 수단 등과 유기적으로 결합해 일치된 목표 아래에서 각자의 임무를 완성하는 협동 작전을 수행해야 한다. 이미지 통합, 일치된 목소리, 훌륭한 경청, 통일된 개성을 완성할 필요가 있다.

통합 마케팅은 기업의 마케팅 과정, 방식, 관리 등의 방면을 모두 통합해야만 가능한 일이며, 이외에 기업 안팎의 비즈니스 교류, 물류, 정보 흐름의 통합도 포함할 수 있다. 또한 기업의 모든 자원, 각 부문, 부서, 본사, 자회사, 공급상 등을 하나로 통합하고 하나의 메시지를 만들어서 경쟁우위를 형성한다. 기업 내부의 통합뿐 아니라 기업 바깥의 합작사, 대리점 등에까지 하나의 목표를 향한 통합 마케팅 실현의 중요성을 강조해서 협조를 구한다. 통합 마케팅에서 기업의 규모화와 현대화 경영은 무척 중요하다. 규모화는 단지 규모의 효익을 얻는 것뿐 아니라 기업이 효과적인 통합 마케팅을 실현할 수 있는 객관적 기초를 제공한다. 또 통합 마케팅은 현대 과학기술, 현대화된 경영관리 수단에 의존하므로 기업의 현대화는 통합 마케팅 실현을 보장할 수 있다.

IMC는 한마디로
일체화 마케팅이다

◆

통합 마케팅 커뮤니케이션(Integrated Marketing Communication, 이하 IMC)은 기업이 브랜드를 통합적이고 일관된 메시지로 전달하는 것을 의미한다. IMC는 광고, 판촉, 홍보, 직판, CI, 포장 등을 모두 메시지 전달 채널로 보며 소비자의 구매 행위에 직접 영향을 주는 것을 목표로 한다. IMC의 핵심은 기업이 소비자와 소통하며 그들의 수요를 만족하기 위해 통일된 마케팅 전략을 확정하고, 다양한 전파 채널의 우위를 이용해서 판촉 및 선전 비용을 낮추는 동시에 효과를 극대화하는 데 있다.

21세기는 시장경제가 날개를 단 듯 빠르게 지속해서 발전하는 시대다. 이 시대의 경영 모델은 이전의 판을 뒤집은 완전히 새로운 변화이며, 정보화 시대에 최적화된 것이어야 한다. 쉽게 말해 지금은 과거처럼 '물건만 좋으면 장사가 저절로 되는' 시대가 아니다.

세계 최대 규모의 패스트푸드점인 **맥도날드**McDonald's는 현재 전 세계 120여 개국에 3만 5,000여 개의 매장을 운영 중이다. 이런 맥도날드도 한때 주가가 폭락하고 처음으로 적자를 기록하며 추락하는 절체절명의 위기를 맞은 적 있다. 당시 그들은 상황을 해결하기 위해 마케팅 귀재 래리 라이트Larry Light를 CMOCheif Marketing Officer로 고용했다. 라이트는 자신에게 주어진 임무를 해결하기 위해 IMC를 통해 브랜드 혁신을 시도했다.

2003년 8월, 톈진天津 출신의 쑨멍멍孫蒙蒙 씨가 중국 최초의 맥도날드 가맹점주가 되었다. 이로써 중국에서 개인사업자가 맥도날드 가맹점을 개설할 수 있게 되었다.

2003년 9월 2일, 미국 맥도날드 본사가 대표 슬로건으로 '아임러빙잇I'm Loving It'을 내놓았다. 그들은 전 세계 100여 개 국가에서 동시에 같은 광고와 정보를 전파하며 브랜드를 홍보했다. 또 수십 년에 걸쳐 고수해 온 '엄마와 아이를 위한 음식'이라는 이미지를 포기하고, 35세 이하의 소비자층을 겨냥해서 좀 더 '젊고 세련된' 이미지를 강조했다.

2003년 11월 24일, '동감지대◆M-Zone'와 연합해 중국 전 매장에서 '패스트푸드와 통신서비스를 결합한' 새로운 형태의 마케팅을 전개했다.

2004년 2월 12일, 농구 스타 야오밍姚明을 전속모델로 기용했다. 건강하고 활력 넘치는 이미지의 야오밍은 맥도날드의 올림픽 공식 후원 활동이나 아임러빙잇 마케팅 활동에 적극적으로 참여하면서 소비자와의 소통에 큰 영향을 미쳤다.

◆ 중국의 통신회사 중국이동(中國移動, China Mobile)에서 젊은 고객을 겨냥해 내놓은 모바일 통신서비스

2004년 2월 27일, 올림픽 공식 스폰서 계약을 2012년까지 연장함으로써 이후 네 번의 올림픽에서 맥도날드는 볼 수 있게 되었다.

맥도날드는 이러한 노력을 통해 2003년 11월 마케팅 수입을 14.9%까지 올렸다. 아태지역의 마케팅 수입 증가율은 그보다 더 높은 16.2%였다. 주가도 크게 상승하면서 이전 16개월 중에 최고가를 기록했다. 2003년 12월, 세계적인 종합금융지주회사 JP모건J.P. Morgan Chase&Co.은 맥도날드의 주가가 '일반 시장의 수준'이 아니라 '시장 초월적인 수준'으로 확대되었다고 평가했다.

이상의 사례에서 맥도날드의 CMO 래리 라이트가 IMC를 통해 브랜드를 쇄신하고 탁월한 성공을 거두었음을 알 수 있다.

그러니까 간단하게 말해서 IMC는 '일체화 마케팅'다. 기업 활동, 예컨대 구매, 생산, 직판, 홍보, 상품개발 등을 경영 전략, 방식, 조작 등에서 전부 통합적으로 배치하고 재건해서 서로 긴밀하게 연계해 공동으로 마케팅을 진행하는 것이다.

기업이 IMC를 하는 목적은 모든 마케팅 활동에서 각각의 세분 소비자를 겨냥해 '일대일' 소통을 전개함으로써 브랜드에 대한 심리적 인정을 형성하기 위함이다.

기업은 IMC를 통해 광고, 판촉, 직판, 홍보 등 소비자와 접촉할 수 있는 모든 채널에 통일성을 부여하여 각 채널을 유기적으로 결합함으로써 효율을 높여 궁극적으로 마케팅 저비용을 실현한다.

IMC의 구체적인 특징은 전술의 연속성과 전략의 지향성을 들 수 있다. 전자는 IMC를 통해 서로 다른 매체가 전파하는 정보에 일관성을 부여하는 것을, 후자는 마케팅 전략에 참여하는 모든 물리적, 심리적 요소에 일관성을 유지하는 것을 강조한다.

먼저 전술의 연속성 측면에서 IMC에 동원되는 모든 채널이 전파하는 정보는 일관적이어야 한다. 같은 구호와 상징을 이용했을 때만이 깊은 인상을 남길 수 있기 때문이다. 소비자의 긍정적인 반응은 우선 기업과 브랜드의 일관적인 목소리와 성격을 지각함으로써 끌어낼 수 있다. 광고 등 다양한 마케팅 매체가 같은 주제와 이미지, 혹은 어조 등을 유지할 때 달성할 수 있다.

두 번째 전략의 지향성 측면으로 IMC는 하나의 목표를 바라보고 진행되어야 한다. 아무리 창의적이고 눈에 띄는 광고를 제작해서 소비자의 감동을 끌어내고 광고 대상을 받더라도 기업의 전략 목표를 완수하지 못하면 아무 의미가 없다. 알다시피 광고가 크게 성공해서 대중적 인지도는 높은데, 정작 상품 판매량이나 수익은 목표를 완수하지 못 하는 일이 꽤 있다. IMC를 하는 이유는 마케팅 전략 목표를 달성하기 위해서다. 그러므로 각 매체는 반드시 기업의 전략 목표를 염두에 두고 그 실현을 위해 가장 유리한 방법을 선택, 전개해야 한다.

앞으로 시장은 더 이성적으로 발전하고, 마케팅 게임의 규칙은 더 과학적이고 합리적으로 변할 것이다. 이런 상황에서 경쟁우위를 갖추지 못한 기업의 미래는 참혹해질 뿐이다. 마케팅 관리자는 냉정하고 이성적인 소비자들을 겨냥해 반드시 온갖 수단을 구사하여 일관된 메시지를 전할 줄 알아야 한다.

IMC 플래닝 모델

◆

　1990년대에 IMC를 제시한 돈 슐츠는 "일종의 전략적 경영 프로세스인 IMC는 장기적인 계획, 발전, 집행을 통해 다양한 채널의 협조와 일치를 실현하고 설득력 있는 브랜드를 전파한다."라고 말했다.

　광고심리학은 기업이 IMC를 통해 고객과 다채널로 접촉할 것을 요구한다. 다양한 접점을 통해서 소비자를 향해 일치되고 명확한 기업 이미지를 전파하는 것이 중요하다. 작게는 포장의 색에서부터 크게는 홍보자료까지 무척 다양하며, 어떤 형태든 소비자와의 접촉은 기업에 대한 인지도에 영향을 미친다. 이때 만약 모든 접점이 똑같은 정보를 전달한다면 그 영향력을 최대화할 수 있다.

　소비자 심리학은 기업이 IMC를 통해 소비자의 머릿속에 브랜드 인식을 심고, 그것이 기존 인식과 연계되어야 한다고 강조한다. 이렇게 하면 브랜드에 대한 인상을 더 뚜렷하고 강력하게 할 수 있으므로 브랜드 건립에 도움이 된다.

다음은 IMC플래닝 모델이다.

(1) 소비자 데이터베이스를 작성한다.

IMC는 소비자로부터 출발하여, 소비자를 둘러싸고 진행되므로 소비자 데이터베이스는 무엇보다 중요하다. 여기에는 소비자의 수, 심리, 태도, 구매 이력에 관한 기록들이 포함되어야 한다. IMC의 가장 큰 특징은 모든 초점이 소비자 및 잠재 소비자에게 맞춰져 있다는 점이다. 모든 기업과 마케팅기구는 판매량이나 실적보다 소비자의 구매 행위에 의존해야 한다.

(2) 소비자를 연구하고 세분화한다.

소비자 데이터베이스를 이용해서 시장세분화를 진행한다. 예컨대 소비자의 구매 행위는 '구매 태도와 의도' 등의 데이터를 비교하고 분석함으로써 추론할 수 있다. IMC와 관련해 소비자를 세 종류로 구분할 수 있다. 이 브랜드에 충성도가 높은 소비자, 타 브랜드에 충성도가 높은 소비자, 어느 한 브랜드에 충성하지 않는 소비자다. 이 세 집단은 데이터베이스의 힘을 빌려야 한다.

(3) 소비자와의 접촉을 기획한다.

소비자에게 메시지를 전달할 시기, 장소, 방법을 정하는 단계다. 과거 소비자가 직접 상품 정보를 찾아다니는 시대에는 '언제 접촉하는가'보다 '무슨 말을 하는가'가 더 중요했다. 하지만 지금은 정보는 물론이고 정보를 전달하는 채널까지 차고 넘친다. 여기에 중간 '잡음'까지 크게 늘어났다. 이런 상황에서 중요한 것은 '언제, 어디에서 어떻게 소비자와 접촉하는가'다.

(4) 커뮤니케이션 목표와 전략을 세운다.

명확한 마케팅 목표를 세움으로써 어떠한 메시지를 전달할 것인지 결정한다. 마케팅 목표는 매우 분명한 동시에 반드시 데이터화 되어야 한다. 예를 들어 마케팅에 능한 브랜드의 목표는 크게 '소비자가 상품을 써보게 할 것, 써본 후에 긍정적인 반응을 보이고 계속 사용하게 할 것, 타 브랜드 충성고객이 우리 브랜드의 충성고객이 되게 할 것'으로 나눌 수 있다.

(5) 혁신적인 커뮤니케이션 채널을 찾는다.

목표와 전략을 세웠다면 이제 그것을 완성할 채널을 찾아야 한다. IMC 플래너라면 누구나 생각할 수 있는 상품, 가격, 유통 외에 더 다양하고 광범위한 채널을 동원할 줄 알아야 한다. 어떤 채널을 어떻게 결합했을 때 가장 효과적으로 커뮤니케이션 목표와 전략을 완성할 수 있는가가 관건이다.

(6) 커뮤니케이션 채널을 선택하고 효과적으로 조합한다.

마지막 단계는 목표와 전략을 완성하는 데 도움을 줄 수 있는 커뮤니케이션 채널을 선택하는 것이다. 선택할 수 있는 채널은 무척 다양하다, 광고, 직판, 홍보, 이벤트부터 상품의 포장, 전시, 매장 판촉까지 목표와 전략을 실현하는 데 도움만 된다면 무엇이든 선택할 수 있다.

IMC는 마케팅 목표 실현을 위해 기업 안팎의 모든 자원과 채널을 통해 소비자에게 통합적인 메시지를 전달하고, 그들의 구매 행위에 직접 영향을 주는 커뮤니케이션 프로세스다. 경영관리학, 소비자행동학, 통계학 등 다양한 학문을 결합해서 치밀하게 분석하고 정책을 결정해야 한다.

바바카의 통합 마케팅

청소년 자세교정 기구 업체 바바카背背佳, babaka는 IMC를 통합 마케팅으로 성장한 기업이다.

설립자 두궈잉杜國楹은 원래 청소년 자세교정 기구 업체인 잉쯔다이英姿帶의 대리상으로 전국 1위의 판매실적을 자랑했다. 그런데 어느 순간부터 잉쯔다이가 품질을 개선하지 않고, 후속 상품개발도 소홀히 했다. 그때 기회를 엿본 두궈잉은 직접 투자해서 기존 기술에 특허 기술까지 사들여 회사를 차렸다.

설립 초기, 자금 사정이 좋지 않았던 두궈잉은 공장을 세우기 전에 우선 마케팅으로 난관을 극복하기로 했다. 그의 방법은 샘플 상품을 잘 만들어서 홍보해 대리상이 돈을 싸 가지고 와서 자발적으로 판매권을 사게 만드는 것이었다. 또 잘 팔릴 만한 물건을 보여주면 원자재 역시 신용거래가 가능할 거라고 보았다. 그러니까 일종의 '가상경영'인 셈이다. 가상경영의 본질은 어떻게 핵심 우위를 만들어내는가다. 핵심 우위가 있으면 자원을 통제할 힘이 생기고 제조업체와 판매상을 주변에 통합시킬 수 있다.

두궈잉은 겨우 수십만 위안으로 사업을 시작했지만, 돈이 아니라 자원의 핵심 우위를 통합하는 것이 가장 중요하다고 생각했다. 그것은 아마도 자원을 결집할 수 있는 전략 혹은 브랜드일 것이다. 당시 바바카는 두 가지 문제에 직면하고 있었다. 바로 자금 상황과 마케팅채널이었다. 그래서 가상경영을 선택할 수밖에 없었고, 그 첫 번째 단계는 바로 '샘플시장'이었다.

텐진에 샘플시장을 연 그는 전국의 대리상을 텐진으로 초청해서 직접 샘플시장의 뜨거운 열기를 실감할 수 있게 했다. 그의 전략은 대성공이었다. 대리상들은 서로 판매권을 사고자 했고, 바바카는 지역판매권 당 20만 위안씩 받아 총 200만 위안의 자금을 확보했다.

두궈잉은 대리상에게만 기대지 않았다. 일단 분위기가 형성된 것을 확인한 그는 대리상을 강력하게 통합하고 충분히 통제할 수 있기를 바랐다. 대리상에 끌려가지 않고, 거꾸로 그들을 조정해서 더 높은 전략적 위치를 차지하고자 했다.

그러려면 반드시 더 잘 팔리는 베스트셀러를 탄생시키는 수밖에 없었다. 그렇지 않으면 대리상을 어찌해 볼 방법도 없고, 자격도 없다. 이를 정확히 알고 있었던 두궈잉은 연구개발에 박차를 가해서 연이어 히트 상품을 내놓았다.

알다시피 대리상은 모두 실력이나 스타일이 제각각이다. 그러다 보니 잘 따라오는 대리상도 있고, 또 그렇지 않은 대리상도 있었다. 이에 바바카는 각종 교육을 통해 이것이 돈을 버는 방법일 뿐 아니라, 진정으로 성장하는 기회라 설명했다. 또 기업과 대리상이 오직 돈으로만 묶인 계약관계라면 매우 불안정하다는 점을 인식하도록 했다. 만약 둘 사이에 아무런 심리적 유대감이 없으면 대리점은 더 좋은 상품을 발견했을 때 바로 등을 돌릴 것이다. 직원과 사장 사이의 유대감처럼 대리점 역시 기업과 유대감을 형성해야 한다.

이렇게 해서 두궈잉은 대리상뿐 아니라 원자재 공급상, 제조업체 등을 모두 통제하게 되었다. 원자재 공급상은 신용거래로 그에게 상품을 만드는 시간을 확보해주었고, 하청 제조업체는 상품 제작부터 먼저 해주었다. 덕분에 바바카는 초기 자금 유동에 큰 문제가 없었다. 더불어 샘플시장의 성공으로 광고 효과를 톡톡히 보면서 시장도 전국으로 확대되었다. 이후 마케팅채널이 완성되면서 바바카의 경영 상황은 선순환 단계로 진입했다. 판매가 늘어나면서 자금 상황이 좋아졌으며 브랜드 이미지가 날로 더 좋아졌다.

지금 바바카는 대리상을 통해 거의 모든 상품을 판매한다. 만약 두궈잉이 초기에 각 채널을 통합하지 못했다면 이처럼 크게 성공하지 못했을 것이다.

사례분석 바바카의 마케팅 전략은 우선 자신의 상황을 정확하게 이해하고 그 위에서 외부 마케팅 자원을 통합하는 것이었다. 한 기업의 핵심능력은 기술, 창의적인 상품 설계와 개발, 경영관리 능력, 마케팅 조직력으로 가늠할 수 있다. 이는 기업이 시장에서 원하는 효과를 일으킬 수 있을지를 결정하는 요소이자 마케팅 핵심 경쟁력을 만드는 기초다. 기업은 이 기초 위에서 사회 마케팅 자원을 통합함으로써 마케팅 전략과 목표를 달성할 수 있다. 바바카는 '샘플시장'을 이용해서 대리상사회 마케팅 자원을 흡수하고, 그들의 돈으로 시장을 열었다. 덕분에 가상경영으로 시작했지만, 더 빠르게 꾸준히 성장할 수 있었다.

더 나은 마케팅을 위한 노력

기업의 마케팅 책임자는 상품을 시장에 진입시키는 사람일 뿐 아니라

훌륭한 '광고 기획자'여야 한다. 창의적인 광고는 기업이 공급하는 상품이나

서비스의 효과를 간명하게 보여줌으로써 효과를 극대화하고 소비자의 눈길을 사로잡는다.

반대로 창의적이지 않은 광고는 소비자로부터 차갑게 무시당한다.

고객을 열광시킨
광고들

◆

    텔레비전이든 지면이든 광고는 공간이 제한적이므로 최대한 간명하게 상품을 설명해야 한다. 광고는 누구나 좋아하는 영화나 화보가 아니라 오직 해당 기업의 표적고객을 위한 서비스여야만 한다. 다시 말해 상품 판매나 브랜드 명성을 상승시키는 효과만이 그 좋고 나쁨을 가르는 기준이 된다.

    1980년대, **혼다**는 소형 오토바이를 미국 시장에 내놓으면서 광고에 엄청나게 공을 들였다. 수많은 분석과 조사, 연구를 거친 끝에 혼다는 시청자의 눈길을 확 잡아끄는 텔레비전 광고 한 편을 제작했다. 광고가 시작되면 어두운 화면 위에 번개 같은 불빛이 빠르게 교차하면서 몇 차례 번쩍인다. 그러다가 역시 어두운 화면 위에 붓으로 휘갈겨 쓴 듯한 문장이 등장한다. '내가 누구지?', '개도 생각할 수 있을까?', '내가

못생겼나?' 이와 동시에 기이한 소리가 들린다. 유리 깨지는 소리, 폭탄 터지는 소리, 아이의 웃음소리……, 그리고 화면에 가장 중요한 '최신형 혼다50 바이크'라는 자막이 등장하면서 광고가 끝난다. 객관적으로 아름답거나 멋진 광고는 아니지만, 그렇다고 무슨 문제가 있다고도 할 수 없는 광고였다.

이 광고는 반항아 기질이 다분하고 늘 기이한 것에 마음을 빼앗기는 미국 젊은이들을 공략하기에 충분했다. 1983년에 미국 시장에서 혼다 소형 오토바이의 판매량은 불과 수천 대에 불과했다. 하지만 광고가 방영된 후인 1985년에는 무려 12만 5,000대가 팔려나갔다.

노키아NOKIA 역시 기발한 광고로 홍콩 소비자의 눈길을 사로잡았다. 어느 유럽식 공원, 한 남성이 벤치에 앉아 신문을 보고 있다. 갑자기 전화벨이 울렸고, "여보세요!"라는 소리가 들린다. 하지만 놀랍게도 전화를 받은 사람은 신문을 보던 남자가 아니라 벤치 왼쪽에 있는 조각상이다. 이 조각상은 한술 더 떠서 벤치 오른쪽에 있는 조각상에게 휴대폰을 건네면서 "너희 엄마야!"라고 말한다. 그리고 이제야 화면에 노키아의 브랜드와 상품 정보가 나타난다. 노키아는 눈길을 사로잡는 이 기발한 광고로 브랜드를 알리면서 성공적으로 홍콩에 진출했다.

중국의 제약회사 **가이톈리**蓋天力는 '백+흑' 광고가 나오기 전에는 잘 알려지지 않은 기업이었다. 1995년 가이톈리는 새로운 감기약 '백+흑'을 출시하면서 아주 창의적인 텔레비전 광고를 제작했다. 화려한 색감의 앞 광고가 끝나면 갑자기 신호가 끊긴 것처럼 보인다. 시청자들이 검은 바탕에 흰색 점들이 마구 우글거리는 화면을 보고 당황하는 순간, 자막이 등장한다. "감기 걸렸네……어쩌지……" 이어서 이 약의 상자가 등장한다. 옆으로 기다란 작은 사각형 상자는 절반으로 나뉘어 왼쪽은 흰색, 오른쪽은 검은색이다. 화면 왼쪽 위에 "감기를 치료해요. 낮과 밤 따로"라는 광고 문구가 등장한다. 즉 낮에는 흰색 약을 먹어서 졸지 말고, 밤에는 검은색 약을 먹어서 푹 자라는 의미다. 처음부터 끝까지 무채색으로 완성된 이 광고는 깔끔하면서도 예술적인 분위기를 자아냈다.

소비자들의 반응은 폭발적이었다. 감기약 '백+흑'은 출시 반년 만에 판매액 1억 6,000만 위안을 돌파했고, 시장점유율은 15%에 달했다.

혼다의 소형 오토바이 광고, 노키아의 휴대폰 광고, 가이텐리의 감기약 광고는 모두 이전에는 없었던 완전히 새로운 스타일로 대중에게 신선한 느낌을 주었다. 소비자들은 광고에 주목했고, 그에 따라 상품 판매액도 증가했다. 이상의 사례에서 알 수 있듯이 광고가 대중의 사랑을 받고 그에 상응하는 효과를 일으키려면 관건은 역시 창의성이다.

광고는 말하는 방법이나 형식으로 각각의 차이를 드러낸다. 그래서 광고의 핵심은 무엇을 말하거나 보여주는가가 아니라 '어떻게 말하거나 보여주는가'다. 정답은 대중의 마음속, 가장 감성적이고 흥미로운 부분을 자극하는 것이다.

창의적인 광고는 눈에 확 들어오는 신선한 광고 문구가 꼭 필요하다. 광고 문구는 상품의 기능, 브랜드 핵심 가치, 브랜드 포지션의 내용 등을 함축적으로 표현해야 한다. 창의적이고 좋은 광고 문구는 소비자의 뇌리에 박혀 오래도록 사라지지 않는다. 마지막으로 광고는 방영 전에 표적고객이나 표적시장을 대상으로 여러 차례 상영회를 열고

의견을 청취해야 한다. 그래야 사전에 문제를 발견하고 오차를 줄여서 불필요한 손실을 막을 수 있다.

광고의 임무는 최대한 오래, 통합적인 메시지를 전파하는 것이고, 그렇기에 반드시 창의적이어야 한다. '현대 광고의 아버지'라 불리는 데이비드 오길비(David Ogilvy)는 "광고가 시청자들로부터 '와!'하는 감탄사를 끌어낼 필요는 없다. 그저 물건을 사게 만들면 그만이다."라고 말했다. 그의 말처럼 광고는 예술이 아니다. 오직 기발한 창의력으로 소비자의 뇌리에 박혀 구매 욕구를 일으키기 위해 만드는 것이다.

하버드 마케팅 강의

비즈니스
신新 기상도

◆

　전자상거래 마케팅E-commerce marketing은 e마케팅 기법의 일종으로 인터넷의 힘을 빌려 마케팅 목표를 달성하는 과정이다. 지금과 같은 소비자 시대에 마케팅 방식의 변화는 필연적인 일이다. 단순히 사람의 힘에 기대어 마케팅 문제를 해결하는 시대는 이미 지났으며 그 효과 역시 점점 줄어들고 있다. 지금 e마케팅은 기업 마케팅의 중요한 수단으로 가장 빠르고 정확하게 고객을 확보하는 방법이 되었다.

　전자상거래는 인터넷을 할 수 있는 사람이라면, 그곳이 남아프리카든 북아메리카든 전부 하나의 시장 안에 포용할 수 있다. 그들은 인터넷을 함으로써 곧 기업의 고객이 되며 세계 각지에 순식간에 메시지를 전달하고 자동으로 거래를 처리한다. 그 과정에 어떠한 간섭도 없으므로 거래 속도가 훨씬 빨라졌다.

　또한 전자상거래는 양측 사이의 협상부터 계약, 주문, 지급 등 모든 활동 중에 굳이 얼굴을 마주하지 않아도 된다. 모든 과정은 네트워크 위의 가상 시스템 위에서 공정하게 완성된다.

인터넷 활용으로 정보 수집 비용을 줄이고, 직접 움직일 필요 없으니 교통비도 절약한다. 게다가 중개비용까지 크게 낮출 수 있다. 이처럼 전통적 상거래에 들어가던 대부분 비용을 대폭으로 줄이거나 없앨 수 있으므로 전체 마케팅 비용이 큰 폭으로 감소하며 이러한 모든 비용이 컴퓨터 스크린 위에 드러나므로 비교적 투명한 거래가 가능하다.

전자상거래는 폭발적으로 성장한 인터넷의 산물이며 인터넷 기술의 완전히 새로운 발전 방향이다. 인터넷 자체의 개방성, 세계성, 저자본 고효율 등이 고스란히 내재되었고, 전자상거래는 이 특징들에 힘입어 인류의 완전히 새로운 거래방식이 되었다. 전자상거래는 기업 자체의 생산, 경영, 관리 활동을 모두 바꿀 뿐 아니라 사회 전체의 경제 활동과 구조에까지 영향을 미치고 있다.

이는 인터넷이라는 '전자'기술 플랫폼이 전통적 상거래에 광활한 발전 공간을 제공하므로 가능한 일이었다. 그 탁월한 경쟁우위는 전통적 매개 수단이 감히 대적하기 힘들 정도로 엄청난 것이다.

이제는 정보가 곧 자산이므로 정보 전달 속도가 기업의 생사를 결정하는 관건이 된다. 인터넷은 정보 전달 속도에서 탁월한 경쟁우위가 있다. 북반구에서 일어난 일이 10여 분 안에, 아니 몇 분도 채 걸리지 않아 인터넷으로 전달된다. 인터넷이 그야말로 '지구촌'을 만들었다고 해도 과언이 아니다.

지금 기업들은 인터넷을 통해 서로 직접 교류, 협상하며 계약까지 한다. 소비자는 기업의 웹사이트에 상품에 대한 반응과 제안을 올리

며, 기업은 이를 바탕으로 상품의 종류의 품질을 조정하는 선순환을
실현한다.

20세기의 마지막 10년에 전자상거래라는 새로운 비즈니스 모델이 등장했다. 전자
상거래는 기존의 전통적 상거래보다 월등한 경쟁우위가 있었다. 가히 폭발적이라고
할 만한 인터넷 발전은 공간의 제약을 없애 서로 다른 지역에 있는 사람들과 자유롭
게 정보를 주고받고 소통하며 상거래까지 가능케 했다. 기업과 소비자 모두 인터넷
의 속도, 자유, 저비용 고효율을 마음껏 누린다.

e마케팅,
새로운 가치를 만들다

◆

　e마케팅은 21세기를 대표하는 저자본 고효율의 새로운 마케팅 형태다. 구체적으로 인터넷을 기반으로 인터넷 사용자가 중심이 되며, 시장 수요와 인식을 방향으로 삼고, 각종 인터넷 응용 수단으로 기업의 마케팅 목표를 달성하는 행위라 할 수 있다. e마케팅은 인터넷을 기반으로 하지만 이외의 다른 자원, 예를 들어 마케팅채널 판촉, 전통매체 광고 및 직접 마케팅 활동 등과 결합해 통합 마케팅을 실현할 수 있다는 데 가장 큰 의의가 있다.

　1995년 7월, 세계 최초의 인터넷 서점 **아마존**이 문을 열었다. 설립 초기에는 아는 사람 하나 없는 작은 사이트였지만 4년 만에 전 세계에서 가장 성공한 전자상거래 기업이 되었다. 수많은 투자자와 기업인들은 아마존의 성공을 크게 주목했고, 이에 관해 열띤 토론을 벌였다.

아마존을 세운 제프 베조스는 인터넷이 막 시작될 무렵, 이제 곧 완전히 새로운 세상이 올 거라고 예상했다. 그는 전자상거래 초기에 가장 쉽고 간편하게 경쟁우위를 선점하는 방법이 인터넷 서점이라고 생각하고 아마존 사이트를 열었다. 아마존은 인터넷 가상공간 안에 온라인 매장을 세우고, 매우 빠르고 효율적인 소프트웨어로 복잡한 상품 입출고 문제를 해결함으로써 오프라인 매장에 비해 인적, 물적 비용을 대폭 줄였다. 지금 아마존은 전자상거래 업계에서 전대미문의 기업이 되어 전 세계 100여 개 국가의 사용자에게 우수한 서비스를 제공한다. 설립 4년 만인 1999년에 이미 620만 명이 이 사이트에서 쇼핑했는데 이는 전년도에 비해 64% 상승한 수였다. 아마존은 470여 만종의 서적을 비롯해 CD, DVD, 장난감, 주방기구, 소프트웨어, 전자상품 등을 판매하며 거의 모든 분야에서 뛰어난 성적을 올리고 있다. 전자상거래의 발전은 아마존에 기회를 제공했고, 아마존은 좋은 상품과 투철한 서비스를 통해 세계 최고의 인터넷 상점이 되었다.

아마존은 인터넷 기술과 e마케팅의 빠른 발전을 이용해 수많은 사람의 생활과 일 속에 들어왔으며 다른 기업의 마케팅 수단까지 바꾸어 놓았다. 제프 베조스는 인터넷의 발전이 제공한 커다란 기회를 알아보고 아마존을 세계 1위의 전자상거래 기업으로 성장시켰다.

최근 수년 동안 e마케팅을 기반으로 한 기업이 우후죽순으로 생겨났다. 그중에는 주어진 기회를 십분 활용해서 브랜드 인지도를 끌어올린 기업도 있었으나, e마케팅에 대한 이해 부족으로 별다른 성과를 내지 못한 기업도 있다.

그렇다면 어떻게 해야 e마케팅을 성공적으로 해낼 수 있을까?

수많은 기업이 날로 다양해지는 인터넷 정보 전달 매체를 통해 인터넷 광고에 뛰어들고 있다. 인터넷 광고는 제작비용이 낮을 뿐 아니라 주기 전환이 빠르고, 전파 범위가 넓다. 훌륭한 인터넷 광고는 시공간의 제한을 넘어 상호활동 효과가 뚜렷하다. 또한 e마케팅을 통해 이미지를 다지려는 기업은 마케팅 목표에 근거해서 사이트를 만들어야 한다. 기업의 상황에 가장 적합한 사이트가 홍보 효과를 극대화할 수 있다.

대부분 기업 사이트는 검색엔진 홍보에 집중한다. 소비자들이 가장 쉽게 접하는 방법이고, 효과 역시 비교적 크기 때문이다. 실제로 기업은 검색엔진 홍보를 통해 많은 고객을 유치할 수 있으며, 검색어 키워드 홍보로 단시간에 유입량을 크게 늘일 수 있다.

검색엔진 홍보와 병행하는 이메일 홍보는 많은 기업이 채택하는 e마케팅 수단이다. 많은 사용자에게 대량의 이메일을 발송하는 방식은 분명히 인터넷이라는 매체를 가장 효과적으로 활용하는 방법이다. 하지만 소비자의 의견을 파악하거나 존중하지 않고 무작정 보내는 이메일 홍보는 괜히 그들의 반감을 사서 부정적인 효과를 일으킬 수 있으니 신중해야 한다.

WOW와 코카콜라의 마케팅 콜라보

인기 게임 '월드 오브 워크래프트(World of Warcraft, 이하 WOW)' 속 세계인 아제로스의 종족들은 대재앙과도 같았던 군단의 성전을 끝내기 위해 연맹을 맺고 함께 나라를 보호한다. 하지만 전쟁의 불길이 끊임없이 타오르는 중에도 종족들은 서로를 속고 속인다.

이와 달리 현실 세계에서는 각자의 승리를 위해 연맹, 즉 제휴 마케팅이 활발하게 벌어졌다. 중국 코카콜라, 그리고 WOW의 중국 배급업 체인 더 나인 컴퓨터테크놀로지 컨설팅 상하이(The9 Computer Technology Consulting Shanghai, 이하 더나인), 이 두 기업은 2005년 4월 15일 상하이에서 브랜드 합작을 공식 발표했다. 'WOW×코카콜라' 프로모션의 메인 테마는 WOW의 내용에서 힌트를 얻은 '나를 더 상쾌하게, 차가운 바람으로 불타는 성을 무너뜨리다'였다.

이 대대적인 프로모션의 첫 번째 단계는 바로 전용 사이트 iCoke. cn를 개설한 일이었다. 코카콜라는 이 사이트에서 젊은 소비자와의 연대를 강화하고 구매를 자극하고자 했다.

중국 코카콜라의 회장 쑤보량蘇柏梁은 젊은 소비자 집단을 면밀하게 연구해서 그들이 다른 어떤 것보다 인터넷이라는 매체를 많이 사용한다는 사실을 알아냈다. 연구 자료에 따르면 당시 중국의 인터넷 사용자가 이미 1억 명이 넘었으며 그중 4,000만 명이 광대역 네트워크를 사용했다. 무엇보다 이 수치는 매일 늘어나고 있었으며, 대부분 젊은 층이었다. 젊은 사람들은 인터넷을 매우 중요하게 생각하고 의존했을 뿐 아니라, 그 정도도 나날이 커졌다.

무엇보다 전통적 정보 전달 매체가 더는 젊은 층을 흡수하지 못하고 있었다. 이런 상황에서 코카콜라가 젊은 소비자와 연대를 강화하려면 더나인과의 합작, iCoke.com이라는 인터넷 플랫폼이 꼭 필요했다.

젊은 소비자는 이 사이트에서 코카콜라의 온라인 광고 테마, 음악, 스포츠 및 관련 인터넷 활동을 할 수 있었다. 물론 가장 중요한 것은 이곳에서 WOW에 기반한 인터렉티브 게임을 할 수 있다는 점이었다.

쑤보량은 더나인과의 브랜드 제휴 마케팅이야말로 자신이 한 가장 혁신적인 일이라 말한 적 있다. 실제로 그들의 제휴 마케팅은 중국 현대 경제 역사상 전무후무한 규모로 전국에서 PC방 1만여 곳이 참여했다.

코카콜라는 'WOW×코카콜라' 프로모션에 참여하는 PC방에 입구 장식, 조명 박스, 광고 입간판, 장식장, 대형 포스터, 각종 홍보물 등 테마 인테리어를 적극적으로 지원했다. 이 모든 물품 위에는 WOW와 코카콜라의 로고가 함께 박혀 있었다. 이외에 자사의 음료수만 들어가는 전용 냉장고까지 지원했다.

쑤보량은 'WOW×코카콜라' 프로모션을 공식 발표하는 자리에서 이렇게 말했다. "매우 혁신적이고, 진정한 윈-윈을 실현할 수 있는 합작입니다. 우리는 더나인과의 합작이 전통적 마케팅 모델과 신흥 인터넷 플랫폼의 가장 완벽한 결합이라고 믿고 있습니다."

일찍이 2005년 초에 코카콜라는 표적고객 집단을 16~24세로 확정하고 두 개의 탄산음료를 새로 출시함으로써 상품포지션 방면에서 '젊은 브랜드'를 선점한 바 있다. 그리고 'WOW×코카콜라' 프로모션 같은 마케팅 수단을 통해 그 효과를 더욱 강화했다.

사례분석 코카콜라와 더나인의 합작은 매우 모범적인 브랜드 제휴 마케팅으로 특히 인터넷 게임 플랫폼을 이용했다는 데서 의의가 크다. 이후 많은 기업이 비슷한 형태의 e마케팅을 도입했다.

인터넷의 빠른 발전은 인류의 생활에 거대한 변화를 가져왔다. 전통적 매체와 달리 인터넷에서는 모두가 참여자이고, 자원의 소비자이자 생산자다. e마케팅은 기업과 소비자 사이의 소통을 강화하고, 소비자에게 편리성을 제공하며, 모든 업계에 발전의 기회를 부여하는 '일석삼조'의 효과를 일으키고 있다.

열다섯 번째 수업

가격, 상품의 날개가 되다

가격 결정은 마케팅에서 매우 중요하게 고려해야 할 요소 중 하나다.

가격은 고객이 상품을 선택하고 구매를 결정하는 주요 근거로 마케팅 활동

전체에 미치는 영향이 크고, 매우 민감한 부분이기 때문이다.

그래서 가격 결정은 시장 수요와 기업 이익에 직접적인 영향을 미칠 뿐 아니라

마케팅의 다른 요소에까지 작용한다.

가격 결정이란
무엇인가?

◆

    가격 결정pricing은 마케팅에서 매우 중요하게 고려해야 할 요소 중 하나다. 가격은 고객이 상품을 선택하고 구매를 결정하는 주요 근거로 마케팅 활동 전체에 미치는 영향이 크고, 매우 민감한 부분이기 때문이다. 가격 결정은 시장 수요와 기업 이익에 직접적인 영향을 미칠 뿐 아니라 마케팅의 다른 요소에까지 작용한다.

    필립 코틀러는 "소비자는 상품을 구매할 때, 가치 있는 물건을 또 다른 가치 있는 물건으로 교환하고자 한다."라고 말했다. 상품의 가격 결정은 시장 상황, 기업의 발전전략, 경쟁 환경 등에 따라 변화한다. 그러므로 경영자나 마케팅 관리자는 좀 더 융통성 있게 상황에 맞춰 가격을 결정함으로써 상품의 가치를 고객의 수요 가치로 변환시켜야 한다.

월마트walmart의 빠른 성장은 지금까지도 마케팅의 기적으로 회자한다. 월마트는 가장 강력한 경쟁업체인 케이마트Kmart와 비교했을 때, 판매액은 대동소이했지만 거의 2배에 가까운 이윤을 올렸다. 다른 요소가 거의 비슷한 상황에서 이렇게 큰 이윤 차이가 발생할 수 있었던 까닭은 바로 월마트의 '저가격 전략' 덕분이었다.

월마트는 소비자들이 원하는 브랜드의 상품을 최저가로 제공하고자 했다. 구매직원들은 공급상들과 협상하면서 늘 매우 까다롭고 엄격한 가격 기준을 제시했고, 덕분에 남들보다 훨씬 저렴한 가격에 물건을 들여왔다. 동시에 월마트는 중간상을 거치지 않고 생산자와의 직거래를 확대했는데 이 역시 유통원가를 낮추는 데 큰 역할을 했다. 또 그들은 업계 최초로 컴퓨터 시스템으로 주문을 처리해 상품 진열과 계산대에 들어가는 원가 비용까지 전부 줄였다.

월마트는 판매량을 늘리기 위해 인터넷 판매에 더 집중했다. 이 새로운 판매 방식은 전망이 아주 좋았을 뿐 아니라 가격을 낮추는 데도 큰 도움이 되었다. 전통적 소매상점의 '할인상품'을 온라인 마트에서 파는 식이었다. 그들은 이 방식으로 판매액을 30~50%가량 올리는 성과를 거두었으며, 현재 전 세계 더 많은 국가에서 진행하거나 추진 중이다.

월마트는 이른바 '저가 전략'으로 많은 고객을 끌어들여 판매이윤과 시장을 확대했다. 현대 경제에서 기업은 가격을 결정하는 주체다. 기업이 가격 결정 전략과 방식을 정확하게 이해하고 가장 알맞은 것을 채택하기만 해도 경쟁우위를 확보하고 원가를 낮춰 효익을 확대할 수 있다.

기업은 가격 결정의 목적을 기초로 원가, 수요, 경쟁 등의 상황을 면밀하게 연구해서 가격 결정 이론을 운용할 줄 알아야 한다. 가격 결정 방법은 크게 기본 결정법과 상업적 결정법의 두 가지로 나뉜다.

먼저 기본 결정법으로 가격변화에 대한 수요의 변화를 예측하여 가격을 결정하는 것이다. 이는 기업이 주관적으로 예측하는 것이다. 기업은 광범위한 조사와 연구를 통해 상품의 수요탄력성을 정확하게 예측함으로써 최적의 가격을 결정해야 한다. 이와 같이 주관적인 판단 기준과 다르게 철저하게 원가에 따른 가격 결정방식은 주로 생산 및 유통 기업이 자주 사용하는 방법이다. 원가를 가격 결정의 기준으로 삼으며, 수요와 공급에 대해서는 크게 주목하지 않는다. 다른 방법에 비해서 상대적으로 쉽고 간편하므로 많은 기업이 이 방식을 채택하고 있다.

두 번째로 상업적 결정법은 상품의 모든 유통 단계마다 있는 구매가에 따라 최종가격을 결정하는 방식이다. 이때는 총이익률이나 가격에 대한 고려뿐 아니라 마케팅 계획에 대한 즉각적인 조정도 필요하다. 이외에 상품주기의 변화 속도, 원가, 판매액과 이윤 등의 요소도 모두 고려해야 한다. 또한 동류 상품의 가격이나 수요의 크기, 경쟁 등 실제 상황을 근거로 해서 소비자가 어떤 가격을 가장 쉽게 받아들일 수 있을지 판단하고 결정하는 방법도 있다.

가격 결정의
3단계

◆

신상품의 가격 결정은 기업이 직면한 난제 중 하나다. 사실 성공적인 가격 결정이란 최종 결과 하나로 끝나는 일이 아니며 '지속적이고 장기적인 과정'이다. 일반적으로 기업은 데이터 수집, 전략 분석, 전략 결정의 세 단계를 거쳐 가격 결정을 완수한다.

제1단계 │ 데이터 수집

데이터 수집이 가격 결정 과정에 미치는 영향은 말로 다 설명할 수도 없을 정도로 크다. 기업은 수집한 데이터를 정리, 분석하고 합리적으로 비교함으로써 가격 결정 과정에서 단순히 시장점유율 최대화를 목표로 삼는 바람에 기업의 본질인 이익 추구를 무시하는 오류를 피할 수 있다. 데이터 수집과 분석 과정이 없으면 소비자의 가치와 구매 동기를 이해할 수 없고, 이렇게 해서는 제대로 된 가격 결정을 내릴 수 없다. 경쟁자의 돌발행동을 제어하고, 장기적인 효익을 얻고자 한다면 반드시 전면적이고 충분한 데이터를 수집해야 한다. 데이터 수집은 크게 원가, 소비자, 경쟁의 세 방면에서 이루어져야 한다.

(1) 원가 계산

원가 측정은 주로 증분원가◆incremental costs와 회피가능원가◆◆ avoidable cost의 두 가지를 다룬다. 증분원가 측정은 제조원가, 고객 서비스 원가 및 기술지원 원가를 포함하며 반고정 원가가 생산량의 증감에 따라 어떻게, 어느 정도로 변화하는지를 본다. 회피가능원가 측정은 상품 가격이 고정된 후에 어떠한 고정원가들을 회피할 수 있는지를 확인한다.

(2) 소비자 확정

잠재한 소비자를 찾고, 그들의 구매원인을 명확히 규명해야 한다. 소비자들의 가격 민감도가 어떠한 요소로부터, 어떻게 영향을 받는지 살피고, 그 차이에 근거해서 시장을 세분화한다. 또 효과적인 마케팅 및 포지션 전략이 소비자의 구매 욕망에 어떠한 영향을 미치는지 확인한다.

(3) 경쟁자 확인

데이터 수집 단계에서 경쟁자에 관한 정보는 무엇보다 중요하다. 시장에서 이익을 얻는 데 영향을 미치는 경쟁자를 찾아내고 가격 정보를 확인한다. 경쟁자의 기존 경영 행위, 스타일, 조직구조를 연구해서 가격 결정의 목표를 발견하고 자신의 우위와 열위를 파악하는 것이 중

◆ 생산량의 증가에 따라 증감하는 원가
◆◆ 경영관리의 목적을 달성하기 위해서 꼭 필요치 않은 원가

요하다.

데이터 수집 단계는 이상의 세 가지 방면을 독립적으로 수행하면서 완성된다. 이 단계를 충실히 해야 더 객관적이고 성공적인 가격 결정 전략을 만들 수 있다. 이 단계가 부실하면 가격 결정 전략은 현실과 동떨어져 성공하기 어렵다.

제2단계 | 전략 분석

데이터 수집 단계와 마찬가지로 원가, 소비자, 경쟁의 세 방면으로 이루어진다. 독립적으로 수행했던 제1단계와 달리 제2단계에서는 각 방면의 정보를 서로 연관해서 분석한다. 우선 원가 분석으로는 가장 알맞은 가격, 상품 및 표적시장을 확정해서 소비자의 수요를 만족하고 경쟁우위를 확보할 수 있다. 표적시장을 확정하기 전에 경쟁 상황을 분석해서 자신이 경쟁자보다 더 효과적이고 낮은 원가로 이 시장에 서비스하는 능력을 갖추었는지 확인해야 한다. 마지막으로 경쟁 분석을 통해 경쟁자의 가격을 분석하고 예측한다.

(1) 원가: 재무 분석

잠재 가격, 상품 혹은 판촉 변동에 따라 판매량을 어떻게 조정해야 이윤 확대를 보장할지, 신상품이나 새로운 시장의 판매량이 얼마나 되어야 증분원가를 회수하는지 등을 연구한다. 구체적으로 기준 가격 아래에서의 한계수입, 가격 상승 후의 판매량 감소 폭, 추가 고정비용 회수가 가능한 판매량, 상품의 시장 진입 후 적정 판매 수준 등이 있다.

(2) 소비자: 시장세분화

세분시장마다 소비자의 가격 민감도와 구매 동기가 다르므로, 구체적인 실제 상황을 분석할 필요가 있다. 시장세분화의 가장 중요한 내용으로는 각 세분시장에 어떻게 가격을 결정하는가, 어떻게 상품의 가치를 가장 효과적인 방법으로 각 세분시장의 소비자에게 전달하는가 등이 있다. 가격 결정에 있어 시장세분화는 각 세분시장의 소비자를 구분해내고, 세분시장마다 '분리 울타리'를 설치해서 서로 영향을 미치지 않게 하는 데 의의가 있다. 관련 법규를 위반하지 않는 데 주의를 기울여야 한다.

(3) 경쟁: 경쟁 분석

주로 가격 변동 시 경쟁사의 반응 및 가능한 행동, 이것이 기업의 장기 발전에 미치는 영향 등을 분석하는 것을 가리킨다. 만약 경쟁사의 생산능력과 의도를 정확히 알아낸다면 이익과 관련한 어떠한 목표도 달성할 수 있다. 주요 분석 내용은 다음과 같다. 표적시장을 선택할 때, 어떻게 경쟁우위를 발휘해 위협을 막아낼 것인가?, 만약 경쟁을 피할 수 없거나 그 속에서 이익을 얻을 수 없어서 투자를 철회하려고 할 때 무슨 시장을 선택해야 하는가? 목표를 더 현실적이고, 이익 추구에 적합하게 하려면 어떻게 경쟁자의 행위에 영향을 미쳐야 하는가?

제3단계 | 전략 결정

이상의 두 단계를 통해서 가격 결정 전략을 얻을 수 있고, 이는 향후 경영을 이끄는 방침이 될 것이다. 어떠한 상황에서도 정확하거나 옳은 전략이란 없다. 원가, 소비자, 경쟁 조건이 완전히 다른 업계 두 곳은 그 전략 역시 반드시 달라야 한다. 그렇지 않으면 전략오류가 출현할 것이다. 성공하고 싶다면 경영자는 반드시 회사가 달성하려는 목표와 관련해 정확한 데이터를 수집하고 꼼꼼히 분석해야 한다.

가격은 어떻게
결정되는가

◆

　가격은 거래의 성패를 결정하는 중요한 요소이자. 마케팅에서 가장 확정하기 어려운 요소다. 기업에 있어 가격 결정의 목적은 분명히 '상품을 팔아 이윤을 얻는 것'이다. 그러려면 원가를 생각하고, 소비자의 수용 정도를 고려해서 거래에 참여하는 양측이 모두 이해하고 받아들일 수 있게 해야 한다. 또 가격은 마케팅 전략 요소 중에서도 영향력이 가장 커서 민감한 반응을 일으킬 수 있다.

　1945년 **미국의 한 문구생산기업**이 새로운 볼펜을 출시하면서 가격 결정 문제에 부딪혔다. 생산원가는 0.5달러였지만, 그것만 가지고 가격을 결정하면 이윤이 별 볼 일 없을 것이 뻔했다. 고심하던 경영진에게 좋은 아이디어가 떠올랐다. 당시는 마침 제2차 세계대전이 끝나고 첫 크리스마스를 앞둔 시점이었다. 그들은 광고에서 이 볼펜을 '아주 좋은 크리스마스 선물'로 부각하고 다소 고가인 10달러에 소매상에 납품하고, 소비자권장가를 20달러로 책정했다. 결론부터 말하자면 이 볼펜은 미국인들에게 큰 인기를 끌었다. 사람들은 이 볼펜이 고상한 크리스마스 선물로 제격이라고 생각했다. 크리스마스 시즌이 지나고 볼펜의 인기가 시들해졌지만, 이 기업은 이미 목표 판매량을 달성했다.

사례 속 기업은 신상품을 출시하면서 일부러 상품의 몸값을 비교적 고가로 책정해 소비자의 구매 욕망을 자극했다. 이런 전략을 잘 구사하는 기업은 신상품을 출시하고 일정한 시간 동안 최대한도로 커다란 이익을 얻고 난 후에, 가격 결정 전략을 조정해서 경쟁업체를 압박한다. 기업 간 경쟁은 단순히 상품의 경쟁일 뿐 아니라 가격 결정 전략의 경쟁이기도 하다. 다음은 자주 사용되는 가격 결정 전략이다.

첫 번째는 스키밍 가격 전략Skimming Pricing Strategy으로 고가, 즉 높은 가격은 소비자에게 해당 상품이 고급이라는 인상을 준다. 스키밍 가격 전략은 상품 생명주기의 초기 단계에 가격을 높게 책정해서 늘 새롭고 고급스러운 것을 추구하는 소비자 심리를 자극해 최대의 이윤을 얻어내는 방식이다.

스키밍 가격 전략의 조건은 세 가지다. 첫째, 시장에 충분한 구매자가 있고, 수요탄성력이 크지 않다. 둘째, 높은 가격 탓에 줄어든 이익이 높은 가격으로 발생한 이익보다 적으면 안 된다. 셋째, 높은 가격으로도 시장을 리드하며 경쟁업체가 없어야 한다.

두 번째로 스키밍 가격 전략과 반대로 침투 가격 전략Penetration Pricing Strategy은 상품의 가격을 비교적 낮게 책정해서 소비자를 끌어들이고 시장점유율을 올리는 방법이다. 침투 가격 전략의 조건은 세 가지다. 첫째, 표적시장의 소비자들이 가격에 매우 민감하다. 이 경우 저가는 시장 수요를 크게 확대할 것이다. 둘째, 기업의 생산 및 경영 원가가 경험의 누적에 따라 내려간다. 셋째, 저가로 말미암은 경쟁이 발생하지 않아야 한다.

세 번째로 만족 가격 전략Satisfactory Pricing Strategy은 스키밍 가격 전략과 침투 가격 전략의 '절충안'이라고 할 수 있다. 보통 전자보다 낮고, 후자보다 높은 가격, 즉 '중간가'로 책정한다. 심리적 가격 전략은 생산자와 소비자가 모두 만족할 수 있는 전략으로 '중간 가격 전략'이라고도 한다.

낮은 가격으로
시장 장악하기

◆

침투 가격 전략은 낮은 가격을 무기로 시장에 '침투'하려는 전략이다. 궁극적인 목적은 시장에서 최대한 빨리 자리 잡아 성장을 가속화하고, 높은 판매량과 순이익을 발생시켜 시장점유율을 끌어올리는 것이다. 침투 가격 전략으로 책정한 가격은 절대적이 아니라 상대적인 저가여야 한다.

침투 가격 전략 성공의 조건으로 일단 커다란 시장 수요가 있어야 대량 생산의 경제 효익을 발생할 수 있다. 또한 표적고객은 가격 민감도가 높고, 특정한 브랜드를 선호하지 않아야 한다. 이 조건이 만족되면 현존하거나 잠재적인 경쟁자에 큰 타격을 줄 수 있다.

침투 가격 전략의 장점으로는 동류의 기존 상품이 있어서 그보다 낮은 가격으로 출현했을 때, 소비자를 흡수하기 좋다. 가격이 낮으면 경쟁상품의 진입을 저지할 수 있다. 어느 정도 시간이 흐르고 신뢰를 쌓은 후에 적당한 정도로 가격을 올리면 장기적으로 시장을 점령하기에 유리하다. 하지만 단점으로 자금 회수 속도가 느릴 수 있으며 또 이후 가격을 올릴 때 소비자의 신뢰를 잃거나 반대에 부딪힐 수 도 있다.

침투 가격 전략에는 크게 원가우위 전략, 집중화 전략, 차별화 전략의 세 가지로 분류된다.

먼저 원가우위 전략은 세 가지 중 가장 분명하고 자주 쓰이는 전략으로 저비용 생산을 추구한다. 경쟁업체보다 낮은 원가로 상품이나 서비스를 생산해서 제공함으로써 경쟁우위를 확보하는 전략이다. 특별한 산업이나 분야를 가리지 않고 적용할 수 있다.

두 번째로 집중화 전략은 주로 특정한 소비자 집단, 상품, 세분시장, 지역을 집중적으로 공략하는 방식이다. 집중화 전략은 아주 특수한 어떤 시장이나 목표를 둘러싸고 그것을 위해 서비스한다는 특징이 있다.

세 번째로 차별화 전략은 기업이 제공하는 상품이나 서비스의 차별화를 의미한다. 전체 업계에서 다른 상품과 구분되는, 독특함을 갖추는 것이 관건이다. 다양한 방식, 예컨대 디자인, 브랜드 이미지, 기술적 특징, 외관 특징, 고객서비스, 소매 네트워크 등에서 뭔가 남들과 달라야 한다.

콧대 세우다가 기회를 잃은 컴퓨트론

미국 컴퓨트론Computron은 미국과 유럽 시장에 디지털 컴퓨터 1000X를 출시했다. 1000X는 전문적인 프로세스 응용을 위한 중형 컴퓨터로 화학공업과 기타 가공업 및 발전소, 특히 핵 동력 발전소에 널리 사용되는 상품이었다.

1998년 7월, 컴퓨트론의 유럽 마케팅 책임자인 토마스 짐머만 Thomas Zimmermann은 독일 최대의 화학기업인 쾨니히Konig의 입찰에 응할 계획이었다. 그는 컴퓨트론의 기본적인 가격 결정 전략에 근거해서 원가의 33.3%의 이윤을 더하고, 여기에 다시 운송비와 수입세까지 붙여 최종 가격, 31만 1,200달러를 확정했다. 이 가격으로는 입찰을 따내기 어려울 것이 분명했다.

짐머만은 다른 업체들도 쾨니히의 입찰에 뛰어든 사실을 잘 알고 있었다. 정보에 따르면 가장 낮은 가격은 21만 8,000달러 정도라고 했다. 짐머만은 쾨니히의 구매 담당 부사장과 비공식으로 만난 자리에서 컴퓨트론의 입찰가가 최저 입찰가보다 20% 이상 비싸지만 않다면 공급업체로 선정될 거라는 이야기를 들었다.

쾨니히는 유럽에서 가장 큰 고객이었기에 짐머만은 반드시 이 입찰에 성공하리라 마음먹었다. 그는 매일 입찰가로 얼마를 써 내야 할지 머리를 쥐어짜며 고민했다.

당시의 디지털 컴퓨터는 규모, 복잡성, 원가를 기준으로 크게 대형, 중형, 소형 세 가지로 나눌 수 있었다. 소형 컴퓨터는 가장 비싼 것이 8만 달러고, 중형 컴퓨터는 8만~60만 달러, 대형 컴퓨터는 100만~600만 달러로 가격이 형성되어 있었다.

컴퓨트론은 디지털 컴퓨터 업계에서 최고 품질과 일류를 지향하는 이미지로 유명한 기업이었다. 그들이 가장 자랑스러워하는 것은 업계에서 가장 정확하고 믿을만하며, 조작하기 쉬운 중형 컴퓨터였다. 그들은 중형 디지털 컴퓨터 분야에서 명실상부한 업계 리더였다.

컴퓨트론은 1000X를 기본가격으로 판매하려고 하지 않았다. 실제로 1000X의 가격은 경쟁업체의 동류 상품보다 훨씬 높았다. 탁월한 품질로 이미 미국과 유럽 시장에서 정평이 나 있었으므로 가능한 일이었다. 이런 이유로 컴퓨트론이 판매하는 중형 디지털 컴퓨터의 가격은 31만 1,200달러로 고정되어 있었다.

특히 컴퓨트론의 회장은 이익률을 줄여서 판매량을 늘리는 방법을 크게 반대했다. 그는 이렇게 하면 이윤이 줄어들 뿐 아니라 회사 이미지까지 망치는 일이라며 절대 안 된다고 말했다.

사실 짐머만도 회장이 왜 그렇게 가격 인하를 싫어하는지 잘 알고 있었다. 1997~1998년에 컴퓨트론의 세전 이윤은 판매액의 6%에 불과했다. 전년도인 1996~1997년에 17%였던 걸 생각하면 무척 낮은 수치다. 그래서 회장은 33.3%의 이윤율을 유지, 아니 오히려 조금 올리고 싶어 했다.

하지만 쾨니히가 입찰공고를 낸 컴퓨터는 새 화학 공장의 직원 교육용으로 4~5년 후에 교육이 끝나면 전부 폐기되거나 판매할 예정이었다. 교육에 필요한 기능만 확실하면 다른 대단한 기능은 굳이 필요 없었다.

입찰희망업체를 대상으로 한 공개설명회에서도 이 이야기가 나왔었다. 쾨니히는 입찰기업의 신용과 가격이 가장 중요하지, 생산 라인의 프로세스 제어에 쓸 것도 아니니 기능이 아주 탁월한 필요는 없다고 명확히 말했다.

다른 입찰업체들은 전부 쾨니히의 요구 조건에 귀를 기울이고 연구했다. 특히 독일기업 루르Ruhr는는 아예 쾨니히의 요구 조건에 딱 맞는 컴퓨터를 완전히 새로 설계해서 생산해 가격을 21만 8,000달러에 맞췄다. 입찰 기간이 2주도 채 남지 않은 시점에서 말이다.

이런 상황에서 컴퓨트론이 입찰에 실패한 건 당연한 일이었다.

사례분석 '원가+적당한 이윤=적당한 가격'의 가격 결정 모델은 이미 옛날이야기다. 그러나 컴퓨트론은 고집스럽게도 이 모델을 고수하다가 큰 거래를 놓치고 말았다. 또 일정 수준 이상이기만 하면 품질에 대한 요구가 그리 높지 않은데도 끝끝내 뛰어난 품질을 내세우면서 비싼 가격을 밀어붙였으니 실패는 당연한 일이었다.

지금은 새로운 가격 결정 모델, 즉 '소비자가 받아들일 수 있는 가격-적당한 이윤=원가 상한'이 주목받고 있다. 가격 결정 모델의 혁명과도 같은 일이다. 모든 것은 소비자의 수요에 달려있고, 그렇게 해야만 더 정확하게 가격을 확정할 수 있다.

하버드마케팅강의

PART

5

HARVARD MARKETING LECTURE

마케팅 관리

◆

마케팅도 사람이 하는 일이다

최고의 마케팅 군단을 만들자

기업이 탁월한 마케팅 군단을 보유하기 원한다면 반드시 목표를 가지고

우수한 마케터를 길러내야 한다. 지금 세계 유수의 기업들은 장기 발전의 기반으로

훌륭한 마케터 양성을 손꼽는다. 세일즈의 아버지라 불리는 존 패터슨은 기업을

경영하면서 단 한 번도 마케팅 교육을 중단한 적 없다고 말했다. 경영자라면

더 많은 교육과 훈련을 통해 훌륭한 마케터로 구성된 수준 높은 마케팅 군단을 만들고,

그 경쟁력과 응집력을 키워야 한다.

영국항공,
떠났던 고객을 돌아오게 하다

◆

　기업이 탁월한 마케팅 군단을 보유하기 원한다면 반드시 목표를 가지고 우수한 마케터를 길러내야 한다. 지금 세계 유수의 기업들은 장기 발전의 기반으로 훌륭한 마케터 양성을 손꼽는다. 세일즈의 아버지라 불리는 존 패터슨John Patterson은 기업을 경영하면서 단 한 번도 마케팅 교육을 중단한 적 없다고 말했다. 경영자라면 더 많은 교육과 훈련을 통해 훌륭한 마케터로 구성된 수준 높은 마케팅 군단을 만들고, 그 결속력과 경쟁력을 키워야 한다.

　영국항공(British Airways, 이하 BA)은 역사가 유구한 세계적인 항공사다. 훌륭한 서비스로 명성이 자자하며 전 세계 여행객의 사랑을 받고 있다. 하지만 콜린 마셜Colin Marshall을 회장으로 영입하기 전에는 상황이 지금과 전혀 달랐다.

한때 BA는 '아주 지저분한' 비행기로 유명해서 여행객들이 기피하는 항공사였다. 심지어 직원들조차 하나둘 다른 항공사로 떠나는 상황이었다.

심각한 위기 상황을 해결하라는 임무를 맡은 마셜은 회장에 취임하자마자 BA의 재건을 선포했다. 그는 우선 회사의 자금 구조 및 임금 조정을 과감하게 단행했다.

마셜은 많은 분석과 연구를 거쳐 이 곤경을 벗어나겠다고 서비스만 개선한다면 너무 단편적일 뿐 아니라 효과도 미미하다고 생각했다. 그는 BA가 곤경에서 벗어나 목숨을 부지하려면 직원들의 생각 자체를 바꾸어야 한다고 여겼다. 그들의 사기를 올리고 신뢰를 회복하는 일이 급선무였다. 이를 위해서 마셜은 두 가지 중요한 조치를 했다.

우선 마셜은 고객에게 '더 좋은 서비스를 제공'하는 일을 중심으로 직원들의 적극성을 북돋고 서비스 수준을 높이기로 했다. 이를 통해 직원들이 성취감을 느끼면 자연스레 업무 효율이 올라가고, 열정을 발휘할 거라고 보았다. 또 가장 큰 문제로 지적된 '지저분하다'라는 인식을 바꾸기 위해 교육과 훈련을 통해 직원들이 비행기를 더 깨끗하고 청결하게 청소, 관리하도록 했다. 모든 승무원이 진심을 담아 승객을 환영하고, 친절하게 서비스하라고 요구했으며, 지상 승무원에게는 정시 이착륙을 강조했다. BA는 각종 교육과 훈련, 격려를 통해 서비스 품질을 향상했고 큰 효과를 보았다. 모든 분야 직원들의 전문성이 강화되자 떠났던 고객들이 돌아오기 시작했다.

마셜은 직원들에게 다음의 두 가지 방향으로 '고객제일'의 기업이념을 전파했다.

첫째, BA는 전체 직원을 대상으로 '어떻게 해야 고객을 만족시킬 것인가'를 주제로 교육을 진행했다. 자유토론 방식으로 이루어진 교육에서 직원들은 누구나 자유롭게 자신의 의견을 펼쳤고, 그 과정에서 소속감과 공동체 의식을 길렀다.

두 번째로 BA는 직원 개인의 수준 향상에도 주력했다. 교육 내용으로는 각종 지적 활동, 스트레스 통제, 보디랭귀지, 양방향 사고 등이 포함되었다. 직원들은 이런 교육을 통해 어떻게 해야 업무를 더 잘 수행할지, 어떻게 해야 회사와 자신에게 모두 이로울지를 생각하게 되었고, 내부의 각종 관계를 잘 처리하는 방법도 깨우치게 되었다.

마셜은 이처럼 광범위한 전면적인 개혁을 통해 직원들의 수준이 크게 향상했다. 적극적이고 긍정적인 마인드로 무장한 직원들이 있는 BA는 점차 고객의 마음을 사로잡았다. 마셜이 과감하게 단행한 두 가지 조치는 BA는 절체절명의 위기에서 벗어나게 하고, 세계 최고 수준의 항공사로 성장하게 했다.

BA는 교육을 통해 직원들이 고객과의 관계를 어떻게 처리하는지 학습하게 했다. 더불어 직원들의 서비스 의식을 훈련해 위기에서 벗어났다. 이처럼 직원 교육은 기업의 성장과 발전을 목적으로 하는 일종의 '변신 과정'이다. 기업의 마케터에 대한 교육은 그들이 갖추어야 하는 소질과 능력을 확인하고, 그것을 기업의 발전 목표에 부합하는 수준에까지 끌어올리는 데 그 핵심이 있다. 마케팅 관리자는 기업 상황에 알맞은 마케팅 교육을 계획하고 각종 교육방식을 통해서 마케터의 능력을 키우고 잠재력을 발굴할 책임이 있다.

마케터에 대한 교육은 반드시 장기적인 시스템을 갖춰 진행되어야 한다. 마케팅 교육은 해당 기업의 발전에 큰 효과를 내는 방식으로 기업과 마케터가 모두 윈-윈할 수 있는 기회다. 마케터는 마케팅 교육을 통해 개인의 소질과 능력을 향상하고, 시장개척과 기업 발전에 대한 믿음을 키운다. 나아가 강한 추진력과 탁월한 창조성을 발휘할 수 있다.

격려는
최고의 보너스다

◆

생사의 갈림에 선 크라이슬러를 되살린 경영자 리 아이아코카는 이렇게 말했다. "직원을 격려할 줄 아는 대표가 있는 기업은 실적이 탁월하고 조직에 활력이 넘치며 생기로 가득할 것이다. 격려가 전부다. 당신이 두 사람의 일을 할 수는 있어도 두 사람이 될 수는 없다. 그러니 반드시 전력을 다해 부하직원을 격려하고, 그가 자신의 팀원을 격려하게 유도해야 한다." 경영자는 마케팅 정책 결정자로서 각종 격려 방식을 동원해 마케팅 군단의 적극성과 창조성을 자극할 줄 알아야 한다.

사우스웨스트 항공 Southwest Airlines은 미국 내에서 취항 도시가 가장 많은 항공사로, 민항기의 '저가 항공사'의 경영 모델을 창시한 곳이기도 하다. 이러한 성공은 효율적인 직원 배치 및 독특한 직원 격려 시스템과 밀접한 관계가 있다.

사우스웨스트 항공은 정기적으로 내부 간행물을 발행한다. 이 간행물의 '지금 우리는'이라는 코너에는 업계 내부 순위, 실적 추이, 각종 관련 통계가 상세하게 실려 있다. 또 정시 운항, 화물 처리, 고객 불만 내용과 관련한 업무 내용도 있다. 직원은 이를 통해 자신들이 현재 어느 위치에 있는지, 어느 정도의 실적을 올렸는지 등을 파악했다.

당연히 지난달의 데이터와도 비교하면서 무엇을 잘했고, 무엇을 잘하지 못했는지도 알 수 있다. 특히 회사의 이익이 줄어드는 걸 보면 위기감을 느끼며 이것이 자신과 동떨어진 일이 아니라는 점을 상기한다. 회사가 돈을 못 벌면 당연히 자신도 돈을 벌 수 없다는 사실을 깨닫는 것이다. 덕분에 사우스웨스트 항공의 직원들은 기업의 상황을 자기 일로 여기고, 소속감과 책임감을 키웠다. 그들은 모두 적극적이고 능동적으로 근무했으며, 자신감을 높였다.

사우스웨스트 항공은 직원 격려가 얼마나 중요한지 아는 기업이다. 그들은 다른 기업과 마찬가지로 다양한 교육, 임금 인상은 물론이거니와 이외의 여러 방식을 통해서 직원들을 격려한다. 특히 직원들이 회사 상황을 이해하고 더 많이 노력하기를 바랐기에 기업의 현 상황을 알려주고 이것이 자신들과 직접적인 관계가 있다는 걸 알게 했다. 시간이 흐르면서 직원들이 자신을 위해서, 그리고 회사를 위해서 더 많은 이익을 창출하려는 분위기가 회사 내부에 자연스럽게 자리 잡았다.

사우스웨스트 항공은 회사 내부의 정보를 직원들에게 공개하고, 회사가 어떤 방식으로 이익을 얻는지 이해하게 했다. 단순히 이렇게만 해도 직원들을 격려하는 효과를 낼 수 있다. 미국 경제잡지 〈비즈니스

위크Businessweek〉의 조사에 따르면 59%의 직원과 77%의 경영자가 회사의 수익 구조를 공개하는 것이 직원을 격려하는 효과적인 방법이라고 생각한다.

직원에 대한 격려는 업무 효율을 올리고, 인력자원 관리 목표를 달성하는 데 효과적이다.

훌륭한 직원을 키우는
MS의 기업문화

◆

기업은 하나의 커다란 팀이고, 팀은 팀원들이 공동의 행위 규범을 준수하면서 감정적으로 상호의존하고 사상적으로 상호반응하며 발전한다. 내부의 합작과 윈-윈은 팀의 정상적인 운영과 발전을 위한 필요 조건이다. 공정과 공평을 기초로 하는 합작이야말로 모든 팀원의 적극성과 창조성을 발휘하고, 팀과 팀원이 모두 걸맞은 보상을 얻을 수 있다. 또 불필요한 내부 소모를 막아 모든 팀과 팀원의 발전을 추진할 수 있다.

마이크로소프트(Microsoft, 이하 MS)는 세계 최대의 컴퓨터 소프트웨어 공급업체다. 그들이 거둔 휘황찬란한 성공은 끊임없는 기술 혁신과 선진화 경영뿐 아니라 탁월한 팀워크 관리도 큰 역할을 했다.

MS라는 거대한 팀은 여러 작은 팀들로 구성되었다. MS의 모든 팀원은 자신이 속한 팀을 위해 공헌하기 바라며, 각자의 개성이 있음에도 마치 한 사람인 양 움직인다. 팀원들은 팀 전체의 경쟁우위와 열위가 자신의 그것이라고 생각한다. 그들은 서로 가르치고 배우며, 또 서로 격려하고 칭찬한다. 팀에는 영웅도 없고, 약자도 없다. 모두 개인이 아니라 팀으로 일하고 성취해야 더 커다란 보상을 받을 수 있기 때문이다. 이처럼 강한 팀워크는 다른 기업들이 부러워하는 MS의 경쟁력이 되었다.

MS는 모든 팀원이 업무 과정 중에 명예와 비판을 마주할 수 있도록 그들이 업무수행과 지원의 역할을 번갈아 하게 유도한다. 덕분에 모든 팀원, 즉 직원들은 제안자, 평가자, 협조자, 감독자 등 다양한 역할을 맡는다. 이 역시 MS의 핵심 경쟁력과 결속력을 강화하는 요소다.

하나의 팀에 있어 결속력은 무엇보다 중요해서 '팀의 영혼'이라고 말해도 과언이 아니다. MS는 회사 전체의 결속력을 기르는 일에 크게 공을 들였다. 그들은 직원들이 서로 가족 같은 합작 파트너가 되기를 유도했고, 이는 일종의 기업 문화로 자리 잡았다. 상호신뢰와 상호 지지가 자연스러운 일이 되어, 어려움이 닥치면 늘 먼저 이익을 포기하겠다고 나서는 사람이 나왔다. 그들은 팀이 성공해야 자신의 업무와 공헌이 역량이 되고 이익으로 돌아온다는 사실을 잘 알고 있다. 이처럼 강한 소속감과 결속력은 기업의 실력을 향상하고, 난관에 부딪혔을 때 소통으로 문제를 해결하는 능력을 강화했다.

사례에서 알 수 있듯이 MS는 팀워크를 중요하게 생각하는 기업이다. 지금도 MS 내부에서는 그러한 기업 문화를 바탕으로 모든 팀원, 즉 직원들이 세계 일류 자리를 지키기 위해 노력하고 있다. MS의 팀워크 관리가 장기적으로 꾸준히 누적하고 응집된 결과다.

조직에서 가장 중요한 팀워크는 커다란 사상 토대로서 소속감과 결속력으로 표현된다. 또 고도의 통일성, 자주성, 책임감을 동반하며 팀의 영혼이 되어 조직의 효율적인 운영을 보장한다. 팀워크는 고효율의 좋은 팀을 만들고, 이런 팀의 팀원들은 '프로페셔널'한 태도로 자신과 팀의 가치를 창조한다.

팀으로 하는 일은 모두 일을 더 잘 해내기 위해서, 즉 특정한 목표와 사명을 완성하기 위해서다. 팀은 개인의 집합이고, 그 안에서 다양하게 분업과 합작이 이루어진다. 이 과정에서 모든 팀원은 자신의 역할과 위치를 인지하고, 그것을 감당해야 한다. 또 다른 팀원들과 잘 어우러지면서 상호 협력, 상호 지지를 통해 최종 임무를 완성해야 한다.

맥도날드에 천재는 필요없다

맥도날드의 인재관은 무척 흥미롭다. 기업들이 좋은 인재를 서로 데려가려고 혈안이 된 이 시대에 맥도날드는 공개적으로 '천재는 필요없다'라고 선포했다. 여기에는 크게 심오한 내용이 담기지 않았고, 무슨 특별한 인재관리 전략도 없다. 맥도날드는 성실하고 부지런하게 일하는 직원을 더 좋아할 뿐이다. 좋은 인재가 감자튀김 파는 것 같은 일을 좋아할 리 만무하고, 혹시 오더라도 금세 떠난다고 생각하기 때문이다.

맥도날드 매장에서 일하고 싶은 사람은 관련 업계 경력이나 유학 경험을 증명할 필요 없다. 실제로 직원들의 능력, 소질, 나이, 외모 등은 천차만별로, 공통점이 있다면 전부 '보통 수준'이라는 사실이다. 정확히 이런 사람이 맥도날드의 직원이 된다.

맥도날드가 원하는 직원은 대학을 나오거나 달리 특별한 조건을 만족하지 않아도 된다. 그저 성실하게 근무하고, 고객에 친절하게 응대하기만 하면 된다.

물론 맥도날드에도 인턴, 승진, 전문 교육으로 진행되는 나름의 인재 관리모델이 있다. 이 세 단계는 근면 성실과 책임감이라는 공통된 기초 위에 각각의 방식으로 운영된다.

악랄한 범죄자만 아니라면 누구나 맥도날드에서 인턴으로 일할 수 있다. 맥도날드의 인턴 기간은 놀랍게도 단 3일이다. 그 안에 인턴 직원이 근무 환경과 업무 프로세스를 이해하고 적응하고, 다른 직원이 그의 업무 태도, 협동심 등을 판단하기에 충분하다고 여긴다. 특히 업무 태도와 협동심은 단순해 보이지만 무척 중요한 심사 기준으로 다른 직원들이 가장 주의 깊게 보는 부분이다. 인턴 직원이 아무리 잘할 수 있다고 허황하게 떠들어도 3일 동안 함께 일한 다른 직원들이 이 점을 인정하지 않는다면 소용없다.

맥도날드는 모든 직원에게 합리적이고 공평한 승진 기회를 제공한다. 늦게 입사했어도 빠르게 적응하고 능력을 발휘한다면 남들보다 빨리 승진할 수 있다. 승진 면접을 통과하면 수습 팀장으로 승진하는데 그렇다고 크게 달라지는 건 없다. 이후에 몇 차례에 걸친 교육과 심사를 통과해야만 '수습'을 떼고 진짜 팀장이 될 수 있다. 이 과정에서 직원의 전문 지식과 기술이 고스란히 드러난다. 그저 겉으로만 노력하는 척, 열심히 일하는 척하는 사람은 승진할 수 없다. 오직 꾸준히 노력하는 사람에게만 매우 합리적이고 공평한 승진 기회가 제공된다.

승진해서 팀장이 된 직원은 미국 및 해외의 아카데미에서 전문 교육을 받는다. 특히 미국 시카고에 있는 맥도날드 아카데미는 전 세계 각지에서 온 팀장과 핵심 직원들에게 다양한 교육을 제공하고 있다. 아시아에서는 홍콩에 아카데미를 세워 각지에서 온 직원들을 교육한다. 근면 성실한 젊은이를 팀장으로 만든 후에 더 커다란 발전 공간을 제공하는 것이다.

전 세계 맥도날드 매장은 전부 실용주의에 입각해서 직원을 채용한다. 엄청난 엘리트들은 아니지만 맥도날드의 성장과 발전에 꼭 필요한 귀중한 사람들이다. 맥도날드 자체가 인재를 발견하고 가르쳐서 키우는 하나의 아카데미라 할 수 있다. 바로 이러한 인재관리 전략이 있었기에 맥도날드는 업계의 치열한 전쟁 속에서 살아남아 쇠락하지 않을 수 있었다.

사례 분석 맥도날드는 뛰어난 학력이나 대기업에서 일한 경력이 있는 사람에게는 큰 관심이 없으며 개인의 가치관, 서비스에 대한 이해, 실제 근무 능력 등의 종합적인 실력을 훨씬 더 중요하게 생각한다. 직원을 채용할 때는 이전의 경험에 주목하고, 3일의 인턴 기간에 근무 태도와 서비스 응대 수준을 평가한다.

경영자라면 맥도날드의 직원 채용 시스템과 인재 양성 과정을 참고할 만하다. 기업은 뛰어난 인재뿐 아니라 평범한 직원들에게 근면 성실한 태도, 착실한 자세를 끌어내야 한다. 그들이 강한 에너지를 방출하고 소속감과 결속력을 발휘해서 기꺼이 회사를 위해 헌신하도록 만들어야 한다.

열일곱번째수업

효율이 높아지는 업무평가

나날이 경쟁이 치열해지는 시장에서 마케팅을 실제로 수행하는 마케터의 중요성이

날로 증대되고 있다. 이런 상황에서 마케터와 그의 업무에 대한 공정한 심사 평가는

무엇보다 중요한 일로 대두되었다. 기업이 더 과학적이고 합리적으로 업무평가를

수행하려면 반드시 명확한 성과지표를 확정해야 한다. 성과지표는 업무평가의

성공을 보장하므로 이를 제정하는 것 자체가 업무평가의 주요 단계이며

마케팅 관리자들이 가장 주목하는 문제다.

업무평가란
무엇인가?

◆

업무평가는 기업의 발전과 경영관리 과정에서 매우 중요한 의미가 있다. 기업은 업무평가의 결과를 바탕으로 직원 개인과 각 팀의 능력을 이해하고, 업무를 지시한다. 또 직원들은 업무평가를 통해 스스로 자신을 평가하고, 기업의 향후 발전 방향을 이해하며 상호 소통한다. 이런 이유로 기업은 업무평가를 기업 경영의 한 부분으로 이해해야 한다. 다음은 기업이 효과적인 업무평가를 하는 방법으로 여기에서는 마케터에 대한 업무평가만을 다룬다.

가장 먼저 업무평가 계획을 확정해야 한다. 치밀하고 명확한 계획을 확정하고 그에 따라 운영해야만 더 정확한 결과를 얻어낼 수 있다. 이 계획에는 업무평가의 목적, 필요성, 평가 내용과 범위, 방법, 자료 입수 방식, 평가 조직 및 분업 계획 등이 포함되어야 한다. 하지만 아무리 계획을 열심히 만들어도 실제 운영할 때는 다루기 까다로운 문제나 예상하지 못한 상황이 발생할 수 있다. 이럴 때는 당황하지 말고, 즉각 상황에 따라 계획을 보충하거나 수정한다.

다음은 자료 수집이다. 본격적인 업무평가를 시작하기 전에 각 방면의 다양한 자료를 수집해야 한다. 일반적으로 마케터 업무평가에 필요한 자료로는 마케팅 계획, 마케팅 활동 비용, 업계 관련 자료, 보고서 문건, 마케팅 조사 자료 등이 있다.

이어서 수집한 마케팅 자료를 연구해야 한다. 수집한 자료를 정리, 분석하고 만약 부정확하거나 사실과 다른 것이 있다면 골라내고, 사실에 근거한 유용한 자료를 선별한다. 그런 후에 각종 분석 방법을 통해 실제 상황이 애초의 계획, 지난 분기, 일류 수준과 어떤 차이가 있는지 규명해야 한다. 또 이러한 차이가 발생한 원인을 분석해서 문제의 핵심을 파악하고, 그 해결을 위한 기초를 다질 필요가 있다.

그런 후에 분석의 결론, 즉 최종 업무평가를 확정한다. 업무평가의 목적은 대상자의 업무 실적 등을 확인하고 문제를 발견해서 해결을 돕고, 그의 잠재력을 발굴해서 기업에 더 이롭게 하기 위함이다. 최종 업무평가는 단순히 실적에 따라 순위를 매기는 일이 아니다. 객관적이고 과학적으로 분석해서 상응하는 문제 해결 조치, 일종의 제안이나 실시 방안을 내놓아야 한다.

업무평가의 마지막 단계는 보고서 작성이다. 대상자마다 업무평가의 내용이 다를 테니 보고서 작성도 획일적일 수 없다. 하지만 모든 보고서는 반드시 '실사구시, 객관적, 전면적'이라는 세 개의 원칙을 준수해야 한다. 절대 주관적인 추측이 들어가서는 안 되며 사실을 바탕으로 상황을 설명하고, 매우 구체적인 의견과 방안을 제시해야 한다. 보고서를 완성하면 즉각 관계 부서와 직원들에게 발송해 업무평가의 효과를 최대화한다.

심리적으로 한 명이나 여러 명의 대상자에게 반감이 생기면, 평가자는 대부분 그 인상으로부터 평가를 시작한다. 여기에 상하급 직원들을 비롯한 친척, 친구 등의 부탁까지 더해지면 그 압박이 평가자의 심리, 감정, 의지에 영향을 미쳐 최종적으로 잘못된 판단이 형성된다. 이러면 당연히 사실과 다르고, 진실하지 않은 허구의 업무평가 결과가 도출된다.

명확한 성과지표
만들기

◆

성과지표Performance Indicator란 기업 혹은 부서에서 이루고자 하는 성과를 구체적이고 측정 가능한 형태로 정의해서 달성 수준을 평가할 수 있게 한 것이다. 기업이 지금 올바른 속도와 방향으로 나아가고 있는지 확인하려면 이를 객관적으로 파악할 수 있는 도구가 필요하다. 이런 이유로 기업은 명확하고 직접적인 성과지표가 필요하다.

성과지표는 평가방식과 대상의 특징에 근거해서 뼈대를 만들고, 상당히 구체적이고 명확하게 해서 대상자가 쉽게 이해할 수 있도록 해야한다. 또 지표의 수가 너무 많은 것보다는 간단하면서 명료하게 하는 편이 훨씬 정확하고 효과적이다.

성과지표 확정은 업무평가의 기본 요소로 성공적인 업무평가를 보장한다. 가장 적절한 성과지표를 만드는 일은 모든 마케팅 관리자가 가장 주목하는 문제다. 다음은 성과지표를 만드는 과정이다.

1 | 업무 전반 분석

업무평가의 목적에 따라 평가 대상자나 팀의 업무 내용, 성격 및 업무 완성을 위한 조건 등을 분석한다. 이를 통해 평가 대상이 완수해야 하는 목표, 취해야 하는 업무 방식 등을 이해할 수 있다.

2 | 업무 프로세스 분석

성과지표는 반드시 업무 프로세스에 주목해야 한다. 커다란 업무 프로세스 중에서 평가 대상이 맡은 역할과 책임, 상하 관계 등에 근거해서 균형 있는 성과지표를 확정할 필요가 있다. 만약 업무 프로세스에 문제가 있으면 그 자체를 업그레이드 혹은 재정립해야 한다.

3 | 업무평가 특징 분석

각 성과지표는 평가필요 수준에 따라 나누어 도표로 작성하면 좋다. 예를 들어 '꼭 필요함, 매우 필요함, 필요함, 조금 필요함, 불필요함'의 다섯 가지로 나눌 수 있다. 그런 후에 업무평가의 원칙에 근거해서 취사선택한다.

4 | 이론적 검증

업무평가의 기본 원리와 원칙에 근거해서 확정한 성과지표를 검증한다. 평가 대상의 업무 특징과 업무평가 목적을 효과적으로 반영할 수 있는지 확인한다.

5 | 성과지표 확정

상술한 과정을 통해 초보적으로 설계한 성과지표로 시범적으로 업무평가 한 후에 최종 성과지표를 확정한다. 각 성과지표에 다양한 방법을 결합해 사용함으로써 완성도와 신뢰도를 높이는 게 중요하다.

6 | 성과지표 수정

확정된 성과지표가 더 합리적으로 운용되려면 반드시 수정이 필요하다. 성과지표 수정은 사전 수정과 사후 수정 두 가지로 나뉜다. 사전 수정은 업무평가 전에 전문가 교차분석 및 컨설팅을 통해 성과지표를 수정, 보충해서 더 완벽하게 만드는 일이다. 사후 수정은 업무평가를 수행하고 결과를 얻은 후에 실제 상황에 맞게 수정해서 성과지표를 더욱 완벽하게 만드는 일이다.

미래를 내다보는
균형 성과표(BSC)

◆

　균형 성과표(Balanced Score Card, 이하 BSC)는 1990년대 초에 하버드 비즈니스스쿨 교수 로버트 S. 캐플란Robert S. Kaplan이 데이비드 노튼David P. Norton 박사와 함께 내놓은 경영관리 기법이다.

　BSC는 기업의 비전과 전략, 경영 목표를 개인의 성과측정 지표로 전환해서 전체 조직이 목표의 전략적 실행에 집중하도록 한다. 〈하버드 비즈니스 리뷰〉는 BSC를 지난 75년 동안 가장 영향력 있는 경영관리 기법 중 하나로 평가했다. BSC는 오직 재무지표로 성과를 측정하는 전통적 방법을 대체했다. 재무지표의 기초 위에 기업의 미래 전략적 요소, 즉 고객 요소, 내부 경영관리 과정, 직원 개인의 발전 등을 더해 기업의 발전 전략 계획 및 실행에 중요한 영향을 미친다.

　전통적인 재무지표 평가모델은 과거에 발생한 일만 측정할 수 있을 뿐, 조직의 미래 투자를 평가하기 어렵다. 물론 재무지표에 집중하는 것도 효과가 없지 않지만, 지금 같은 정보화 사회에서 전통적인 방법은 전면적일 수 없다. 기업은 고객, 공급상, 직원, 기술과 혁신 등에 다각도로 투자해야 하고 지속발전의 동력을 얻어야 한다. 바로 이런 인식을 바탕으로 BSC는 기업이 네 가지 관점에서 성과를 심사 평가하기를 기대한다.

다음은 BSC의 네 가지 관점이다.

1 | 재무적 관점

기업 경영활동의 최종결과로 재무제표에 보이는 매출 성장률, 비용 저하 및 생산율 제고, 수익성 등을 포함한다. 통상 기업은 실제 상황에 근거해서 순자산수익률, 자산 부채율, 투자 보상율 등 몇 가지 사항의 중요한 지표를 고려해야 한다. 또 재무지표를 분석하기 전에 기업은 먼저 자신이 놓인 발전 단계를 명확히 해야 한다. 각 발전 단계마다 기업 재무관리의 수준 역시 다르기 때문이다.

2 | 고객 관점

고객만족을 위해 내부적으로 수행하는 업무활동을 평가하는 것으로 주로 시장점유율, 고객 유지율, 고객만족도, 고객유치율 등을 지표로 삼는다. 하나의 기업이 목표를 달성하려면 시장을 효과적으로 세분하고, 그 안에서 표적고객, 더 중요한 잠재고객을 발견해야 한다.

3 | 내부 프로세스 관점

고객 만족 및 기업 성과 극대화를 위해 내부적으로 수행하는 업무

하버드 마케팅 강의

활동을 평가하는 관점이다. 내부 프로세스 관점은 BSC가 전통적 재무 지표 평가모델과 가장 크게 구별되는 부분이다. 하나의 기업이 경쟁 우위를 확보하고 유지하려면 끊임없는 혁신을 단행해 품질을 향상하고 최단 시간 내에 최대의 생산율을 추구해 비용을 줄여야 한다. 이 때문에 BSC는 기업의 혁신, 운영, 애프터서비스 등으로 내부 프로세스의 업무를 평가한다. 구체적으로 말하자면 기업의 상품 제작 주기, 생산력 이용률, 불량률, 업무 개조 능력, 상품 디자인 수준 등의 몇 가지 구체적인 지표를 분석한다.

4 | 교육 및 성장 관점

미래 성장과 발전을 위한 학습, 교육 개선, 혁신을 주도하는 역량을 평가한다. 기업이 가장 중점적으로 투자해야 하는 부분은 신상품과 새로운 시설의 연구개발이다. 기업은 직원들에게 신지식과 신기술을 전파하고 교육해야만 발전의 흐름에서 뒤처지지 않을 수 있다. 이를 위해 기업은 효과적인 정보 시스템을 건립하고, 최신 정보를 장악할 수 있어야 한다. 동시에 훌륭한 보상 시스템을 만들어 직원들이 미래 발전을 위한 학습과 성장에 더 적극적으로 임하도록 유도해야 한다.

BSC는 전통적인 재무지표 평가모델의 한계를 극복하고 기업의 과거, 현재, 미래를 모두 반영해서 장기적인 발전을 도모할 수 있는 측정 지표다. BSC에 선택된 모든 지표는 서로 연관되었을 뿐 아니라 서로 강화하며 인과관계로 연결되어 있다. 좋은 BSC는 인과관계, 업무량과 업무 추진 요소, 재무지표와의 연관성의 세 가지 원칙을 준수해야 한다.

이상의 세 가지 원칙은 BSC를 기업의 전략에 유기적으로 연계시킨다. 그 사이의 인과관계는 현재의 업무 프로세스와 정책을 반영하며 이것이 미래의 핵심 성과에 어떠한 긍정적인 영향을 미치는가를 보여준다. 이러한 측정치들의 목적은 조직의 새로운 업무 프로세스 규범을 드러내고, 전략적 임무 및 성과, 업무 추진 요소의 논리적 과정을 확립하고, 기업의 업무 프로세스를 개선한다.

마케터는
실적만 잘 내면 되는가?

◆

    경쟁이 치열해질수록 기업은 마케팅에 더 많이 집중한다. 이런 상황에서 마케터에 대한 과학적이고 합리적이며 공정한 평가는 업무평가의 핵심으로 자리 잡았다. 그런데 이 과정 중에 일련의 오류와 문제가 출현할 수 있으므로 마케팅 업무평가 기준을 만들 때는 더 많이 주의해야 한다. 마케팅 업무평가 기준은 구체적으로 마케팅 자금 투입과 고객 만족도의 두 가지를 중심으로 해야 한다.

    마케팅 자금 투입은 일반적으로 재무회계 부문이 책임지는 일이지만, 마케팅 관리자 역시 자금 투입 상황을 더 밀착 관리하며 자금 사용 상황을 이해해야 한다.

    마케팅은 고객과의 상호활동을 통해 그들의 문제를 해결해서 만족시킴으로써 지속적인 관계를 건립하는 일이다. 고객 만족도는 고객 유지율, 재방문율, 고객 의견을 통해 평가할 수 있다. 하지만 이 방면의 피드백과 개선에 많은 시간을 할애하더라도 고객 만족도가 즉각적으로 향상하지는 않는다.

마케팅 관리자는 업무평가 기준을 만드는 데 일정한 목적이 있어야 한다. 또 목적성을 갖추었으면 다음의 특징이 있어야 한다.

첫째, 업무평가 기준은 구체적인 업무에 맞춰야지 담당자의 상황에 근거해서는 안 된다. 직원마다 근무습관, 태도, 품질, 효율이 다르지만, 오직 업무 완성도라는 구체적인 기준에 근거해서 평가를 진행해야 한다.

둘째, 업무평가 기준은 근무 단위별로 직원의 업무 상황 및 수준을 평가하는 기준으로 반드시 계량화해서 실제에 적용, 조작하기 쉽게 해야 한다. 주의해야 할 점은 업무평가 기준이 직원의 업무 목표와 다르다는 점이다. 공평하고 합리적인 원칙에 근거해서 직원의 업무를 평가하는 것일 뿐, 너무 높아서 닿지도 않을 정도의 목표를 제시하고 도달하기를 요구해서는 안 된다. 업무평가 기준은 직원 개인의 노력을 통해 기준에 알맞은 실적을 올렸는가를 더 크게 본다.

마케팅 관리자는 업무평가 기준의 난이도를 적절히 해야 한다. 너무 낮은 기준이면 업무평가의 효과를 일으킬 수 없으며, 너무 높은 기준이라면 직원들에게 부정적인 영향을 미칠 수 있다. 기준은 반드시 수행 가능한 정도의 난이도를 유지해야만 직원들의 적극성과 경쟁심을 자극할 수 있다.

셋째, 업무평가 기준은 비교 측정할 수 없으면 긍정적인 영향을 일으키기 어렵다. 그래서 반드시 구체적인 업무를 기준으로 삼는 동시에 수량과 품질의 두 개 방면을 모두 포함해야 한다. 그런데 품질 방면의 기준을 확정하기란 여간 어려운 것이 아니다.

업무 품질을 기준으로 만들 때는 과학적인 방법으로 몇 개 등급을 나누고, 각 등급은 업무 완성 품질이 구체적으로 묘사되어야만 한다. 아주 엄격한 업무평가 기준만이 비교측정의 작용을 일으키며 무엇보다 직원들이 노력의 방향을 이해할 수 있다.

넷째, 업무평가 기준은 마케팅 관리자가 일방적으로 결정하는 것이 아니라 관리자와 직원 양측이 함께 결정하는 준칙이다. 그러므로 마케팅 관리자는 업무평가 기준을 만들 때, 반드시 직원들과 소통하고 확인하면서 인내심을 발휘해 직원들의 의견과 생각을 청취하고 그 내용을 귀납해야 한다.

다섯째, 업무평가 기준은 기업의 발전 상황에 근거해서 만드는 것으로 기업의 발전 단계, 환경 변화, 경영관리 시스템 개혁에 따라 바뀔 수 있다. 그러므로 마케팅 관리자는 각각의 상황에 따라 즉각적으로 업무평가 기준을 수정해서 그 시효성과 정확성을 확보해야 한다.

마케터에 대한 업무평가는 기업이 막강한 마케팅 군단을 건립하는 기본인 동시에 커다란 난제다. 기업에서 마케팅이란 상당히 복잡한 일이다. 그러므로 오직 영업 실적만으로 마케터를 평가한다면 제대로 된 효과를 일으킬 수 없다. 명확한 목표와 적용성이 확보된 업무평가 기준만이 마케터의 업무 품질과 수준을 향상하며 기업 경영관리를 더 효율적으로 만든다.

공정성을 지켜라, 커룽의 업무평가 방식

커룽科龍, KELON의 업무평가 방식은 '360도 업무평가' 혹은 '270도 업무평가'라고 부른다. 즉 한 명의 평가 대상자 주변으로부터 다각도로 널리 의견을 구한다는 의미다. 물론 직속 상급자의 의견이 가장 직접적이고 정확하겠지만, 이외에 동료, 부하직원, 고객 혹은 직속이 아닌 상급자의 의견도 중요하게 본다. 흥미로운 사실은 객관성이 부족한 직원이 꽤 많은데, 대체로 자신을 낮게 평가한다는 점이다. 그러므로 최대한 많은 사람의 의견을 듣고 결합해야 결과의 객관성을 확보할 수 있다. 다음은 커룽의 업무평가 방식이다.

커룽은 구체적으로 다음의 세 방면에서 업무평가를 진행하는데 모두 '톱다운 방식top-down'이다.

1 | 회사의 각 부서에 대한 업무평가

회사는 분기별로 각 부서에 대한 업무평가를 진행하고, '커룽 분기별 간부 업무평가표'를 발송한다. 이 평가표는 분기별 업무 실적, 능력 소질 종합평가, 종합점수와 평가 코멘트의 네 가지 항목으로 구성되었다. 평가자들은 각각 이 네 가지 항목을 작성한 후에 다시 모여 내용을 종합하고 최종 평가표를 완성한다.

2 | 부서의 각 실·과, 지점에 대한 평가

커룽이 가장 신경 쓰고 어려워하는 업무평가다. 각 부서마다 업무, 직책이 모두 다르고, 업무평가 지표 역시 전부 같지 않기 때문에 작업량이 매우 많고 복잡하다. 또 각 실·과의 직원 수와 범위도 각각 달라서 종종 평가 과정이 원활하지 않거나 이중 평가가 이루어지기도 한다. 부서장의 각 실·과, 지점에 대한 업무평가는 보통 매달 한 차례 이루어지며, 이외에 분기별, 반년, 1년 단위로도 한다. 그러다 보니 당연히 일이 많고 어렵다.

다음은 커룽 시장분석부와 냉장고 마케팅부가 수행하는 업무평가 내용이다.

매달 말, 커룽의 시장분석부는 월초에 결정한 업무계획에 근거해 각 실·과, 지점의 업무를 일일이 확인하고 그 실적, 품질, 수준, 효율을 따져 점수를 부여한다. 이 점수에 따라 월별, 분기별, 년별 '스타 실·과, 지점', '골든 실·과, 지점', '개선 필요 대상'을 선발한다. 이 일은 자체 개발한 컴퓨터 소프트웨어와 플랫폼이 자동으로 하기 때문에 모두 공정하고 정확하다.

냉장고 마케팅부의 업무평가 지표는 시장분석부의 그것과 크게 다르다. 이 부서에는 4개 실·과와 30개 지점이 속해있으며 주요 업무평가 대상은 지점이다. 지점에 대한 업무평가는 크게 판매량 계획 완성률, 자금 회수 계획 완성률, 재고량, 채널 구조, 소매점 수, 매장 관리, 소매 효율과 시장점유율의 여덟 개 방면으로 이루어진다. 이 여덟 가지 방면은 시즌의 변화와 마케팅 전략 요구에 따라 수시로 변동하거나 증감할 수 있다.

3 | 실·과, 지점의 직원에 대한 업무평가

커룽의 실·과, 지점은 매달 한 차례 각 직원에 대한 업무평가를 실시한다. 직원에 대한 업무평가 지표는 상대적으로 간단해서 각 직책과 관련된 지표만 확인하면 된다. 본사에서는 실장과 과장이, 지점에서는 지점장이 업무평가자가 된다.

커룽은 각 급 직원들과 업무평가에 관해 효과적으로 상시 소통함으로써 그 효과를 확대한다.

월별, 분기별, 반년, 1년 업무평가 결과가 나오면 커룽의 각급 관리자는 모두 정식 서면보고를 통해 결과를 발표한다. 이 업무평가 보고에는 결과에 상응하는 상벌조치가 포함된다.

또 커룽은 업무평가 결과 상위 20%와 하위 10%의 대상자와 개별 업무면담을 진행한다. 상위 20%에게는 뛰어난 업무를 격려하고 더 발전할 수 있는 지침을 제공하는 한편, 하위 10%에게는 함께 원인을 분석하고 주의와 지도 혹은 경고한다. 더불어 업무평가 결과가 이전과 큰 차이를 보이는 직원들과도 개별 업무면담을 통해 원인을 분석하고 상응하는 조치를 취한다.

사 례 분 석 커룽의 업무평가는 매우 과학적이고 공정하게 이루어진다. 상하급과 동료들의 '층층 평가'를 통해 정보를 얻고, 직원들과 소통을 강화해서 서로 납득할 수 있고 발전적인 업무평가가 이루어진다. 이런 방식은 직원들의 소속감과 결속력을 증대해 궁극적으로 회사에 더 긍정적인 효과로 돌아온다.

업무평가의 목적은 직원의 장단점을 발견하는 동시에 그들을 격려하고 자극해서 조직의 효율을 올리는 것이다. 업무평가의 결과는 직원 개인의 이익과 발전과 연계되어 최대한 그를 만족시켜야 한다. 기업은 직원이 더 진실하고 최선을 다하도록 격려하고, 목표를 실현하도록 도와야 한다.

고객에게 집중해야 성공한다

'2080 법칙'에 따르면 성공한 브랜드는 이윤의 80%를 20%의 충성고객으로부터 얻고,

나머지 20%의 이윤은 80%의 고객으로부터 얻는다. 고객의 충성도는 거액의 이윤을

가져올 뿐 아니라 마케팅 비용을 줄여준다. 신규 고객 한 명을 유치하는 데 드는 비용은

기존 고객 한 명을 유지하는 데 드는 비용의 20배에 달한다.

성공을 향해 가는 길
-고객 세분화-

◆

　고객 세분화는 1950년대 중반에 미국의 웬델 스미스가 시장세분화와 함께 처음 제시한 개념으로 고객 특성과 반응을 근거로 한다. 세분 고객은 고객의 속성에 근거해서 분류한 고객 집단으로 고객 관리의 주요 요소이자 중요한 관리 도구가 된다. 고객 세분화는 고객연구, 효과적인 고객 평가, 합리적인 서비스 자원 배분 그리고 고객 전략을 성공적으로 실현하는 원칙 중 하나이며 기업이 고객 가치를 충분히 획득하기 위한 이론과 방안을 제공한다.

1 | 고객 세분화 프로세스

(1) 수집해야 하는 데이터 및 수집 방식을 확정한다.

(2) 정보 시스템에 저장된 데이터를 종합한다.

(3) 통계 방식 혹은 모델을 개발해서 데이터를 분석하고, 그 결과를

고객 세분화의 기초로 삼는다.

(4) 마케팅, 고객 서비스, IT 팀의 협력 관계를 구축한다. 고객 세분화의 목표를 확정하고 필요한 기술과 분업 체계를 완성한다.

(5) 사내 네트워크 시설을 강화해 데이터 수집, 보존, 처리, 분석 결과를 도출한다.

(6) 아무리 훌륭한 데이터베이스, 마케팅 자동화 도구, 세분 모델 등 고객 세분화에 필요한 요소가 잘 갖추어졌다고 해도 이를 담당할 전문가가 꼭 필요하다. 고객 세분화에 특화된 전문 마케터만이 효과적으로 분석 모델을 확정하며 최종적으로 가장 유효한 마케팅 및 고객 서비스 전략을 세울 수 있다.

기업이 지속적이고 장기적인 발전을 원한다면 반드시 '정확한 고객 집단'에 집중해야 한다. 이 세상 모든 고객을 다 얻기란 실제로 불가능한 일이다. 그러므로 고객을 전부 잡을 생각일랑 말고, 특정한 고객 가치를 실현하는 마케팅을 통해 브랜드 충성도를 높여야 한다. 그 중요한 첫걸음이 바로 고객 세분화를 통해 어떠한 고객이 이익을 가져다줄지, 어떠한 고객이 그렇지 않을지를 확정하는 일이다. 다음은 고객 세분화의 구체적인 방법이다.

2 | 고객 세분화 방법

(1) 지리적 세분

고객이 있는 지리적 위치를 근거로 한다. 예컨대 중국 시장은 크게 남방, 북방, 동방, 서방 시장으로 나눈다. 또 지형을 근거로 한다면 평원지대 시장, 산악지대 시장, 고원지대 시장으로 구분할 수 있다.

(2) 인구 세분

고객의 나이, 성별, 소득 등의 요소를 근거로 세분하는 방법이다. 나이를 기준으로 한다면 유아, 아동, 청소년, 성년, 노인 고객으로 나눌 수 있다.

(3) 생활·심리적 세분

고객의 생활방식이나 심리 특징을 근거로 세분하는 방법이다. 생활방식으로 나눈다면 실속형, 유행형, 고급형 고객으로 나눌 수 있다. 심리 특징은 매우 다양하므로 상품의 특징과 잘 맞물릴 수 있는 기준을 세워야 한다. 이외에 고객의 개성을 기준으로 세분하기도 한다.

(4) 이익 세분

고객이 상품을 구매할 때 추구하는 이익, 즉 구매 목적에 따라 세분하는 방법이다. 예컨대 한 치약회사는 고객을 청량감, 미백, 충치예방의 세 가지로 세분했다.

잠재고객을
직접 찾아 나서라

◆

　'잠재고객'이란 어떤 종류의 상품이나 서비스에 수요가 있고 구매능력을 구비했으며 '개발을 기다리는' 고객을 가리킨다. 이런 고객은 구매를 통해 기업과 합작할 기회가 있다. 그러므로 기업은 최대한 노력을 기울여 잠재고객을 실고객으로 전환해야 한다.

　잠재고객을 찾는 일은 마케팅 여정의 첫걸음이다.

　재미있게도 기업에 잠재고객을 가장 많이 제공하는 경로는 바로 기존 고객이다. 물론 마케터가 기존 고객에게 정기적으로 '잠재고객을 내놓으라고' 요구할 수는 없는 노릇이다. 대신 기존 고객이 아주 만족해서 자발적으로 잠재고객을 내놓게 만들어야 한다. 특히 잠재고객을 추천할 때마다 약간의 이익이나 혜택을 준다면, 기존 고객은 기꺼이 당신을 도울 것이다.

　정보화 시대, 인터넷 네트워크의 출현은 기업 마케팅을 가속화했고, 기업은 예전보다 훨씬 편리하게 잠재고객을 찾을 수 있게 되었다. 인터넷의 각종 비즈니스 사이트를 통해 고객 자료를 검색하거나, 구글이나 야후 같은 대형 검색엔진을 통해 키워드 검색을 할 수도 있다.

잠재고객을 찾을 수 없어 불안하거나 걱정될 때, 친구와 지인을 잊어서는 안 된다. 광범위하고 안정적인 '사교 네트워크'는 새로운 고객을 유치하는 데 매우 유리하다. 이런 사교 네트워크를 형성할 때는 알고 있는 모든 사람을 결집하고, 그들에게 당신이 어떤 일을 하는지 적극적으로 알려야 한다. 그러면 곧 그들 뒤에 있는 잠재고객이 눈에 보일 것이다.

기업에서 많이 사용하는 광고의 경우 우선 표적고객 집단을 향해 광고를 내보내고, 고객 유치 활동을 적극적으로 펼쳐야 한다. 예컨대 각종 매체를 통해 다이어트 기구 광고를 내보내 기능, 구매방식, 지역, 대리점 등을 소개한 후에 목표 지역에서 판촉 활동을 전개하는 식이다. 또한 같은 표적시장을 향해 마케팅하는 경쟁업체의 고객은 곧 나의 잠재고객이 된다.

마케팅 관리자는 실고객과 잠재고객을 명확히 구분해야 한다. 알다시피 잠재고객은 상품이나 서비스를 구매함으로서 실고객으로 전환된다. 실고객은 구매 과정에서 보고 듣고 느끼는 것을 각종 경로와 방식을 통해 직간접적으로 잠재고객 집단에 전달한다. 즉 실고객의 구매 경험이 잠재고객의 구매심리와 행위에 대해 영향을 미치거나 제한한다. 만약 실고객이 구매한 상품이나 서비스가 자신의 수요를 만족하지 못하는 것을 발견했다면, 자신의 구매 행위에 부정적인 반응을 보일 것이다. 물론 재구매 의사도 없다. 이때 이 실고객은 다시 잠재고객으로 전환되며, 다른 잠재고객의 구매에까지 영향을 미친다.

단골이
우선이다

◆

신규고객 유치에만 열을 올리고 기존 고객을 유지하는 일에 소홀한 기업이 꽤 많다. 이런 기업은 마케팅의 중점을 구매 전과 구매 중에만 둘 뿐, 구매 후에 발생하는 문제를 제대로 해결하지 못해서 기존 고객을 놓치는 크나큰 실수를 저지른다. 그런데도 기업은 뭐가 잘못됐는지 정확히 이해하지 못하고, 그저 판매액을 유지하면 된다는 생각에 빠져 나간 기존 고객만큼 신규고객을 유치하는 데 혈안이 된다. 이런 일련의 과정은 끊임없이 순환해서 마케팅 비용을 낭비하고 기업의 에너지를 소진한다. 쉽게 말해 '밑 빠진 독에 물 붓기'인 셈이다.

기업은 일주일에 100명의 기존 고객을 잃는 동시에 신규고객 100명을 얻을 수 있다. 이렇게 되면 표면적으로 보았을 때 마케팅 실적에는 아무런 영향이 없다. 하지만 신규고객 100명을 유치하는 데 들인 광고, 판촉 등의 비용은 기존 고객을 유지하는 데 드는 비용보다 훨씬 크다.

즉 기업의 투자보상 측면에서 생각하면 매우 비경제적인 것이다.

기존 고객을 놓치고 그만큼을 신규고객으로 채우겠다는 야심찬 계획은 전통적 마케팅 이론이 주도하던 시대에 적합할 뿐이다. 지금처럼 상품 동질화가 나날이 심화하고, 상품 수명주기가 점점 짧아지는 구매자 주도 시장에서는 기업들이 내놓는 마케팅 전략과 수단도 대동소이하다. 그렇기에 치열하게 경쟁하며 신규고객 유치에 열을 올리느니 차라리 기존 고객에게 유지 보수 및 애프터서비스를 제공하는 편이 훨씬 경제적이고 효율적인 선택이다.

윌리엄 부인은 해피잭 마트의 단골이다. 어느 날, 그녀는 역시 해피잭 마트에서 쇼핑하다가 울화통이 터지는 경험을 했다. 농산물 코너의 직원은 사과를 작은 봉지에 나누어 담아달라는 그녀의 요구를 거절했고, 유제품 코너에는 항상 구매하는 봉지 탈지유가 매진이었다. 계산대원은 신원 증명을 두 번이나 하고 나서야 비로소 그녀의 수표를 받아주었다. 대체 나를 뭐로 보는 거야? 범죄자?

이제 윌리엄 부인은 다른 곳에서 쇼핑하지만, 해피잭 마트는 이에 대해 별생각이 없다. 해피잭 마트 같은 대형마트 입장에서 윌리엄 부인은 그다지 중요한 고객이 아니기 때문이다. 매주 50달러씩 쓰는 그녀가 안 온다고 마트가 망하는 것도 아니지 않은가?

정말 그럴까? 해피잭 마트는 성공하는 기업들이 장기 효익을 더 중요하게 생각한다는 사실을 알아야 한다. 그들이 주목하는 부분은 한 명의 기존 고객이 가져오는 연쇄적 효과이지 그 고객의 독립적이고 즉각적인 수익만이 아니다. 해피잭이 윌리엄 부인을 잃으면서 함께 놓친 것은 50달러보다 훨씬 큰 액수다. 매주 50달러는 1년이면 2,600달러,

10년이면 2만 6,000달러다.

기존 고객은 기업의 자산이다. 그들을 만족시키지 못해 떠나가게 만들면 예측할 수도 없는 손실이 발생할 것이다. 가장 충성스러운 고객이 곧 가장 큰 이익을 가져오는 고객임을 명심해야 한다.

지금 기업의 고객서비스는 매우 표준화되어 세밀한 서비스부터 맞춤 서비스까지 크게 발전했다. 10년 전, IBM의 연매출이 100억 달러에서 500억 달러로 뛰어올랐을 때, CEO는 이렇게 이야기했다. "대부분 기업은 새로운 고객을 유치하는 데 더 집중합니다. 하지만 우리는 기존 고객을 유지하는 데 더 초점을 맞췄습니다. 특히 재구매를 원하는 고객을 만족시키는 일이라면 물불을 가리지 않았죠."

'세계 최고의 판매왕'이라 불리는 조 지라드Joe Girard는 15년 동안 자동차 1만 3,001대를 팔았다. 그중 6년 동안은 연평균 1,300대를 팔았다. 그의 기록은 지금까지 깨지지 않았다. 지라드는 첫 번째 판매는 장기 합작의 시작일 뿐이며, 한 대를 팔고 난 후에 다시 몇 차례의 거래가 이루어지지 않는다면 실패한 거라고 보았다. 실제로 그가 한 거래 중 65%가 재구매에 해당했다. 그의 성공비결은 판매 후에도 꾸준히 훌륭한 서비스를 제공하는 것이었다. 지라드의 세심한 서비스와 고객 관리는 고객들이 다시 그에게 돌아와 자동차를 구매하게 했다.

성공한 기업과 마케터는 기존 고객을 유지하는 일을 최우선으로 생각한다. 이는 신규고객 유치, 심지어 시장점유율 상승보다 더 중요한 일이다.

델(DELL), 고객과 하나 되는 서비스

컴퓨터 제조업체 델DELL의 최대 경쟁우위는 바로 고객과의 전략적 관계다. 그들은 고객과 조직적으로 연계함으로써 고객의 특수한 수요를 만족하는 동시에 꾸준히 성장할 수 있었다.

가장 대표적인 사례는 최고 고객인 이스트맨 케미칼Eastman Chemical과의 합작이다. 두 기업이 아주 오랫동안 합작 관계를 유지할 수 있었던 까닭은 이스트맨 케미칼이 델의 시스템을 통해 소프트웨어를 설치하기 때문이다.

대형 화공기업인 이스트맨 케미칼은 원래 기업 특성에 맞는 특별한 소프트웨어를 직접 설치해야 했다. 컴퓨터 한 대를 새로 들이면 필요한 소프트웨어를 설치하는 데만도 한참이 걸렸다. 고객의 애로사항을 알게 된 델은 좋은 아이디어를 생각해 냈다. 그들은 고속 이더넷Ethernet을 이용해서 전 세계에서 모두 접속 가능한 거대한 네트워크를 만들고 이스트맨 케미칼의 소프트웨어를 델의 서버 안에 넣었다. 이후 전 세계의 이스트맨 케미칼 공장들은 새 컴퓨터를 들이고 소프트웨어를 설치할 때, 델 서버에 접속했다. 이스트맨 케미칼의 워크스테이션인 것만 인증하면 인터넷을 통해 신속하게 워크스테이션의 하드웨어로 자료를 내려받아서 자동으로 설치할 수 있었다. 이렇게 해서 이스트맨 케미칼은 소프트웨어 설치에 들어가는 시간과 돈을 크게 절약했다.

엄청난 혜택이지만 델은 이걸로 돈을 벌 생각은 하지 않았기에 소액만 받았다. 대신 상품과 서비스를 연계해서 두 기업의 합작을 더 가치 있고 유의미하게 만들어서 장기 합작이 가능하게 했다. 델은 고객의 문제를 해결하기 위해 적극적으로 나섰으며 그들과 구조적으로 연계해서 큰 이익을 얻었다.

 고객과 구조적으로 연계하면 고객 만족도가 대폭 상승하며 고객의 이탈을 막는다.

고객이 불필요하게 공급상을 바꾸어서 비용이 상승하고, 애프터서비스 품질이 저하되고, 기존 고객 혜택을 받지 못한다면, 쉽게 공급상을 바꿀 리 없다.

경쟁이 나날이 치열해지는 오늘날에는 쿠폰을 제공하거나 서비스 센터에 의자 몇 개 더 가져다 놓는 거로는 고객과 끈끈한 관계를 맺을 수 없다. 이미 많은 기업이 고객과의 '연맹'을 시도하고 있다. 그들은 고객을 생산 공급 라인, 아니 경영의 한 부분으로 참여시켜 견고하게 묶인 하나가 되기를 간절히 희망한다. 기업의 이익이 고객과 관련될 때, 충성도가 높아지고 기업은 더 많은 이익을 얻을 것이다.

하버드 마케팅 강의

열 아홉 번째 수업

원가를 통제하라

기업의 발전전략에서 원가 통제는 매우 중요한 요소다.

동류 상품의 성능이나 품질이 큰 차이가 없을 때, 시장경쟁의 승패를 결정짓는

요소는 바로 가격이고 이 가격을 결정하는 주요 요소가 바로 원가이기 때문이다.

원가를 줄여 상품가격을 낮추면 가격 경쟁력이 상승한다.

살 길은
원가 최소화뿐

◆

　기업의 이윤은 일정 시기에 생산경영과 투자 및 다른 비경영 활동으로부터 얻는 최종 결과다. 다시 말해 원가 비용과 수입이 서로 상쇄한 후에 남은 차액인 것이다. 그러므로 원가를 최소화하면 당연히 기업의 이윤이 증가한다. 원가 최소화는 규모의 경제와 제조기술의 경쟁우위를 이용해서 원가를 크게 낮춰 가격 경쟁력을 확보하는 경영기법이다. 주로 생산시스템에서 우수한 기술을 확보하고, 전문화를 실현하며, 관리 비용을 낮추는 등으로 원가를 최소화할 수 있다. 기업 경영의 목표는 더 커다란 이윤을 추구해서 수익과 시장위험 대처 능력을 향상하는 데 있다. 최대한의 이윤을 얻어야만 기업의 생명력을 강화하고 더 큰 부를 얻을 수 있다.

　일본의 어느 기계제조업체, 공장의 시설설비 직원들은 회수해서 다시 사용할 수 있는 작은 부품들을 아무런 거리낌 없이 버리는 습관이 있었다.

어느 날 공장을 둘러보러 온 사장이 떠나기 직전에 갑자기 동전 한 주먹을 꺼내더니 바닥에 휙 뿌렸다. 직원들은 이게 무슨 일인가 싶어 어리둥절했지만, 사장은 아무 말도 하지 않고 그냥 떠났다. 직원들은 주섬주섬 자기 앞에 떨어진 동전들을 하나씩 주우면서 사장의 기괴한 행동에 대해 수군거렸다.

다음 날, 공장에서 회의가 열렸다. 사장은 엄한 얼굴로 호통쳤다. "여러분은 어제 내가 뿌린 동전들을 전부 주웠습니다. 그런데 왜 시설을 관리하면서 쓰는 나사나 못은 그냥 버립니까? 전부 다시 쓸 수 있는 거잖아요? 그런 작은 부품들이 아마 어제 내가 뿌린 동전보다 훨씬 가치가 클 겁니다!" 사장의 말을 들은 직원들은 이후 작은 부품 하나도 내버리지 않았다.

사례에 등장하는 사장은 '원가 최소화가 곧 이윤 최대화'라는 걸 잘 알고 있는 사람이다. 수입이 불변하는 상황에서는 원가가 낮을수록 이윤이 커진다. 즉 원가를 줄이는 것만으로도 이윤을 확대할 수 있다.

원가 최소화는 기업 경영의 핵심 목표다.

다른 조건이 작용하지 않는 상황에서 원가와 이윤은 반비례한다. 즉 원가가 높을수록 이윤은 줄어들고, 원가가 낮을수록 이윤은 커진다. 시장은 높은 매입원가를 부담할 생각이 없다. 물론 그렇다고 해서 막무가내로 원가를 낮추어서 품질이 나빠져서도 안 된다. 반드시 기업의 정상운영을 최대한 보장하는 한도에서 최대한 원가를 줄여서 이윤 공간을 확보해야 한다

하버드 마케팅 강의

그렇다고 무작정
원가를 낮춰선 안 된다

◆

원가 통제는 일정한 시기별로 미리 세운 원가 관리 목표다. 각 직권 범위 내에서 생산원가 소모가 발생하기 전, 그리고 원가를 통제하는 과정 중에 각 원가에 영향을 미치는 요소와 조건에 대해 취하는 일련의 예방 및 조절 조치를 가리킨다. 기업은 이를 통해 원가 관리 목표를 실현할 수 있다.

동류 상품의 성능이나 품질이 큰 차이가 없을 때, 시장경쟁의 승패를 결정짓는 요소는 바로 가격이고 이 가격을 결정하는 주요 요소가 바로 원가이다. 원가 통제는 단순히 상품의 생산원가를 줄이는 것뿐 아니라 생산 및 경영관리 과정 전반에서 이루어져야 한다. 실제로 상품수명주기 원가만 통제해도 전체 원가가 크게 낮아진다.

물론 기업은 원가를 낮추겠다고 상품의 유형을 무시하거나 품질 수준을 떨어뜨려서는 안 된다. 더욱이 단편적으로 눈앞의 이익에만 치중해 노동력과 자재를 규정보다 덜 쓰거나 타 브랜드를 도용하는 등의 불법적, 비도덕적 방법으로 원가를 낮추어서도 안 된다. 이런 행동은 소비자에게 해로울 뿐 아니라 기업의 신용을 무너뜨린다.

1 | 원가의 동인動因

원가를 통제하려면 우선 원가가 어떻게 발생하는지, 어떤 요소들과 관련 있고, 어떠한 구조인지 정확히 이해해야 한다. 예컨대 직접원가 (원재료와 노동력)의 동인은 생산량이므로 생산량에 근거해서 이 부분을 분배하면 아무 문제가 없다. 반면에 '어떻게 효과적으로 원가를 통제해서 최대 효익을 달성케 하는가'의 문제는 단순히 생산량이 아니라 생산 작업에서부터 시작해야 한다. 작업의 효율을 올리는 동시에 무효한 작업을 최대한 줄이는 것이야말로 가장 기본적인 원가 통제 방법이다.

2 | 원가의 함의

전통적인 상품원가의 함의는 단순히 상품의 제조원가, 즉 상품의 직접 원재료 원가, 직접 노동 원가, 분담해야 하는 제조비용만을 포함했다. 다른 비용은 경영관리 및 판매비용 중에 포함해 기간에 따라 일률적으로 처리했을 뿐, 상품 생산과는 완전히 무관하다고 보았다. 현재 광의의 원가 개념은 상품 제조원가(제2원가)뿐 아니라 개발 설계 원가(제1원가)를 포함하며, 동시에 사용 원가, 유지 보수 원가, 폐기 원가(제3원가) 등 상품과 관련 있는 기업 자원의 모든 비용 소비를 아우른다. 그러므로 원가 통제 역시 이 세 가지를 둘러싸고 발생하는 모든 비용을 대상으로 해야 한다.

3 | 원가 절감에서 회피까지

전통적 의미의 원가 절감은 작업 현장에서 자원 낭비를 최소화하고, 작업 방식을 개선해 원가를 절약하는 방식이다. 주로 에너지 절약, 사고 방지, 원재료 및 설비 입찰 구매 등의 방법으로 이루어진다. 이러한 원가 절감은 일종의 전술적 개선에 해당하며 초급 단계의 원가 절감이라 할 수 있다. 반면에 고급 단계의 원가 절감은 기업이 상품의 개발 및 설계 단계에서 생산 프로세스를 계획하며 불필요한 단계를 없애 원가 통제의 목적을 달성하는 것이다.

4 | 시간도 원가다

거의 모든 업계의 기술이 크게 발전하면서 발전 속도가 빨라지고 상품의 수명주기도 짧아졌다. 기업이 즉각적으로 상품을 고객의 손에 가져다주는 일은 초보적인 행위일 뿐이다. 이보다 기업이 고객의 의견을 듣고 즉각적으로 상응하는 조치를 하는 편이 훨씬 중요하다.

원가, 어떻게
관리할 것인가?

◆

원가 관리는 경영활동 전반에서 원가 계산, 원가 분석, 원가 전략, 원가 통제 등의 행위로 원가 절감을 도모하는 과학적인 행위를 일컫는 말이다. 원가 관리는 경영관리 활동의 주요 부분이며 전면적이고 과학적, 합리적이어야 한다. 기업은 원가 관리를 통해 생산을 늘리고 지출을 줄이며, 경제 효익을 확대하고, 기업 관리를 강화한다. 더불어 기업의 전체 원가 관리 수준을 향상하는 데 큰 의의가 있다.

마케팅 원가를 관리하기 전에 우선 마케팅 비용관리에 관한 원칙을 이해할 필요가 있다. 다음의 그 구체적인 내용이다.

1 | 이익 일치화

이익 일치화는 마케팅 원가 관리의 원칙이다. 마케팅 활동의 '합리성'을 평가하는 일은 수량화 혹은 표준화하기 어렵다. 조직 내부에 직원 개인의 이익과 기업의 이익이 동일하다는 분위기가 형성되어야 종합적인 원가 관리가 가능하다.

2 | 총액 관리

전통적 의미의 원가 관리는 항목별 원가에 치중한다. 하지만 이런 방식은 마케팅 원가 관리의 관점에서 보면 너무나 단편적이다. 마케팅 원가 관리와 전통적 원가 관리의 목적은 근본적으로 다르다고 할 수 있다. 마케팅 활동의 목표, 예컨대 상품 문화 건립, 시장점유 정도 등은 계량화가 어려우므로 마케팅 원가 관리는 주로 총액 관리로 이루어진다.

3 | 다양한 수단

마케팅 원가는 종류가 너무 많고 항목별로 계량화하기 어려워서 하나의 방법으로는 전체 비용을 관리할 수 없다. 그러므로 마케팅 원가 관리는 반드시 다양한 수단을 동원해 이루어져야 한다.

4 | 프로세스화 원칙

마케팅 활동과 상품 생산은 다르다. 마케팅 활동은 구체적으로 집행할 수 있는 '기술'이 없으며 각각 '특수'하다. 그러므로 필요한 기본 작업 프로세스를 건립해서 그에 따라 단계적으로 원가를 관리할 필요가 있다.

이상의 네 가지 원칙을 이해했다면, 이제 구체적인 방법을 알아볼 차례다. 다음을 참고하자.

1 | 상품 제조원가 낮추기

원가를 낮추는 가장 효과적인 방법은 바로 생산 규모를 확대하는 것이다. 생산시설의 변화 없이, 기업의 생산 규모를 확대하면 각 상품의 생산원가가 크게 낮아진다. 한 기업이 제조원가를 낮추려면 끊임없이 원재료 구매량을 늘려야 한다. 심지어 두 배로 늘려도 된다. 원재료 구매량을 늘리면 단위 구매가격이 내려갈 테고 이로써 구매 원가를 낮추고 총이윤을 확대할 수 있다.

2 | 자금 사용 원가 낮추기

기업이 스스로 효율과 능력을 더 효과적으로 통제하고 개선하려면 내부에서 통일된 경영관리, 통일된 자금 유동, 통일된 자금 총괄 시스템을 시행해야 한다. 이렇게 해야 기업의 합리적인 자금 관리와 제조원가 절감에 도움이 된다.

3 | 과학기술 혁신

과학기술 혁신, 즉 새로운 제조방식, 기술, 재료를 도입함으로써 원가를 크게 절감할 수 있다. 기업은 반드시 과학기술 혁신에 매진해야 한다.

4 | 마케팅 원가 낮추기

기업의 대형 대리점과 합작하거나 그들에게 의지해서 마케팅 원가를 낮출 수 있다. 이외에 기업은 대리점과 거래할 때, 비교적 낮은 공급가를 제공함으로써 판매량을 올려 제조원가를 낮추기도 한다.

5 | 경영관리 시스템 정비하기

경영관리 시스템을 정비해서 기업의 경영 원가를 낮출 수 있다. 예를 들어 엄격한 관리 시스템 만들기, 물가 정보 네트워크 정비하기, 정보 피드백과 소통 강화하기, 재무관리 강화하기, 경영 투명화 실현하기, 밀실 경영 없애기, 업무 보고하기, 책임 소재 명확하게 하기 등의 방법이 있다.

6 | 선진 경영관리 시스템 도입하기

선진 정보 시스템은 기업의 재무관리를 더욱 과학적으로 만들어준다. 예컨대 JIT, TQC는 기업의 불필요한 원가 절감에 도움이 된다. 또 EPR은 경영자원의 활용을 최적화하는 계획 관리 시스템으로 각 업무를 조직 횡단적으로 파악해서 사전과 사후, 과정 중 원가 관리를 가능하게 한다.

원가 통제는 기업이 생산경영 프로세스를 운영하는 중에 발생하는 각종 소비를 계산하고 조절, 감독하는 과정이다. 동시에 그중에 약한 고리를 발견해서 원가 절감이 가능한 경로를 찾아내는 일이 중요하다. 기업이 과학적인 원가 통제를 실현하면 경영관리 수준과 실력이 향상해 치열한 경쟁 속에서도 생존, 발전할 수 있다.

세밀하고 치밀한 원가 관리

중국의 한 국유 농기구 제조공장은 기준생산량, 다양한 상품 유형, 소규모 생산을 특징으로 하는 경영 모델을 고수해왔다. 원가 관리 역시 전통적인 방법을 채택해 원가 통제 효과가 그다지 좋지 않아서 제조원가가 노동원가의 200%를 넘었다. 이 공장은 문제를 해결하기 위해 활동기준 원가 계산법Activity Based Costing을 도입했다.

그들은 상품 제조 프로세스를 총 32개 활동으로 나누고 각 활동의 동인을 확정했다. 노동시간, 운송 거리, 부품 종류, 고객 수, 주문량 등의 동인 중에서 가장 주요한 활동 동인은 바로 노동시간이었다.

활동기준 원가 계산법을 도입했더니 이전의 전통적 원가 계산법의 오류가 최대 46.501%에 달하는 것이 밝혀졌다. 이 공장은 앞서 나눈 활동별로 목표원가를 각각 정했는데 이렇게 세분화한 목표원가는 원가 통제를 더욱 효율적으로 만들었다.

계속된 원가 분석 결과, 운송, 생산 합작, 시설 검사와 수리는 고객 가치 증대에 큰 역할을 하지 못하는 거로 밝혀졌다. 또 이곳은 크지 않은 규모의 분공장이지만, 각 작업의 책임자들이 작업자들을 관리하고 있었다. 원가 분석 결과에 따르면 공장에 쓸데없이 너무 많은 직원이 있어 노동 원가가 높았고, 현 인원에서 거의 50%는 해고해야 했다. 이외에 운송원가를 집중적으로 관리하면 트럭 4~5대를 줄일 수 있다는 분석 결과도 있었다.

원가 분석은 이 공장의 판매 정책에도 중요한 영향을 미쳤다. 그들은 활동기준 원가 계산법을 통해 더 정확한 원가 정보와 시장 정보를 확보했고, 이를 기초로 진짜 원가를 반영한 상품 가격을 확정했다.

이 농기구 제조공장은 활동기준 원가 계산법을 이용해 원가를 분석했다. 그리고 그 결과를 바탕으로 경영관리 수준을 향상하고 효과적으로 원가를 관리해서 시장경쟁력을 키웠다.

사례 분석 원가와 이윤은 반비례한다. 이 때문에 모든 기업은 갖가지 방법을 동원해서 원가를 줄이고 이윤을 최대화하고자 하다. 시장경제가 빠르게 발전하면서 원가 절감의 방법도 무척 다양해졌다. 그중에서도 활동기준 원가 계산법이 널리 사용되고 있다. 사례의 국유 농기구 제조업체는 활동기준 원가 계산법을 이용해서 모든 활동에 목표원가를 정하고, 원가 통제를 실현했다. 그 결과 과거의 높은 원가를 개선해 시장경쟁력을 강화했다.